SÜDWESTDEUTSCHE PERSÖNLICHKEITEN

HERAUSGEGEBEN VOM HAUS DER GESCHICHTE BADEN-WÜRTTEMBERG

SÜDWESTDEUTSCHE PERSÖNLICHKEITEN

JOHANN JACOB MOSER

POLITIKER
PIETIST
PUBLIZIST

ANDREAS GESTRICH
RAINER LÄCHELE
(HERAUSGEBER)

Haus der Geschichte
Baden-Württemberg
Urbansplatz 2
70182 Stuttgart
Telefon 0711/212-3950
Fax 0711/212-3959
E-Mail: hdg@hdgbw.de
Internet: www.hdgbw.de

© 2002 DRW-Verlag Weinbrenner GmbH & Co.

G.BRAUN BUCHVERLAG **33**
Karl-Friedrich-Str. 14–18
76133 Karlsruhe
E-Mail: buchverlag@gbraun.de
Internet: www.gbraun.de©

Lektorat: Dorothee Kühnel
Umschlaggestaltung und Reihentypographie:
Anja Harms, ANAKONDA ateliers, Oberursel
Herstellung: Goldener Schnitt, Sinzheim
Druck: Weinbrenner GmbH & Co., Leinfelden-Echterdingen

Bibliografische Information Der Deutschen Bibliothek
Die Deutsche Bibliothek verzeichnet diese Publikation
in der Deutschen Nationalbibliografie;
detaillierte bibliografische Daten sind im Internet über
http://dnb.ddb.de abrufbar.

ISBN 3-7650-9055-7

INHALT

Thomas Schnabel, Stuttgart VORWORT **VII**

Andreas Gestrich und Rainer Lächele EINLEITUNG **XI**

Peter H. Wilson, Sunderland JOHANN JACOB MOSER **1**
UND DIE WÜRTTEMBERGISCHE POLITIK

Gabriele Haug-Moritz, Tübingen ÖFFENTLICHKEIT **27**
UND »GUTE POLICEY«. DER LANDSCHAFTSKONSULENT
JOHANN JACOB MOSER ALS PUBLIZIST

Andreas Gestrich, Trier JOHANN JACOB MOSER **41**
ALS POLITISCHER GEFANGENER

Michael Stolleis, Frankfurt JOHANN JACOB MOSER **57**
ODER: DER ERZPUBLIZIST DES ALTEN REICHS

Mack Walker, Baltimore ›NEUE WELTEN‹: VÖLKERRECHT, **71**
MENSCHENRECHTE UND AMERIKA
IM SPÄTWERK JOHANN JACOB MOSERS

Rainer Lächele, Essingen „ICH HABE ... MICH **85**
NIMMERMEHR ENTSCHLIESSEN KÖNNEN,
MICH UNTER SIE ZU BEGEBEN".
JOHANN JACOB MOSER UND DIE HERRNHUTER

Wolfgang Miersemann, Berlin DICHTEN ALS »DIENST« **99**
AM »NEBEN=CHRISTEN«.
ZU JOHANN JACOB MOSERS LIEDSCHAFFEN

131 Iris Guldan, Neulingen JOHANN JACOB MOSER
ALS JOURNALIST

149 Andreas Gestrich, Trier DIE VERKLÄRUNG:
MOSER-REZEPTION IN WÜRTTEMBERG IM 19. JAHRHUNDERT

Anhang
167 ANMERKUNGEN
195 LITERATURVERZEICHNIS
208 AUTORENVERZEICHNIS

THOMAS SCHNABEL, STUTTGART

VORWORT

VORWORT

Die zentrale Aufgabe des Hauses der Geschichte Baden-Württemberg ist es, das Interesse an der südwestdeutschen Landesgeschichte zu wecken und zu fördern. Dazu dienen ganz unterschiedliche Formen der Geschichtsvermittlung, darunter auch Publikationsreihen, die sich neben musealer und museologischer Fragen auch spezifischer Facetten unserer Landesgeschichte annehmen.

Dabei spielen chronologische, thematische und strukturelle Herangehensweisen ebenso eine Rolle wie auch biographische Zugänge. Durch letztere werden vor allem massenhaft auftretende Phänomene oder Erfahrungen wie z. B. Auswanderung, Vertreibung, Einwanderung oder die Entrechtung vieler Menschen im Dritten Reich aber auch die Kriege oder die Industrialisierung in ihrer individuellen Ausformung und Betroffenheit erkennbar. Durch die Beleuchtung des einzelnen Schicksals wird es trotz der großen Zahl der Betroffenen möglich, noch das jeweilige Individuum zu erkennen und damit auch leichter, einen Bezug zur eigenen Lebenserfahrung herzustellen.

Einen Beitrag zu dieser ›individuellen‹ Herangehensweise an Geschichte will auch die neue Reihe des Hauses der Geschichte Baden-Württemberg mit dem Obertitel »Südwestdeutsche Persönlichkeiten« leisten. Unter Persönlichkeiten verstehen wir Menschen aus dem Südwesten in ihrer individuellen Einmaligkeit. Das können, im klassischen Sinne, bedeutende Persönlichkeiten sein, die die Entwicklung in unserer Region nachhaltig geprägt haben, aber auch Menschen, deren Erinnerungen die historische Entwicklung exemplarisch widerspiegeln.

Die Persönlichkeiten stammen aus dem Gebiet des heutigen Landes Baden-Württemberg, zeitlich reichen die ›Erinnerungen‹ bis ins 18. Jahrhundert zurück. Es werden vom Haus der Geschichte Baden-Württemberg organisierte Veranstaltungen zu einzelnen Persönlichkeiten ebenso veröffentlicht werden, wie Erinnerungen an außergewöhnliche Schicksale und eher unauffällige Lebensläufe, die aber gerade mit ihrer Unauffälligkeit wieder vieles über die jeweilige Zeit vermitteln.

Die Reihe beginnt mit einer der vielseitigsten südwestdeutschen Persönlichkeiten des 18. Jahrhunderts, mit Johann Jacob Moser, dessen 300. Geburtstag im Januar 2001 wir zum Anlaß nehmen, den aktuellen Kenntnisstand über seine Person zu dokumentieren. Wir hoffen, daß diese Reihe mit ihrer biographischen, wenn auch methodisch ganz unterschiedlichen Herangehensweise, das Interesse an den Menschen im Südwesten und ihrer Geschichte weckt und fördert, die ja das heutige Land Baden-Württemberg erst zu dem gemacht haben, was es ist.

Dr. Thomas Schnabel
Leiter des Hauses der Geschichte Baden-Württemberg

ANDREAS GESTRICH, TRIER
RAINER LÄCHELE, ESSINGEN

EINLEITUNG

EINLEITUNG **XIII**

Johann Jacob Moser bietet sich bis zum heutigen Tag an, in flugs ergriffene Schablonen gepresst zu werden. Politiker – Pietist – Publizist: das ist einer der Versuche, ein vielfältiges gefülltes Leben zu charakterisieren. In eine andere Richtung zielt, mit ebenso scharfer Abgrenzung der eingängige Dreiklang »Patriot im Kerker zu Hohentwiel« – »preußischer Jurist« – »protestantischer Prediger«. Diese Schablonen sind der Versuch, in Kürze einen Menschen zu beschreiben, der jede der genannten Aufgaben erfüllte, mit einer heute kaum glaublichen Perfektion.

Sich an Anderer Fehler küzlen, ist läppisch; selber ohne Fehler seyn wollen, ist thöricht; Anderer Fehler tadlen ist eine schlechte Kunst; eine desto grössere hingegen, es besser zu machen! (Moser, Lebensgschichte, 3. Teil, S. 111)

Natürlich war er immens fleißig, jedoch nicht genial. Er hatte eine große Begabung, Kontakte zu knüpfen und mit Gott und der Welt zu kommunizieren. Das verbindet ihn beispielsweise mit seiner Hassliebe Nikolaus Ludwig von Zinzendorf. Er war Sammler von Nachrichten und juristischen Quellentexten ebenso wie von erbaulichen Sterbeberichten. Immer auf der Suche nach Neuigkeiten.

Ich habe keine gelehrte Geheimnisse, Quellen, Hülffsmittel, Erfahrungen, etc. so ich für mich selbst behielte; sondern alles, was ich weiß und habe, theile ich gerne mit. (Moser, Lebensgeschichte, 3. Teil, S. 71)

Dieser enzyklopädische Mensch des 18. Jahrhunderts ist heute weithin so vergessen, wie ihm noch im 19. Jahrhundert Denkmäler errichtet wurden. Die 300. Wiederkehr seines Geburtstages im Jahre 2001 motivierte uns, der Gestalt Mosers näher zu treten. Eine Frucht war ein anregendes Symposium in Tübingen, der ersten Wirkungsstätte des gerade 19 Jahre alten außerordentlichen Professors der Rechte. Hier traten die wichtigsten Wirkungsaspekte Mosers hervor. Bislang wenig beachtete Seiten seines Wirkens als Journalist und Lieddichter erhielten die ihnen gebührende Beachtung.

So liegt der Sinn dieser Beiträge zu Moser, sich der Klischees zu entledigen und einen neuen Blick auf den Politiker, Pietisten und Publizisten Johann Jacob Moser zu werfen.

Essingen und Trier im Sommer 2002

PETER H. WILSON, SUNDERLAND

JOHANN JACOB MOSER
UND DIE WÜRTTEMBERGISCHE POLITIK[1]

Einführung

Johann Jacob Moser (1701–1785) wurde 84 Jahre alt. Die Zeit seiner öffentlichen Tätigkeit umfasste 50 Jahre. Sie begann mit der Ernennung zum außerordentlichen Professor der Rechte an der Universität Tübingen im Jahr 1720 und endete mit seiner Entlassung als Landschaftskonsulent am 16. Mai 1770. Von diesen 50 Jahren verbrachte Moser nicht weniger als 35 Jahre in württembergischen Diensten. Dabei lassen sich zwei wichtige Perioden unterscheiden: in der ersten Phase von 1720 bis 1736 stand Moser in verschiedenen Funktionen in herzoglichen Diensten, in der zweiten, die von 1751 bis 1770 dauerte, war er Konsulent oder juristischer Berater der württembergischen Stände. Die Verbindung mit dem Herzogtum war somit nicht nur die längste und wichtigste Periode in Mosers öffentlicher Tätigkeit. Sie stellte auch den Rest seines Engagements in der praktischen Politik und Verwaltung innerhalb des Alten Reiches in den Schatten.

Interpretationen

Mosers Engagement in der württembergischen Politik und die Bedeutung, die dies für sein öffentliches Wirken insgesamt besaß, wurden auf verschiedene Weise interpretiert: Der erste Ansatz, der sich zugleich im öffentlichen Bewußtsein auch am längsten halten konnte, sieht Moser als Symbol des heroischen Widerstands der württembergischen Stände gegen die herzogliche Tyrannei. Die württembergische Politik wird dabei als ein Dualismus zwischen einer Reihe rücksichtsloser, tyrannischer (und katholischer) Herzöge auf der einen und den soliden, bürgerlichen (und protestantischen) Ständen auf der anderen Seite interpretiert. Herzoglicher Absolutismus, willkürliche Herrschaft und gefährliche dynastische Ambitionen werden in diesem Ansatz der ständischen Verfassung, einer gesetzmäßigen Regierung und sicheren und konservativen Politik der Stände gegenübergestellt.[2] Diese Interpretation hielt sich bis ins 20. Jahrhundert. Sie wurde besonders in populären Darstellungen verbreitet. Moser erscheint darin als Beispiel eines geduldigen Märtyrers, dessen fester protestantischer Glaube ihm zudem die Fähigkeit verlieh, ohne Hass und Verbitterung eine harte Gefangenschaft zu ertragen. Diese protestantische Version wurde häufig noch mit einem weltlicheren Moser-Bild verknüpft.[3] Es zeigte ihn als Verkörperung bodenständiger schwäbischer Tugenden und stellte ihn so der dekadenten Hofkultur gegenüber, die man mit den württembergischen Herzögen des 18. Jahrhunderts verband.[4]

Diese ziemlich einfache Sichtweise wurde bereits im ausgehenden 19. Jahrhundert durch die Forschung modifiziert. Dabei wurde das Ausmaß von Mosers Auseinandersetzungen mit den Ständen herausgearbeitet, vor allem auch die Dimensionen seiner Fehde mit dem Engeren Ausschuss, der in den Jahren zwischen 1751 und 1770 sein eigentlicher Arbeitgeber war und die Geschäfte des Landtags führte, solange dieser nicht tagte.[5] Die Würdigung dieser Auseinandersetzungen, die auch für Mosers endgültige Entlassung im Jahr 1770 verantwortlich waren, führte zu einer differenzierteren Interpretation, wie sie am deutlichsten in Reinhard Rürups Moser-Biographie zum Ausdruck kam.[6] Zwar wurde die württembergische Politik hier immer noch als Dualismus interpretiert, aber Moser wurde nun als der Mann gesehen, der über den rivalisierenden Parteien stand und das Beste für sein Land suchte. Sein Versagen und sein Abgang von der aktiven Politik wurden daher von der Unmöglichkeit, den Zwiespalt zwischen Herzog und Ständen zu überbrücken, hergeleitet. Beide Parteien hätten nur ihre eigenen Interessen verfolgt und sich geweigert zusammenzuarbeiten. Zentrale Elemente dieser Interpretation stammen von Mosers eigener Einschätzung seiner Tätigkeit, die er in seiner Autobiographie dargelegt hatte. Diese erschien erstmals im Jahr 1768, also zu einem Zeitpunkt, zu dem sein politischer Einfluss bereits im Sinken war.[7]

Zwei neuere Forschungsgebiete legen nahe, auch diese Sichtweise zu modifizieren. Zum einen besitzen wir inzwischen eine klarere Vorstellung von der internen Dynamik der württembergischen Stände und ihrer Versuche, die herzogliche Politik zu beeinflussen. Zum anderen kennen wir Zweck und Inhalt dieser Politik besser und auch ihre Folgen für das Herzogtum. Die Ergebnisse der Forschungen auf diesen beiden Gebieten legen nahe, dass das ziemlich grobe dualistische Modell nicht mehr ausreicht, um die württembergische Politik zu beschreiben. Man muss deshalb nach neuen Wegen suchen, um Mosers Stellung in der württembergischen Politik angemessen zu bewerten.[8] Dies soll im folgenden in drei Schritten geschehen. Nach einer Darstellung von Mosers frühen Aktivitäten ab 1720 werden die zentralen Veränderungen, die während seiner Abwesenheit vom Herzogtum nach 1736 eintraten, untersucht. Auf dieser Grundlage wird dann in einem abschließenden Teil Mosers Stellung in dem großen Verfassungskonflikt während der Herrschaft Karl Eugens in den 1750er und 1760er Jahren neu bewertet.

Frühe Aktivitäten

Die Dramatik und Bedeutung der späteren Ereignisse stellten Mosers Engagement in der württembergischen Politik während der ersten Periode deutlich in den Schatten. Zwischen 1720 und 1736 war Moser nur eine unbedeutende Nebenfigur in herzoglichen Diensten, und für den Großteil dieser Zeit war er ohne wirkliche Stellung und Gehalt. Er musste auch seinen Ruf als Publizist, das heißt als Experte für das öffentliche Recht im Reich, erst begründen. Die Arbeit an seinem ersten großen Werk, dem *Teutschen Staats Recht*, hatte er noch gar nicht begonnen, als er 1737 förmlich aus dem herzoglichen Dienst ausschied. Dennoch ist diese Periode wichtig. Denn bereits hier können wir Elemente seines Charakters und seiner politischen Haltung erkennen, die sich auch auf die Rolle, die er nach seiner Rückkehr nach Württemberg im Jahr 1751 spielte, auswirkten.

Moser war eine schwierige Persönlichkeit. Die Tatsache, dass er überhaupt eine Anstellung fand, verdankte er wohl der Tatsache, dass die Zeitgenossen seine außerordentliche Fähigkeit zu harter Arbeit und seine unzweifelhaften Begabungen erkannten, besonders seine Kunstfertigkeit im differenzierten juristischen Argumentieren. Es blieb ihnen dabei allerdings nicht verborgen, dass diese Qualitäten auch Nachteile mit sich bringen konnten, die die Zusammenarbeit mit ihm erschwerten. Moser war selbstsicher, ehrgeizig und von seiner eigenen Bedeutung völlig überzeugt. Er besaß weder die Geduld noch die politische Klugheit, die notwendig waren, um auf der Karriereleiter in Regierung und Verwaltung voran zu kommen. Vor allem aber war er unnachgiebig und dickköpfig, ein Mann von Prinzipien, der sein eigenes juristisches Argument logisch bis zu Ende führte und es dann ablehnte davon abzugehen oder einen Kompromiss zu schließen. Moser dachte dabei, dass er »unpartheylich« sei und nahm für sich die überlegene Position eines unabhängigen Juristen in Anspruch, der nicht an irgendeine Fraktion oder Gruppierung gebunden ist.

Es wurde behauptet, dass der Pietismus die Grundlage für Mosers Gerechtigkeitssinn und seine vermeintliche Anbindung an fortschrittliche politische und administrative Reformen gebildet habe.[9] Dieser Zusammenhang ist jedoch keineswegs klar. Mehrere Verwandte Mosers gehörten der württembergischen Geistlichkeit an, die damals zum Großteil noch den Pietismus bekämpfte, besonders dessen aktivere und radikalere Formen. Für Moser selbst wurde Religiosität erst ab 1727 bedeutsam, und zu einem persönlichen Erweckungserlebnis kam es erst um das Jahr 1738. Allerdings war sein Verhältnis zum protestantischen Fundamentalismus auch danach niemals ganz spannungsfrei. So bekämpfte Moser den Separatismus, der fast alle Formen institutionalisierter Autorität ablehnte. Vielleicht noch bezeichnender war die Tatsache, dass Moser sein Leben, wie sein letzter Biograph, Mack Walker, überzeugend darlegte, in deutlich separate Bereiche einteilte. Seine persönliche Beziehung zu Gott trennte er von seinem bürgerlichen und natürlichen Leben. Wie die Karteikarten, die den Grundstock seiner umfangreichen Veröffentlichungen bildeten, musste auch im Leben alles getrennt ›abgelegt‹ werden, denn Moser lehnte es ab, seine Gedanken und Überzeugungen zu systematisieren. Aus diesen Haltungen ergaben sich wichtige Konsequenzen für seine politische Karriere: Moser war nicht bereit, sich an bestehende Vorschriften zu halten oder sich in eine Gemeinschaft zu integrieren, wenn dies bedeutet hätte, in Bezug auf eines seiner Prinzipien einen Kompromiss zu schließen. Die einzige politische Gemeinschaft, in der sich Moser wirklich wohl fühlte, war das Alte Reich, dessen vielschichtiges Netz von Gesetzen, Traditionen, Rechten und Bräuchen sich jedweder Systematisierung entzog.[10]

In der Praxis allerdings war es in der Welt der deutschen Politik des 18. Jahrhunderts unmöglich, wirklich »unpartheylich« zu sein. Unpartheylichkeit hätte nichts weniger bedeutet als die Ablehnung, sich an einen besonderen

Herrn oder an eine besondere Gemeinschaft zu binden, und stellte so implizit eine Herausforderung des Prinzips der Ehrerbietung und der Anerkennung bestehender Autoritäten dar. Moser verband persönliche Ehre mit dem Festhalten an Prinzipien und hätte lieber selbst Nachteile ertragen, als auf Kompromisse einzugehen.[11] Er verurteilte die Ausrichtung des Handelns an politischen Zweckmäßigkeiten als unmoralisch und bestimmte die Förderung des Allgemeinwohls als den wahren Ruhm eines Prinzen. Es ist kennzeichnend für Moser, dass er es ablehnte, diese Position mit irgendeinem abstrakten Ideal zu verbinden. Er argumentierte vielmehr, dass dieses Ziel nur erreicht werden könne, wenn ein Herrscher sich an die Gesetze und Bräuche seines Landes halte. Politik war für ihn gewissermaßen eine Erweiterungsform von Patriotismus und sollte die praktische Förderung des Allgemeinwohls repräsentieren.[12] Allerdings waren diese Definitionen Mosers keine neutralen Konzepte. Sie wichen dementsprechend von den weiterreichenden Perspektiven der meisten deutschen Regierungen ab, die sich auf die Förderung der Machtstellung ihres Herrscherhauses im Reich und in der europäischen Politik konzentrierten. Schließlich war, wie Moser selbst anerkannte, auch das Recht, auf welches er seine Haltung gründete, nicht präzise oder »unpartheyisch«, sondern offen für verschiedene Interpretationen. Mosers eigene Auslegungen der Reichsverfassung waren parteiisch und hatten oft eine protestantische Schlagseite. Er rezensierte seine eigenen Bücher anonym in Zeitschriften, die er selbst herausgab, und seine Versuche rein empirischer Untersuchungen von Reichsgesetzen und Reichspolitik schlugen insofern fehl, als auch er gezwungen war, mit bestimmten Grundannahmen zu operieren, um sein Material zu organisieren.[13]

Mosers Beharren auf »Unpartheylichkeit« machte ihn auch zu einem unzuverlässigen Kollegen, denn man konnte nicht darauf vertrauen, dass er sich hinter einmal gefällte Entscheidungen stellte, wenn diese mit seinen eigenen Überzeugungen kollidierten. Das waren kaum Eigenschaften, die man am württembergischen Hof, der seit dem ausgehenden 17. Jahrhundert immer aristokratischer und weltlicher wurde, schätzte. Der Aufstieg in höhere Regierungs- und Verwaltungsstellen stand in Territorien wie Württemberg auch begabten bürgerlichen Männern offen; dabei hing allerdings viel von ihrer Bereitschaft ab, sich in den Adel zu integrieren.[14] Moser war bereits mit dem Briefadel verbunden, da ein Zweig seiner Familie 1573 geadelt wurde. Aufgrund seiner religiösen Gefühle und Überzeugungen zögerte er jedoch, diesen Titel zu führen. Im Jahr 1733 legte er den Titel »von Filseck« ganz ab.[15] Dies war kein Akt der Solidarität mit der ›Ehrbarkeit‹, dem Netzwerk bürgerlicher Familien, das die württembergische Kirche, die Lokalpolitik und auch die unteren Ränge der Regierungsverwaltung dominierte. Obwohl er von seiner Herkunft tief in dieser Ehrbarkeit verwurzelt war, lehnte Moser es doch ab, nach deren Normen zu leben. Im Zentrum dieser Normen standen der Einsatz von Familienverbindungen für berufliches Fortkommen und die Verteidigung gemeinsamer materieller Interessen.[16] Mosers Insistieren auf seinem Gerechtigkeitssinn erweckte die Feindschaft der Ehrbarkeit und seine spätere Abwesenheit vom Herzogtum vergrößerte diese Isolierung noch. Im Prinzip gilt für die Stände, wie für den Herzog, dass sie Moser aufgrund seines Wissens und seiner Begabung schätzten und später auch anstellten, aber nicht, weil sie ihn als einen der Ihren betrachteten.

Die Probleme, die sich daraus ergaben, wurden bereits während der ersten, 1720 einsetzenden Phase von Mosers Engagement in der württembergischen Politik deutlich. Die politische Welt, in die Moser damals eintrat, war einer Reihe langfristiger Veränderungsprozesse unterworfen. Die Verfassung des Alten Reiches war nach dem Westfälischen Frieden keineswegs im Verfall begriffen, sondern entwickelte sich in dem Maße fort, in dem Kaiser und Fürsten sich an die neuen Zwänge anpassten, die sich nach dem Dreißigjährigen Krieg auf der Ebene der internationalen wie der internen Beziehungen ergaben. Die Fähigkeit der Reichsinstitutionen, sich zu behaupten und reichsinterne Konflikte zu lösen, nahm unter Leopold I. (1658–1705) und Joseph I. (1705–1711) sogar zu. Dadurch wurde die Position des Kaisers gestärkt und zugleich die Bedeutung vergrößert, die er selbst und Institutionen wie die Reichsgerichte für den Schutz der rechtlichen Stellung der schwächeren Glieder des Reiches, z.B. der kleineren Grafschaften oder Reichsstädte, besaßen.[17] Allerdings tauchten mit dem Aufstieg der österreichischen Habsburger Monarchie zu einer wirklich europäischen Großmacht und dem Eindringen anderer Mächte, vor allem Frankreichs, in die Reichspolitik auch neue Spannungen auf. Die mittleren und kleineren deutschen Territorialstaaten kämpften darum, in dem scharfen gegenseitigen Wettbewerb ihre Position zu sichern und blickten zur Unterstützung ihrer Interessen immer weniger auf den Kaiser, sondern auf andere europäische Mächte.[18] Preußen war dabei besonders erfolgreich. Am Tag von Mosers Geburt wurde es zum Königreich erhoben und stieg bis zu seinem Tode zur zweiten deutschen Großmacht und zum Rivalen Österreichs auf. Die Herzöge von Württemberg kämpften darum, in den zweiten Rang der Herrscherdynastien aufzusteigen. Diese strebten nach Kurfürstenwürde oder Königstiteln, um sich ein Mitspracherecht in Reichssachen und in der europäischen Politik zu sichern. Während sie deutlich hinter den weltlichen Kurfürstentümern Bayern, Sachsen, Hannover und der Pfalz standen, wurden die Herzöge von Württemberg mit den Landgrafen von Hessen-Kassel zu aussichtsreichen Rivalen um eine Kandidatur für die nächste Kurwürde oder einen Königstitel. Diese Königswürde könnte entweder im Reich geschaffen oder anderwärts, zum Beispiel in Polen, erworben werden. Der Erfolg hing davon ab, ob es gelang, die Zustimmung des Kaisers und das Einverständnis und die Unterstützung anderer europäischer Mächte zu erlangen. Sie alle mussten davon überzeugt werden, dass der Herzog der von ihm angestrebten hohen Stellung auch würdig war. Bei seiner Suche nach Verbündeten verfolgte der württembergische Herzog eine ähnliche Politik wie die anderen führenden deutschen Fürsten: Er richtete gegen Ende der 1690er Jahre ein kleines stehendes Heer ein, das an jene Mächte verliehen werden konnte, die bereit waren, seine Ambitionen zu unterstützen. Der Hof wurde vergrößert, zog eine aristokratische Klientel an und hob so das Prestige und Profil der herzoglichen Familie. Die bevorzugte Position Württembergs im Schwäbischen Kreis wurde ausgenützt, um die knappen Ressourcen des Herzogtums auszugleichen und die Stellung des Herzogs als unentbehrlicher Bündnispartner für jede Macht, die im deutschen Südwesten Einfluss gewinnen wollte, zu befestigen. Diese Politik war teuer und riskant, nicht zuletzt deshalb, weil sie die aktive Einbeziehung in europäische Kriege zur Folge hatte. Der mit dieser Politik verbundene grenzenlose Geldbedarf erschütterte die Innenpolitik des Herzogtums, da er im Rahmen der bestehenden Finanzstrukturen nicht befriedigt werden konnte. Der Herzog hatte unmittelbaren Zugriff lediglich auf etwa ein Drittel der Ressourcen des Herzogtums und konnte den Rest ohne die Zustimmung der Stände und der Führung der lutherischen Kirche nicht mit Steuern belasten. Beide wurden jedoch von der Ehrbarkeit dominiert, die die Ambitionen des Herzogs generell nicht teilte.[19]

Mosers aktive Karriere begann zu einem für Württemberg wenig günstigen Zeitpunkt. Herzog Eberhard Ludwig, der von 1693 bis 1733 regierte, war es nicht gelungen, während des Spanischen Erbfolgekrieges (1701–1714) irgend eines seiner wichtigeren Ziele zu erreichen, und auch die anschließenden diplomatischen Anstrengungen führten zu keiner Verbesserung seiner Position. Obwohl er ein funktionierendes Grundverhältnis zu den Ständen erreicht hatte, lehnten diese es doch ab, die Geldmittel zu bewilligen, die der Herzog für notwendig erachtete. Hof und Regierung wurden zunehmend von der Clique um die herzogliche Mätresse Christine Wilhelmine von Grävenitz (1686–1744) beherrscht, die den herzoglichen Ehrgeiz ausnützte, um materielle und politische Vorteile für sich zu erlangen. Die Anhänger der Grävenitz waren zwar unter sich selbst nicht besonders einig, und ihre Aktivitäten waren auch nicht so ungewöhnlich und schädlich, wie es in der Regel dargestellt wird.[20] Dennoch war die Zugehörigkeit zu einer der Fraktionen innerhalb dieser Clique unabdingbar für jeden, der am württembergischen Hof oder in der Verwaltung etwas werden wollte. Zu jener Zeit scheint Moser noch nicht so prinzipientreu wie später gewesen zu sein, denn er verdankte seine ersten Ernennungen zum außerplanmäßigen Professor (1720) und zum Titularregierungsrat (1721) der Patronage von zwei Anhängern der Grävenitz, dem besonders einflussreichen Geheimen Rat Johann Heinrich von Schütz (1669–1732) und dem Kanzler der Universität Tübingen, Christoph Matthias Pfaff (1686–1760). Moser versuchte außerdem Verbindungen nach Wien aufzubauen und sicherte sich 1722 die Patronage des Reichsvizekanzlers Friedrich Carl von Schönborn (1674–1746). Dennoch blieb er deutlich außerhalb der Kreise und Institutionen, in denen wirkliche politische Entscheidungen gefällt wurden. Auch seine Versuche, eine Stelle in Reichsinstitutionen in Wien oder Wetzlar zu finden, waren letztlich erfolglos. Selbst seine Beförderung zum wirklichen Regierungsrat im Juni 1726 bedeutete lediglich seine Einbeziehung in routinemäßige Verwaltungsangelegenheiten. Diese stockende Karriere war für einen Mann seiner Herkunft nicht ungewöhnlich, aber es wurde bereits jetzt deutlich, dass er ein schwieriger Kollege war, und im Februar 1727 wurde er vom Dienst suspendiert. Der Herzog, der die Begabung Mosers erkannt hatte, wollte ihn nicht gehen lassen, aber hatte deutlich Schwierigkeiten, eine passende Stellung und Aufgabe für ihn zu finden. Mosers Weigerung, in die neue Hauptstadt Ludwigsburg umzuziehen, machten ihn außerdem politisch suspekt. Er wurde deshalb gewissermaßen in ein inneres Exil an das Collegium Illustre in Tübingen verbannt. Am 25. Juli 1733 stimmte Eberhard Ludwig schließlich der Entlassung Mosers zu und stellte ihm frei, sich anderweitig eine Stelle zu suchen.[21]

Drei Monate später starb Eberhard Ludwig. Durch seinen Nachfolger Carl Alexander (1684–1737), einen engen Freund von Mosers Gönner Friedrich Carl von Schönborn, eröffneten sich auch für Moser neue Möglichkeiten in Württemberg. Obwohl er am 21. Juli 1734 hier seine Tätigkeit als Regierungsrat wieder aufnahm, hatte Moser doch keinen Anteil an den zentralen Staatsgeschäften. Es gibt keinen Hinweis darauf, dass Moser an der Aushandlung der Religionsreversalien beteiligt war, die der katholische Carl Alexander unterschreiben musste. Durch sie wurde nicht nur die Zugehörigkeit des Herzogtums zur lutherischen Konfession abgesichert, sondern zugleich auch das nicht unerhebliche Vermögen der Staatskirche der Kontrolle des Herzogs entzogen. Dieses Dokument war bereits 1725 vorbereitet und eine revidierte Version von Carl Alexander vor Mosers Rückkehr in sein Amt unterzeichnet worden.[22] Im Gegensatz zu seiner späteren Bedeutung als Gegner des herzoglichen Absolutismus erscheint Moser hier noch als ehrgeiziger kleiner Beamter, der in routinemäßigen Rechts- und Verwaltungsfragen zu Rate gezogen wurde und die herzoglichen Interessen in Verhandlungen mit württembergischen Separatisten und in einer Auseinandersetzung mit Graf Fugger über die Rechte an den Herrschaften Stettenfels und Gruppenbach vertrat. Er hatte keinen Anteil an Karls Diplomatie oder Militärpolitik und spielte auch bei dessen Bemühungen, eine striktere Kontrolle über die Lokalbehörden durchzusetzen, keine Rolle. Letzteres hatte eine starke Opposition sowohl innerhalb der Verwaltung als auch in den Ständen hervorgerufen, die sich nach Alexanders Tod in dem Coup gegen seine Witwe und der grotesken Hinrichtung seines Finanziers Joseph Süss Oppenheimer (1698–1738) fortsetzte.[23] Moser hatte inzwischen Württemberg schon verlassen und war im Jahr 1736 einem Ruf auf eine ordentliche Professur an der juristischen Fakultät der Universität in Frankfurt/Oder gefolgt. Wie bei seinen Versuchen in den 1720er Jahren, eine Anstellung außerhalb Württembergs zu finden, war er auch zu diesem Schritt eher durch persönliche Enttäuschungen als durch politische Meinungsverschiedenheiten bewegt worden. Man hatte zu Moser in Württemberg immer einen gewissen

Sicherheitsabstand gehalten, nach seinem Rat gefragt, ihm aber eine prominente Position in der Regierung verweigert. Rückblickend scheint dies eine weise Entscheidung gewesen zu sein, denn jedes Mal, wenn Moser nach 1736 eine einflussreiche Stelle erreichte, entfremdete er sich seine Kollegen und Arbeitgeber sofort, indem er in Anfällen selbstzerstörerischer Aktivität die Dinge verändern wollte.[24] Nachdem er sich mit seinen Kollegen in Frankfurt überworfen hatte, wurde Moser 1739 freier Schriftsteller und Rechtsberater in der religiösen Siedlung Ebersdorf in der Grafschaft Reuss. Er bekam keine weitere feste Stelle, bis er im Jahr 1747 Geheimer Rat und Direktor der Regierungskanzlei in der winzigen Landgrafschaft Hessen-Homburg wurde. Hier versuchte er gleichzeitig Verwaltung und Finanzwesen grundlegend zu erneuern. Er scheiterte damit schon innerhalb eines Jahres und verließ die Stelle, um 1749 in Hanau eine private Staats- und Kanzlei-Akademie zu eröffnen. Der Zusammenbruch auch dieses Unternehmens brachte ihn dazu, im Oktober 1751 die Stelle eines Konsulenten der württembergischen Stände anzunehmen.

Mosers Abwesenheit 1736-1751

Moser hatte während seiner Abwesenheit vom Herzogtum in den Jahren zwischen 1736 und 1751 zwar mit den religiösen Führern und den Mitgliedern der Stände Kontakt gehalten. Dennoch war er auf keine Weise in die Ereignisse involviert, die die württembergische Politik verändern und die Bedingungen bestimmten sollten, mit denen er nach seiner Rückkehr konfrontiert war. Die Regentschaft nach dem Tod Herzog Karl Alexanders im Jahr 1737 war fundamental für diesen Wandel der Politik. Die Regentschaft von 1737 bis 1744 wurde in der württembergischen Tradition positiv interpretiert als Signal für die Niederlage des katholischen Absolutismus Karl Alexanders und die Wiederherstellung der rechten Verfassung des Herzogtums.[25] In Wirklichkeit aber stellte die Regentschaft einen bedeutenden Rückschlag für das gesamte Herzogtum und nicht nur für das herrschende Haus dar. Weit davon entfernt, eine Wiederherstellung der Verfassung zu sein, strapazierte die protestantische Reaktion nach 1737 vielmehr selbst die Grundsätze rechtmäßiger Politik, indem sie das Testament Karl Alexanders auf den Kopf stellte und seine Berater und

Beamten vertrieb. Diese Reaktion war das Werk der Mitglieder des Engeren Ausschusses der Stände und ihrer Freunde im Geheimen Rat und in der herzoglichen Verwaltung. Gemeinsam brachten sie einen schwachen Regenten eines anderen, protestantischen Zweigs der herzoglichen Familie an die Regierung.

Indem diese Gruppen ohne kaiserliche Genehmigung und ohne die Zustimmung eines Landtags handelten, kompromittierten sie ihre eigene Stellung. Die Regentschaft und der Ausschuss legten ihre Streitpunkte bei, um öffentlichem Unmut oder Intervention von außen zuvor zu kommen. Der Landtagsrezess von 1739 sicherte die Position des Ausschusses, indem er eine jährliche Steuerbewilligung festsetzte. Das befriedigte den beschränkten Bedarf der Regentschaft nach Geld, während es gleichzeitig den Zwang zur Einberufung neuer Landtage aufhob, die die Führerschaft und politische Entscheidungskompetenz des Ausschusses hätten in Frage stellen können.[26] Die Zustimmung des Kaisers kaufte man sich durch die Unterstellung eines Teils der württembergischen Armee unter sein Kommando nach 1737, weitere Garantien erhielt man von Dänemark (1741), England (1743) und Preußen (1744), die die sogenannten Reversalien bestätigten und auf diese Weise einen legitimen Grund erhielten, sich in die inneren Angelegenheiten des Herzogtums einzumischen.

Mosers bescheidener Anteil an diesen Ereignissen beschränkte sich darauf, 1742/43 eine im Ende ziemlich unbefriedigend ausgefallene Bestätigung dieses Arrangements durch Kaiser Karl VII. erreicht zu haben. Dies wurde zwar als großer Erfolg verkauft, in Wirklichkeit war die Diplomatie des Herzogtums aber unfähig und nicht in der Lage, die Schwäche des Kaisers auszunützen, um irgendwelche bedeutsameren Zugeständnisse zu erreichen.[27] Der Kompromiss von 1739 befestigte in Württemberg ein konservatives und inflexibles Verfassungsarrangement, das den Interessen der Ehrbarkeit und besonders den Familien nützte, die mit dem Engeren Ausschuß und den mittleren und niederen Rängen der herzoglichen Verwaltung verbunden waren. Die Zeit der Regentschaft war ein schwerer Schlag für die herrschende Dynastie. Sie drohte die Herzöge innerhalb des Herzogtums zu schwächen, indem ihnen der Zugang zu den Ressourcen des Landes verweigert wurde. Die Versuche, den Kompromiss durch äußere Garantien abzusichern, vergrößerte zugleich die Abhängigkeit Württembergs von auswärtigen Mächten. Vor allem die Absprachen mit Preußen wurden bis 1744 zu einem formellen Bündnis vorangetrieben. Dies brachte das Herzogtum im österreichischen Erbfolgekrieg in eine gefährliche Situation.[28]

Die Regentschaft endete mit der Mündigkeitserklärung Karl Eugens im Frühjahr 1744. Karl Eugen erscheint oft als der typische Duodezfürst, ein unbedeutender kleiner Tyrann.[29] Ganz sicher war er eitel und in seinen Entscheidungen übereilt, aber seine Politik war in ihren Grundsätzen ganz traditionell und nicht das Ergebnis des Einflusses übler Berater.[30] Wie seine Vorgänger versuchte auch er durch den Erwerb neuer Territorien und der Kurwürde politische Unabhängigkeit zu erlangen. Zu diesem Zweck lockerte er seine Abhängigkeit von Preußen, indem er eine Allianz mit Frankreich schloss. Die Verhandlungen dazu begannen bereits 1745 und führten zu dem Subsidienvertrag von 1752, durch den sich der Herzog verpflichtete, Truppen in Bereitschaft zu halten – und zwar im Umfang von 3000 Mann und nicht, wie gewöhnlich angegeben, von 6000 Mann.[31] Die französischen Subsidien verbesserten auch seine innenpolitische Stellung. Obwohl er immer noch nicht genug Geld hatte, war er nicht mehr so abhängig von der Steuerbewilligung der Stände. Zusätzlich zur Vergrößerung seiner Armee entwickelte Karl Eugen auch seinen Hof, um sein Ansehen unter den Reichsfürsten zu vergrößern und um fremde Besucher, die nicht mit der traditionellen württembergischen Elite verbunden waren, anzuziehen.

Moser und der Verfassungskonflikt 1751–1770

Das war die Situation, als Moser mit seiner Ernennung zum Landschaftskonsulenten 1751 in die württembergische Politik zurückkehrte. Die 1750er Jahre waren dann charakterisiert durch sich verschlechternde Beziehungen zwischen dem Herzog und dem Engeren Ausschuss, der darum kämpfte, die bevorzugte Stellung, die er 1739 erreicht hatte, zu halten.[32] Die Verhältnisse verschlechterten sich, als Karl Eugen ganz auf ein starkes militärisches Engagement im Siebenjährigen Krieg setzte. Er unterstützte mit Soldaten die französisch-österreichische Allianz gegen Preußen in der Hoffnung, dass er dafür mit der Kurwürde belohnt werden würde. Zunächst verdoppelte er am 20. März 1757 die vertraglich festgelegte Zahl seiner Hilfstruppen auf 6000 Mann und versprach gleichzeitig, sein Kontingent für die Reichsarmee zu stellen, die sich zu einer Strafaktion gegen Preußen rüstete. Im Rahmen seiner Bemühungen, sich im Krieg unentbehrlich zu machen, erhöhte er die Zahl seiner Streitkräfte bis 1760 auf 16 000 Mann. Das war wesentlich mehr, als er sich leisten konnte. Die Stände weigerten sich, mehr Geld zu geben. Daraus entstand nach 1758 eine Verfassungskrise, da der Herzog zur Zwangsbesteuerung durch Erlass überging.[33]

Mosers Rolle in diesen Konflikten wurde vergrößert durch seine dramatische Verhaftung im Juli 1759 und seine darauf folgende fünfjährige Festungshaft auf dem Hohentwiel bis September 1764. In vielen Berichten wurde Moser als der Märtyrer des rechtmäßigen Widerstands gegen herzogliche Tyrannei dargestellt, als ein Opfer willkürlicher Kabinettsjustiz, das sich standhaft weigerte, sich zu beugen, und statt dessen Trost und Inspiration in seinem festen protestantischen Glauben fand. Dieses Bild des »Patrioten im Kerker« war bereits vor seiner Entlassung verbreitet und wurde dann auch von Mosers eigener Autobiographie propagiert. Es verzerrt jedoch den wirklichen Gang der Dinge in drei Punkten. Zum einen übertreibt es stark Mosers Rolle in diesem Konflikt, zum andern verdeckt es die Zwiespältigkeit seiner Position zwischen den beiden streitenden Parteien und schließlich verdunkelt es die Bedeutung anderer Personen für den Widerstand der Stände gegen die herzogliche Politik.

Moser war als einer von zwei Konsulenten angestellt, um den Engeren Ausschuss zu beraten. In Gegensatz zu seinem Kollegen und Rivalen Johann Friedrich Stockmayer (1703–1782) weigerte sich Moser jedoch, sich durch die traditionellen Grenzen dieser Rolle binden zu lassen. Er wollte mehr als nur den Ausschuss beraten. Die Probleme, zu denen das führte, wurden bereits 1752 sichtbar. Sie wuchsen noch an, als er 1755 Karl Eugens Einladung annahm, an einer Reihe spezieller Deputationen teilzunehmen, um verschiedene Verwaltungsinitiativen des Herzogs voran zu bringen.[34] Moser sah seine Position als halboffizieller herzoglicher Berater als Teil seiner Verpflichtung zur »Unpartheylichkeit«. Die Stände dagegen schöpften sofort Verdacht und fürchteten, Moser würde ihre vertraulichen Diskussionen dem Herzog verraten. Ein zweites Problem tauchte auf, als Moser in der Frage, wie man am besten mit den Forderungen des Herzogs umgehen solle, eine andere Meinung vertrat als seine Kollegen. Er kritisierte die vom Ausschuss eingeschlagene Taktik des »Lavierens und Temporierens«, die eine direkte Konfrontation mit dem Herzog zu vermeiden suchte und statt dessen kleine Geldzugeständnisse gegen eine weitere Absicherung der Privilegien der Stände anbot. Moser dagegen befürwortete eine Form der konstruktiven und auf Prinzipien gegründeten Opposition. Die Stände sollten ihre Zustimmung zu den Maßnahmen geben, die dem allgemeinen Wohl zuträglich seien, aber eine kompromisslose Opposition gegen all jene Maßnahmen durchführen, die einen Angriff auf das alte Recht darstellten. Indem Moser schon 1752 diesen Standpunkt einnahm, verdammte er sich selbst dazu, in der folgenden Entwicklung nur eine Randrolle zu spielen.

Die Diskussion über Mosers Rolle als herzoglicher Berater hat sich im allgemeinen auf den Inhalt seiner Vorschläge konzentriert und auf die Frage, ob sie fortschrittliche Reformen darstellten. Moser schrieb zwischen 1755 und 1756 fast 40 Gutachten. Sie decken ein weites Themenfeld ab und bezeugen seinen, damals modernen, Enthusiasmus für Polizey und Kameralismus. Mosers Vorschläge sind zwar in ihrer Breite und Vielzahl bemerkenswert, aber nicht besonders originell. Keiner seiner Vorschläge wurde in die Praxis umgesetzt außer seiner Reform der Gemeindeverwaltung, die 1758 zum Gesetz erhoben wurde und bis 1817 in Geltung blieb.[35]

Für Mosers Versagen als Reformer wurde Karl Eugens wechselhafter Charakter und der allgemeine Geldmangel verantwortlich gemacht.[36] Das geht allerdings an der Sache vorbei, denn keiner seiner Reformvorschläge war besonders bedeutsam. Die Gegenstände, an denen Moser so viel gelegen war, waren für das Hauptziel des Herzogs, die dynastische Erhöhung, peripher. Karl Eugen besaß zwar in der Tat ein genuines Interesse an den sozialen und wirtschaftlichen Verhältnissen, aber er war kein aufgeklärter Absolutist. Sein Interesse an Mosers Vorschlägen war primär fiskalischer Art. Er hoffte, dass Verbesserungen in der Produktion und in der Verwaltung mehr Geld für seine politischen Ziele zur Verfügung stellen würden. Moser hatte jedoch gar keinen Einfluss auf die Gebiete, die wirklich wichtig waren, auf die Finanzen und die Diplomatie. Ja, er war sogar gegen das Hauptziel der Politik des Herzogs eingestellt. Die größere Autonomie, nach der Karl Eugen strebte, stand konträr zu Mosers Vorstellung von einer vielschichtigen und vernetzten Struktur des Reiches. Was den Herzog in seinen Augen besonders verdächtig machte, war die Tatsache, dass er sich auf militärische Stärke als seinem Hauptverhandlungsmittel verließ, um seine ehrgeizigen Ziele zu erreichen. Moser dagegen betrachtete die Vorstellung von militärischer Macht als Ausdruck fürstlicher Landeshoheit als die zerstörerischste aller Neuerungen, die die traditionelle Reichsverfassung untergruben.[37] Er brachte seine Kritik im Rückblick außerordentlich stark in seinem nach der Entlassung aus der Haft publizierten Werk *Neues Teutsches Staatsrecht* zum Ausdruck. Moser kritisierte darin den Appell von Möchte-gern-Absolutisten wie Karl Eugen an die Vernunft, um ihre Handlungen zu rechtfertigen. Ganz besonders schimpfte er gegen die Perversion von Begriffen wie »Not, das gemeine Beste und die Erfordernisse des Staates« für die Rechtfertigung unnötiger Neuerungen und überstürzter politischer Maßnahmen.[38] Er hatte sich jedoch bereits mit Karl Eugen überworfen, als er ihm während des Siebenjährigen Kriege sagte, dass es seiner Ehre als Reichsfürst nicht förderlich sei, ein Kommando über die Reichsarmee im Kampf gegen Preußen anzustreben. Dem Kaiser mit einem eigenen Kommando zu dienen war jedoch ein zentraler Bestandteil von Karl Eugens Strategie, die Kurwürde zu erlangen. Das gegenseitige Nicht-Verstehen hatte seit 1752 zugenommen, als die Stände jede Einsicht in die militärischen Finanzen verloren, weil der Herzog sie nicht mehr mit genauen Zahlen versorgte. Der Mangel an verlässlicher Information war ein zentraler Faktor in ihrem steigenden Misstrauen gegenüber den Intentionen des Herzogs. Dies war aber auch mit ein Grund, weshalb ihnen Mosers Kontakte zu Karl Eugen so verdächtig waren. Ironischer Weise verschlechterte sich die Situation, als sowohl der Herzog als auch die Stände auf Distanz zu Moser gingen; denn nun gab es keinen mehr, der darüber informiert war, was die andere Seite dachte. Das hatte fatale Folgen für Moser. Der Herzog hatte 1758 jeden Einblick in die Überlegungen des Engeren Ausschusses verloren und überschätzte Moser daher als das Zentrum der Opposition gegen seine Pläne. Moser selbst interpretierte diesen Zusammenbruch der Kommunikation später als Hauptursache der Verfassungskrise und bat den Herzog nachdrücklich, den Ständen keine geschriebenen Befehle mehr zu senden, sondern mit ihnen zu reden.[39]

Inzwischen war der Streit über die Taktik nach Mosers Fehde mit Stockmayer stark personalisiert worden. Stockmayer, der andere Landschaftskonsulent, wurde mit der traditionellen Politik des »Lavierens und Temporierens« identifiziert. Die persönliche Auseinandersetzung mit ihm trug nicht dazu bei, Mosers Position zu verbessern. Stockmayer stammte aus einer wichtigen württembergischen Familie, die voll in die lokale Politik integriert war.[40] Moser war zwar talentierter und hatte mehr Erfahrung, aber er war im Prinzip ein Außenseiter, obwohl er ein gebürtiger Stuttgarter war. Sein Rat wurde als schlecht informierte Einmischung angesehen und seine Ambitionen machten ihn verdächtig. Er war über 50 Jahre alt, als er nach Württemberg zurückkehrte und deutlich enttäuscht darüber, dass seine harte Arbeit ihm nicht die Anerkennung gebracht hatte, die er seiner Meinung nach verdient hatte. Es ist wahrscheinlich, dass er seine Ernennung zum Konsulenten als einen Schritt in Richtung auf eine Beförderung zum Geheimen Rat auffasste.[41] Es gab Präzedenzfälle für diesen Weg, und dies stimmte auch mit Mosers eigener politischer Vorstellung überein. Im Klima der 1750er Jahre erregte dies jedoch sofort Verdacht und erschien als arroganter Versuch, seine Rolle als Konsulent zu überschreiten. Solche Ängste wurden noch weiter geschürt, als Moser sich, im Gegensatz zu Stockmayer, weigerte, sich der Autorität des Ausschusses zu unterwerfen und Entscheidungen zu unterzeichnen, die er für falsch hielt.[42]

Politische Meinungsverschiedenheiten verstärkten die Zurückhaltung des Ausschusses, Mosers Rat anzunehmen. Trotz seiner grundsätzlichen Ablehnung des Absolutismus war Moser kein Republikaner, sondern Anhänger einer gemischten Monarchie, die auf der Kooperation von Monarch und Ständen basierte. Damit diese Zusammenarbeit funktioniert, müssen beide Seiten im Interesse des Allgemeinwohls Kompromisse eingehen. Während frühere Historiker Moser und den Ausschuss als einig in der Opposition gegen Karl Eugen darstellten, betonte Rürup zurecht Mosers Kritik an der Kompromisslosigkeit des Ausschusses.[43] Da der Ausschuss alle Vorschläge des Herzogs als unbegründete Neuerungen ablehnte, gewann Moser die Überzeugung, dass dieser die Partnerschaft, die Voraussetzung einer guten Regierung war, untergrub. Die hartnäckige Verteidigung des status quo durch den Ausschuss war nicht lediglich eine Folge des Sozialkonservatismus seiner Mitglieder, sondern auch bedingt durch die Tatsache, dass ihr Festhalten am Rezess von 1739 ihnen letztlich keine andere Wahl ließ. Moser bezweifelte die Rechtmäßigkeit dieser Position, da sie einen Angriff auf die herzogliche Landeshoheit beinhaltete. Indem er für sich ein Vetorecht gegen alle Initiativen des Herzogs in Anspruch nahm mit der Begründung, dass dies dem Rezess widerspreche, stellte der Ausschuss die herzogliche Prärogative in Frage. Moser dagegen befürwortete eine konstruktive Opposition, die dem Herzog in allen prinzipiellen Fragen Widerstand leistete, ihm aber auf anderen Gebieten entgegen kam. Der Ausschuss konnte sich dazu jedoch nicht verstehen, denn dies hätte die Preisgabe des Rezesses bedeutet, der seine Position absicherte. Die finanziellen Bestimmungen des Rezesses waren starr und ließen dem Ausschuss wenig Spielraum, dem Herzog größere Einkünfte zu bewilligen, ohne einen Landtag einzuberufen. Dies hätte dem Herzog jedoch die Möglichkeit geboten, das gesamte ›Paket‹ neu zu verhandeln. Es ist daher nicht überraschend, dass der Ausschuss im Jahr 1752 Mosers Vorschlag, einen Landtag einzuberufen, um die Vergrößerung der Armee zu verhindern, ablehnte.

Vier Jahre später wurde die Situation mit dem Ausbruch des Krieges noch ernster. Karl Eugen forderte, dass die Notlage neue Steuern rechtfertige. Der Ausschuss lehnte dies jedoch ab und bezahlte das Geld nur als Vorschuss auf die Summen, die durch den Rezess gedeckt waren.[44] Trotz seiner Kritik an der Perversion von ›Notlage‹ als Mittel, um Neuerungen einzuführen, stimmte Moser mit dem Herzog überein, denn das militärische Vorgehen gegen Preußen war vom Reich beschlossen, und Reichsrecht stand über territorialstaatlichen Vereinbarungen. Moser argumentierte, dass der Ausschuss lieber in den Fällen Widerstand leisten solle, in denen er sich in einer besseren rechtlichen Position befände und riet zur Anrufung der Reichsgerichte. Dies war jedoch kaum ein realistischer Weg, wo Karl Eugen doch ein wichtiger Verbündeter des Kaisers war. Dazuhin drohte dies die Spannungen im Herzogtum noch zu verschärfen, da es die Stände auf einen Kollisionskurs mit dem Herzog festlegte. Selbst wenn die Gerichte die Klage angenommen hätten, hätte dies zur Folge gehabt, dass der Rezess erneut zur Debatte gestellt worden wäre.

Im Mai 1757 kam der Ausschuss zu der Überzeugung, dass man mit Moser nicht mehr weiter zusammenarbeiten könne und schloss ihn von seinen Beratungen aus. Die Krise verschärfte sich noch, als im folgenden Monat das württembergische Hilfskontingent in Stuttgart meuterte und der Ausschuss zur Zielscheibe für öffentliche Empörung wie für Verdächtigungen des Herzogs wurde.[45] Am 2. Dezember 1757 wurde Moser schließlich wieder zu den Verhandlungen zugelassen, nachdem der Ausschuss Stockmayers Widerstand überwunden hatte. Und obwohl Stockmayer 1758 schließlich zurücktrat, verbesserte sich Mosers Stellung nicht wirklich, und er war weit davon entfernt, Anführer des ständischen Widerstands zu sein. Viele Ausschussmitglieder unterstützten weiterhin Stockmayer, der im Hintergrund aktiv war und Mosers Vorschläge zu torpedieren versuchte. Der Ausschuss lehnte 1758 auch Mosers Vorschlag ab, eine hannoveranisch-pfälzische Friedensinitiative als Gelegenheit zu benützen, um den württembergischen Konflikt vor eine internationale Konferenz zu bringen, und wies seinen Rat zurück, andere Territorien wie Hessen-Kassel oder auch das Reichskammergericht in Wetzlar um Unterstützung anzurufen.

Die Entscheidung des Ausschusses war in der Tat gut begründet, denn Moser hatte die habsburgische Politik völlig falsch interpretiert.[46] Weit entfernt davon, die württembergischen Stände zu verteidigen, hatte Kaiser Franz I. vielmehr Karl Eugen im Geheimen gedrängt, harte Maßnahmen gegen Moser und alle anderen Personen zu ergreifen, die in Verdacht standen, den Krieg gegen Preußen zu sabotieren. In einem persönlichen Brief an den Herzog bezeichnete der Kaiser Moser als den Anführer einer preußischen ›fünften Kolonne‹, die die militärischen Anstrengungen Württembergs untergraben würde.[47] Bereits im Juli 1758 hatte der Kaiser dem Herzog ein Mandat zugesandt, das ihn berechtigte, die Stände zu ermahnen und alle diejenigen zu bestrafen, die Widerstand gegen den Krieg leisteten. Mehrfach drängte der Kaiser zudem den Herzog, Moser wegen Landesverrats zu verurteilen, und ein Jahr später, 1759, schickte er einen Befehl an das Reichskammergericht, um eine Klage gegen Mosers Verhaftung zu verhindern.[48] Die Unterstützung des Kaisers war dem Herzog jedoch alles andere als willkommen. Karl Eugen hatte nicht das geringste Bedürfnis, die internen Verhältnisse Württembergs für eine kaiserliche Untersuchung zu öffnen und versuchte seine restliche Autonomie dadurch zu wahren, dass er bis Juli 1759 keine Maßnahmen ergriff. Erst dann bewegte er sich schließlich und nahm am 1. Juli Mosers ältesten Sohn, den Kirchenkasten Expeditionsrat Wilhelm Gottfried Moser, fest, weil er gegen die Einziehung von Kirchengut zur Finanzierung der Armee protestiert hatte. Moser selbst wurde am 12. Juli nach Ludwigsburg beordert und von dort mit einer bewaffneten Eskorte auf den Hohentwiel verbracht, während zur gleichen Zeit Beamte sein Haus in Stuttgart durchsuchten und seine Papiere beschlagnahmten.[49]

Da er nie formell angeklagt oder verurteilt wurde, bekam Moser auch keine offizielle Erklärung für seine Verhaftung. Er selbst gab Hinweise in die Richtung, dass Stockmayer und seine Genossen dahinter gestanden haben könnten, und implizierte, dass sie dafür absichtlich seinen Vorschlag fehlinterpretiert hätten, die hannoveranisch-pfälzische Friedensinitiative zu nutzen, um die Krise zu lösen.[50] Die Hauptschuld schob er jedoch auf Karl Eugens neuen Regierungschef, Graf Friedrich Samuel von Monmartin (1712–1778), den er in den schriftlichen Antworten der Stände auf herzogliche Forderungen beleidigt haben soll. Eine Reihe von Historikern sind Moser darin gefolgt, in Monmartin die treibende Kraft hinter Karl Eugens Politik im Allgemeinen und Mosers Verhaftung im Besonderen zu sehen.[51] Monmartin war sicher feindlich gegenüber Moser eingestellt. Aber die Situation war komplexer, als oft angenommen wurde. Der Herzog hatte sich bereits zur Teilnahme am Krieg verpflichtet, bevor er Monmartin im Februar 1758 ernannte. Weder Karl Eugen noch die Stände wußten jedoch, dass Monmartin in Wirklichkeit zwei Herren diente, da er nicht nur den Anspruch Karl Eugens auf die Kurwürde in Wien betrieb, sondern heimlich auch Habsburger Interessen in Württemberg vertrat. Dieses Doppelspiel machte seine Stellung sehr unsicher, da er den Herzog und den Wiener Hof befriedigen musste. Obwohl Frankreich schon seit 1752 diplomatische Unterstützung für Karl Eugens Kurwürde zugesagt hatten, konnte doch nur der Kaiser sie gewähren. Da Württemberg sich jedoch bereits stark im Krieg engagiert hatte, sah Franz I. 1758 keine Notwendigkeit, Zugeständnisse zu machen, und hielt den Herzog mit einer Reihe vager Hinweise, dass sein patriotischer Einsatz für das Reich belohnt werden würde, bei der Stange. Monmartins Unfähigkeit, in Wien irgendwelche konkreteren Ergebnisse zu erzielen, gefährdeten allmählich seine Position, und ab Mitte des Jahres 1759 kursierten Gerüchte, dass andere ihn zu stürzen suchten.[52] Der Hauptherausforderer war der damalige Oberstleutnant Philipp Friedrich Rieger (1722–1782), der aus einer zentralen Familie der Ehrbarkeit stammte und dem Herzog seit 1757 als wichtigster militärischer Berater und Verwalter diente. Rieger benützte die Feindschaft der Stände gegen Monmartin für seine eigenen Ziele. Sein Schwiegervater war Dr. Ludwig Eberhard Fischer, Prälat des Klosters Adelberg und seit 1757 einflussreiches Mitglied des Engeren Ausschusses.[53] Die Passage, die Monmartin beleidigte, war angeblich in der letzten Sekunde auf Fischers Anordnung durch Johann Friedrich Eisenbach in die Antwort der Stände eingefügt worden. Wie weit Monmartin dieses Ränkespiel durchschaute, ist unklar. Aber er war sich sehr wohl des Schicksals von Süss Oppenheimer und General Remchingen bewußt, die nach Karl Alexanders Tod beide Opfer des Rückschlags gegen die herzogliche Politik geworden waren.[54] Bevorzugte Berater waren immer verletzbar, da es leichter war, sie zu kritisieren, als öffentlich die Politik des Landesherrn anzugreifen.[55] Es scheint, dass Monmartin das Gefühl hatte, er müsse seine Kritiker zum Schweigen bringen, um seine prekäre Situation zu verbessern.

Nachdem er die Verhaftung gebilligt hatte, ergriff Karl Eugen keine weiteren Maßnahmen gegen Moser und ignorierte auch die Forderung des Kaisers, ein Verfahren gegen ihn einzuleiten. Durch die Verhaftung Mosers hatte Karl Eugen ihn de facto vor einem Verfahren an einem Reichsgericht bewahrt. Das war kein Trost für Moser, der dennoch fünf Jahre harte Gefängnisstrafe ertragen musste. Es kam allerdings auch den Herzog teuer zu stehen. Zum einen setzte das Fehlen eines förmlichen Gerichtsverfahrens Karl Eugen des Vorwurfs der willkürlichen Kabinettsjustiz aus und machte Moser zum Märtyrer des Widerstands gegen Tyrannei. Zum anderen beging der Herzog einen großen Fehler, als er am Tag von Mosers Verhaftung weitere Steuererhebungen für Militärausgaben forderte. Das war zwar kein neuer Anspruch, aber die Wiederholung einer früheren Forderung von 200 000 Gulden sogenannter Landesdefensionsgelder, die erstmals am 30. Mai erhoben und mit den Ausgaben für den Reichskrieg begründet worden war – also genau den Gründen, die auch Moser für legitim gehalten hatte.[56] Indem der Herzog diese Forderung am Tag der Verhaftung Mosers erneuerte, ermöglichte er dem Ausschuss jedoch, Mosers Märtyrertum mit ihrem traditionellen Widerstand gegen neue Steuern zu verbinden.

Insgesamt verbesserte Mosers Verhaftung die Position des Ausschusses. Nachdem er sicher entfernt war, konnte der Ausschuss Stockmayers Taktik des zähen Widerstands gegen den Herzog wieder aufgreifen und gleichzeitig im Stillen Verhandlungen mit den wichtigsten protestantischen Mächten führen. Sie akzeptierten auch die Notwendigkeit eines neuen Landtages, der im September 1763 eröffnet wurde, aber keine ernsthafte Herausforderung für die Führungsposition des Ausschusses darstellte. Nachdem Stockmayers informelle

Kontakte zu keinen entscheidenden Ergebnissen geführt hatten, erhöhte die Gruppe um Prälat Fischer im Ausschuss den Druck und eröffnete 1764 beim Reichshofrat ein Verfahren gegen den Herzog. Das Zerwürfnis im Ausschuss über die Frage der Taktik war jedoch nur vorübergehend. Um die Mitte des Jahres 1765 hatten die Gruppen um Fischer und Stockmayer ihren Streit beigelegt und auch ein vorläufiges Abkommen mit dem Herzog erreicht. Dieses bestätigte im wesentlichen die verfassungsmäßigen Bestimmungen, die im Rezess von 1739 enthalten waren, und stellte für die politischen Ziele des Herzogs einen gravierenden Rückschlag dar. Dass es dann nochmals weitere fünf Jahre dauerte, um zu einem endgültigen Abkommen zu gelangen, hing mit dem hartnäckigen Kampf der Stände zusammen, um angesichts bedeutsamer Veränderungen in der Reichspolitik ihre vorteilhafte politische Stellung zu behaupten. Die Thronbesteigung des neuen Kaisers Joseph II. und eine zeitweilige Annäherung zwischen Österreich und Preußen schuf neue Handlungsspielräume – vor allem für die Habsburger, denen es gelang, neue Bedingungen in den endgültigen »württembergischen Erbvergleich« einzubringen, die ihre dynastischen Ansprüche auf das Herzogtum verbesserten.[57] Mosers Gefangenschaft war für Karl Eugen inzwischen schon lange zu einer peinlichen Angelegenheit geworden, und er suchte nach Wegen, ihn freizulassen, ohne das Gesicht zu verlieren. Moser bekam eine Möglichkeit zur Rache, indem er sich weigerte, die Freilassungsbedingungen des Herzogs zu akzeptieren, der von ihm das Eingeständnis, »schwere Verbrechen« begangen zu haben, forderte. Als offensichtlich wurde, dass der Reichshofrat seine Freilassung anordnen würde, unterzeichnete Karl Eugen im August 1764 die notwendigen Anordnungen. Im darauffolgenden Monat wurde Moser freigelassen.[58]

Mosers politische Rolle endete mit seiner Freilassung. Obwohl der Herzog und die Stände ihn beide weiterhin um Rat fragten, wollte keiner ihn wieder einstellen. Seine früheren Kollegen waren besonders feindlich eingestellt und betrachteten ihn als Belastung wegen seiner klaren Meinungsäußerungen in Militärfragen, die nach ihrer Überzeugung den Reichshofratsprozess beeinflussen würden.[59] Moser war jedoch nicht der Mann, der sich still zurückzog. Nachdem man ihn fünf Jahre ignoriert hatte, war Moser entschlossen, seine Stelle als Konsulent zurück zu bekommen, und verlangte 1770, wieder förmlich in dieses Amt eingesetzt zu werden. Mit einem einzigartigen Mangel an

Taktgefühl versuchte er den Widerstand der Kollegen durch einen Frontalangriff auf die Korruption in den Ständen zu überwinden. Er legte diese Vorwürfe am 17. Mai 1770 in einem »Promemoria« an den allgemeinen Landtag dar. Viele seiner Vorwürfe wegen Nepotismus, schwachen Führungsqualitäten und mangelnder Verantwortlichkeit gegenüber dem Landtag waren gut begründet, aber kaum dazu angetan, ihn bei seinem Arbeitgeber beliebt zu machen. Obwohl er auch vereinzelt Unterstützung erhielt, stimmte der Landtag am 16. Juli doch mit 78 zu 4 Stimmen für die Entlassung Mosers und seines Hauptanhängers, des Bürgermeisters Dann aus Tübingen.[60] Die ganze Angelegenheit ermöglichte Karl Eugen jedoch, die Ratifizierung des Erbvergleichs hinauszuzögern, bis der Engere Ausschuss ihm ein don gratuit von 60 000 Gulden und außerdem 30 000 Gulden für die Bestätigung von Mosers Entlassung bewilligte. Moser verbrachte die letzten Tage seiner formellen Beschäftigung mit einem unangemessenen Streit über seine Pension, bis seine undankbaren Arbeitgeber ihm schließlich die stattliche Summe von 1500 Gulden pro Jahr bewilligten.[61] Aus der Sicht des Ausschusses war dies gut investiertes Geld, denn der Erbvergleich stellte einen Sieg für ihre Interpretation der Verfassung des Herzogtums dar. Er befestigte ein konservatives Verhältnis zwischen Ausschuss und Landesherr, das die herzogliche Politik nachhaltig einschränkte und den lokalen und regionalen Einfluss der Ausschussmitglieder bis zum Umbruch der Revolutionskriege befestigte.[62] Für Moser bedeutete dies das Ende seiner öffentlichen Laufbahn. Er zog sich vom aktiven politischen Engagement zurück und konzentrierte sich auf die Fertigstellung seines Neuen Teutschen Staatsrechts sowie auf sein geistliches und sein Familienleben.[63]

Schluss

Mosers Rolle in der württembergischen Politik ist gekennzeichnet durch einen scharfen Kontrast zwischen seiner symbolischen Bedeutung und dem, was er wirklich erreicht hat. Seine offene Kritik an Karl Eugen machte ihn zum Symbol des Widerstands gegen Tyrannei, ein Symbol, das den Ständen nach 1758 gut zupass kam, ebenso späteren patriotischen Historikern des Herzogtums. Es kann keinen Zweifel an der Aufrichtigkeit seines Wunsches geben, die Verfassung des Herzogtums zu verteidigen. Aber seine praktischen Bemühungen in diese Richtung waren von beschränkter Wirksamkeit. Am Ende war es dann nicht seine prinzipielle Opposition, sondern traditionelles »Lavieren und Temporieren« das den Erbvergleich von 1770 ermöglichte. Dieser erneuerte die konservative Regelung von 1739 und stellte die Herrschaft des Ausschusses bis 1790 sicher.

Wie zu Beginn angedeutet, wurde Mosers Versagen oft als das Ergebnis des Dualismus zwischen Herrscher und Ständen interpretiert. Moser wurde als weitsichtiger und progressiver Reformer dargestellt, der das Beste für sein Land wollte und versucht habe, die Kluft zwischen einem rastlosen Herzog und reaktionären Ständen zu überbrücken, damit aber gescheitert sei. Wie hoffentlich deutlich wurde, stellt dies eine Fehlinterpretation der württembergischen Politik dar. Es gab sicher Spannungen zwischen dem Herzog und den Ständen, es gab aber auch Gemeinsamkeiten. Diese Gemeinsamkeiten beruhten auf persönlichen Kontakten zwischen der württembergischen Ehrbarkeit und ihren Freunden und Verwandten in der herzoglichen Regierung und in dem beiderseitigen Versuch, eine Konfrontationspolitik zu vermeiden. Diese gemeinsame Basis wurde durch Karl Eugens zunehmend unnachsichtigeren Versuch dynastischer Erhöhung in den 1750er Jahren ebenso in Frage gestellt wie durch sein steigendes Vertrauen auf und seine Abhängigkeit von auswärtigen Beratern und Außenseitern, die keinen Kontakt zu den örtlichen Eliten besaßen. Die Stände trugen zu diesem Schwinden der gemeinsamen Basis bei, indem sie es ablehnten, die neue administrative Elite zu integrieren, aber auch durch Mosers Beharren auf prinzipieller Opposition. Der Zusammenbruch der Beziehungen nach 1758 ließ für Moser keinen Platz mehr. Seine Suche nach einer alternativen gemeinsamen Basis durch Unterstützung kleinerer herzogliche Initiativen stand gegen die traditionelle Form der Konsenssuche durch »Lavieren und Temporieren«. Das erzwang Mosers endgültigen Ausschluss aus dem Amt und aus dem öffentlichen Leben im Jahr 1770. Denn nur ein traditioneller Kompromiss konnte die Beziehungen zwischen Herzog und Ständen wieder herstellen.

GABRIELE HAUG-MORITZ, TÜBINGEN

ÖFFENTLICHKEIT UND »GUTE POLICEY«.
DER LANDSCHAFTSKONSULENT
JOHANN JACOB MOSER ALS PUBLIZIST

Dass Johann Jacob Mosers Leben und Wirken bis heute erinnert wird, verdankt er vor allem zwei Umständen – seiner Tätigkeit als Konsulent der württembergischen Landstände in den Jahren 1751 bis 1770[1] und seinem publizistischen Schaffen, wobei er sich insbesondere als großer Kompilator des Reichsverfassungsrechtes des 18. Jahrhunderts hervortat. Nahezu unüberschaubar ist die Zahl seiner Veröffentlichungen, groß die inhaltliche Breite seines Œuvres – von geistlicher Erbauungsliteratur über zahllose staats-, völker- und territorialrechtliche Arbeiten bis hin zur Autobiographie.[2] Dem 19. Jahrhundert galt Moser füglich als »schreibseligster Gelehrter der Welt«.[3] Zusammengeschaut wurden die beiden Aspekte, die Mosers historische Bedeutung für die württembergische Landesgeschichte wie für die frühneuzeitliche Rechts- und Verfassungsgeschichte ausmachen, bislang jedoch nicht. Würdigte ihn die rechtshistorische Forschung als »herausragende Figur (des) reichspatriotisch gestimmten, verfassungsrechtlichen Positivismus des 18. Jahrhunderts«,[4] so verklärte ihn die württembergische Landesgeschichtsschreibung des 19. Jahrhunderts zum »Märtyrer der Freiheit« und zum Vorkämpfer des Liberalismus.[5] Johann Jacob Moser selbst freilich sah das eine, seine juristische Beratertätigkeit für die Landstände, und das andere, seine publizistischen Aktivitäten, in seiner flammenden Anklagerede gegen die Landschaft bei seinem Ausscheiden aus ihren Diensten im Jahr 1770 aufs Engste miteinander verquickt. Lautete doch der gewichtigste Vorwurf der Landschaft gegen Moser, dass sie – in Mosers Worten – »in Verlegenheit gekommen« sei, »durch meine gegen das ergangene Verbot publizirten Schriften«. Von einem »herrschaftlichen Verbot«, so fährt er fort, ist mir »nichts« bekannt und der Engere Ausschuß als geschäftsführendes Organ der Landstände in der landtagslosen Zeit habe sich zwar »zu verschiedenen Malen [...] angemaßt«, solche Verbote auszusprechen, doch der Ausschuß sei nicht sein Vorgesetzter, der ihm »etwas befehlen oder verbieten lassen« könne, schon gar nicht was sein schriftstellerisches Tun und Lassen anbelange.[6]

Warum aber opponierten die Stände so heftig und, wie Moser ja selbst betont, so häufig gegen den Landschaftskonsulenten als Publizisten? Warum sieht Moser in seiner Lebensgeschichte die kaiserliche Billigung seiner Verhaftung im Jahre 1759 durch Herzog Karl Eugen als Folge seiner »Abhandlungen«? Kurzum – welche Bedeutung und Funktion massen die Zeitgenossen der publizistischen Begleitung machtpolitischer Konflikte in den Territorien wie im Reich zu und das heißt im konkreten Fall, in welchem Zusammenhang standen Publizistik und innerwürttembergische Konfliktkonstellationen, die in den Jahren 1758 bis 1770 in den Ständekonflikt mündeten, der vor dem Forum der politischen Öffentlichkeit des Reiches und Europas ausgetragen wurde. Bevor ich versuchen möchte, eine Antwort auf diese Frage zu unterbreiten, werde ich im ersten Teil meiner Ausführungen zum besseren Verständnis des Folgenden in knappen Zügen Johann Jacob Mosers Lebensweg und seine Rolle in den herrschaftlich – ständischen Auseinandersetzungen der Jahre 1751 bis 1770 vorstellen.[7]

Johann Jacob Moser als Landschaftskonsulent

Als Johann Jacob Moser 1751 als 50jähriger Ehemann und Vater von sieben Kindern in Stuttgart eintraf, um das Amt des Landschaftskonsulenten anzutreten, das er auf Förderung Prälat Bengels hin erhalten hatte, war ein Württemberger in seine Heimat zurückgekehrt, dessen Lebensweg bis dahin äußerst bewegt verlaufen war. Bewegt im wörtlichen Sinn – der Umzug nach Stuttgart war Mosers zwölfter Ortswechsel in den 30 Jahren seiner beruflichen Tätigkeit, die er 1720 im Alter von neunzehn als außerordentlicher, d. h. unbesoldeter Professor der Rechte an der Universität Tübingen begonnen hatte. Die Unbeständigkeit seines Lebenswegs ging einher mit existentieller Unsicherheit. Nachdem mehrere Versuche, sich an einer Universität oder in einem politischen Amt zu etablieren, gescheitert waren, lebte Moser seit 1739 als freischaffender Publizist, Prozessvertreter und Gutachter. Die rege Publikationstätigkeit Mosers in diesen Jahren, allen voran die Publikation seines 50bändigen *Teutschen Staatsrechts* (1739–1754)[8], zeugt von ungeheurem Fleiß und großer Schaffenskraft, sie entsprang aber auch bitterer Notwendigkeit. Als er nach Stuttgart zurückkehrte galt er schon den Zeitgenossen als führender Experte des öffentlichen Rechts.

Etwas von dem daraus resultierenden Selbstbewusstsein spiegelt auch das mutmaßlich für die Konsulentengalerie der Landschaft gefertigte Porträt Mosers wider, das ihn unmittelbar nach seinem Amtsantritt als württembergischer Konsulent zeigt. Was aber war ein Landschaftskonsulent, welche Aufgaben und Funktionen hatte er zu erfüllen? Moser selbst definierte 1752 seine Aufgabe wie folgt: »Die Amts-Pflichten Eines Consulenten gehen hauptsächlich dahin, dass Er aus den Landschafftlichen Actis und Privilegiis bey jeder Vorfallenheit nothwendigen Bericht, und bey denen Landschafftlichen Deliberationen [...] guthe Rathschläge, und sein rechtliches Gutachten geben, [...], damit nichts vorgehe, oder gehandlet werde, so der Landschafft kundbahren Freyheiten und Abschieden zu wider seyn möchte, so dann zu allen Tagsazungen, rechtlich- und gütlichen Handlungen bey Fürstl. Canzley, und anderen Orthen, auch allen Deputationen, und Conferenzien in Landschaffts-Sachen sich gebrauchen laßen [...]«.[9] Eine Definition, die den Konsulenten als juristischen Experten und als sachkundigen Mittler zwischen Herrschaft und Landschaft darstellt.

Eine Definition freilich auch, die Konflikte, die sich an Mosers Amtsführung in den Jahren seit 1751 im Engeren Ausschuß entzündet hatten, zumindest implizit im Sinne der Moserschen Auffassung löste. Der erste Konflikt mit seinem Arbeitgeber brach schon unmittelbar, nachdem Moser seine Tätigkeit aufgenommen hatte, aus und wurde von der Forschung bislang auf die Formel gebracht: der die Erfordernisse der Zeit erkennende Konsulent Moser und die in der schwäbischen »nuh nex nuis«-Mentalität (hochdeutsch: nur nichts Neues) verharrenden Ständevertreter des Engeren Ausschusses.[10] Charakterisiert wurde damit ein landschaftlicher Streit, der zwischen Moser und seinem Arbeitgeber in den Jahren seit 1752 um die Frage kreiste, ob Moser berechtigt sei, herzogliche Bemühungen zu unterstützen und in herzoglichen Deputationen mitzuarbeiten, die nach den Grundsätzen der sogenannten »guten Policey« auf die Verbesserung der ökonomischen Situation im Herzogtum zielten, oder ob er als landschaftlicher Amtsträger allein die Auffassung des Ausschusses zu diesen Bemühungen juristisch zu untermauern habe. Damit aber war die Frage aufgeworfen, in welchem Verhältnis der Konsulent zu seinem Arbeitgeber stand, die, wie das eingangs angeführte Zitat zeigt, noch 1770 aktuell war. War er weisungsgebundener Angestellter oder unabhängiger juristischer Fachmann? Als sich 1757/58 die Konflikthaftigkeit der herzoglich-landschaftlichen Beziehungen durch die aktive herzogliche Beteiligung am Siebenjährigen Krieg immer mehr zuzuspitzen begann, eskalierte auch der Streit innerhalb der Landschaft.[11] Vor allem deswegen, weil die divergierenden Auffassungen in der Sache von persönlichen Animositäten zwischen Moser und seinem Amtskollegen, Konsulent Johann Friedrich Stockmayer, überlagert wurden. 1758 schien es so – und das sollte Moser im darauffolgenden Jahr zum Verhängnis werden – als habe sich Moser durchgesetzt. Stockmayer legte sein Konsulentenamt nieder. Faktisch jedoch paralysierte der Konflikt den Ausschuß auch weiterhin. Die gewaltsame herzogliche Aneignung der Gelder der Landschaftskasse im Jahr 1758 offenbarte die Schwäche der innerterritorialen Position der Landschaft in dem nun offen ausbrechenden Konflikt mit Karl Eugen. Denn wer über die Verwendung der finanziellen Ressourcen des Herzogtums entschied, der gab de facto zugleich der württembergischen Reichs- und Außenpolitik die Richtlinien vor. War in der Vorkriegszeit die herzogliche Polizeigesetzgebung der Kern der Meinungsdivergenzen zwischen Moser, dem Herzog und dem Ausschuß, so traten nun die Finanzen und das Problem hinzu, wie man seine eigene Position im Konflikt behaupten konnte. Das angemessene Verhalten im Konflikt mit dem Herzog und die Wege und Mittel zur Beilegung dieses Konflikts grundierten als Thema die gesamte weitere Konsulententätigkeit Mosers.

Vorläufig freilich, in den Jahren seiner Haft auf dem Hohentwiel vom Juli 1759 bis September 1764, war Moser ausgeschaltet. Die Verhaftung Mosers, der für ein landschaftliches Konfliktverhalten haftbar gemacht wurde, das er selbst nie gut geheißen hatte, rief jedoch die gegenteilige der vom Herzog intendierten Wirkung hervor: der Engere Ausschuß war nicht entscheidend geschwächt worden, nachdem man seinen einflussreichsten Kopf verhaftet hatte, wie man auf Seiten des Herzogs fälschlich geglaubt hatte, sondern fand nun unter der Ägide des zurückgetretenen Stockmayer zu einer Einheitlichkeit des Handelns zurück wie seit Beginn der 1750er Jahre nicht mehr. Stockmayer, seine Familienangehörigen und Anhänger im Ausschuß spannen nun die politischen Fäden ins protestantische Deutschland, welche die Selbstbehauptung der Landschaft in der Nachkriegszeit, in den Jahren 1763 bis 1770, maßgeblich beförderten.

Als Johann Jacob Moser im September 1764 nach einem Reichshofratsbeschluss von seiner Festungshaft entlassen wurde, hatten die Stockmayerschen Bemühungen ersten Erfolg gezeigt: nicht nur die förmliche Landtagseröffnung stand unmittelbar bevor, sondern im Juli 1764 waren auch Emissäre des Königs von Preußen, Dänemarks und des Kurfürsten von Hannover, der zugleich englischer König war, in Stuttgart eingetroffen, um sich der ständischen Sache anzunehmen. Wie von einem Mann nicht anders zu erwarten, der die »starke Neigung zu beständiger Arbeit« als seine einzige »Leidenschaft« bezeichnete[12], war Moser bestrebt, dort anzuknüpfen, wo er fünf Jahre zuvor hatte aufhören müssen – er wollte die Landstände bei ihrer nun mit der Rückendeckung der europäischen Großmächte vorgebrachten Klage beim Reichshofrat juristisch unterstützen. Das Mosersche Ansinnen aber, wieder offiziell in seine Funktion als Landschaftskonsulent einzurücken, mochte nach seiner Entlassung niemand unterstützen, nicht einmal seine eigenen erwachsenen Kinder. Und so einigten sich Stände, Moser und die Vertreter Preußens, Dänemarks und Hannovers 1764, dass Moser zwar als Gutachter tätig werden, aber nicht förmlich als Konsulent amtieren solle. Eine rege gutachterliche Tätigkeit, deren Niederschlag noch heute in den Landschaftsakten des Hauptstaatsarchivs in Stuttgart zu finden ist[13], setzte nun ein, doch keine aktive Beteiligung Mosers an der Beilegung des Konflikts in den Jahren bis 1770.

Die reduzierte Präsenz Mosers in der Landschaft verhinderte nicht, dass schon in kürzester Zeit der alte Streit zwischen Moser und der Ausschuß-Mehrheit wieder aufbrach. 1769, ein Jahr vor seinem förmlichen Rückzug vom Konsulentenamt, als er den 4. Band seines *Neuen teutschen Staatsrechts* zum Thema »Von der Teutschen Reichs-Stände Landen, deren Landständen, Unterthanen, Beschwerden, Schulden und Zusammenkünften«[14] publizierte, hatte sich der Konflikt mit dem Ausschuß schon wieder so weit zugespitzt, dass er in der Vorrede verlauten ließ, er werde seine publizistische Tätigkeit nicht weiter fortsetzen, da er »zumalen in hiesigen Gegenden«, d. h. in Württemberg, »nicht mehr schreiben« dürfe. Ließ er hier noch im Dunkeln, wer ihm das Schreiben untersagte, nannte er, wie bereits zitiert, in seinem Abschiedsmanifest an den Landtag im Mai 1770 Roß und Reiter. Nach einem beispiellosen Tauziehen zwischen Herzog, einer Landtagsminderheit und der Landtagsmehrheit um seine Person wurde er schließlich im Juni 1770 mit einer großzügig bemessenen Pension von 1500 fl. von seinen Konsulentendiensten entlassen. Vor dem Siebzigjährigen sollten noch fünfzehn schaffensreiche Jahre und nahezu 100 Veröffentlichungen liegen.

Öffentlichkeit und »gute Policey«

Moser begleitete seine Tätigkeit für die württembergischen Landstände mit einer Fülle von Publikationen, die einen direkten Bezug zu jeweils aktuellen Aufgabenstellungen seiner Tätigkeit aufwiesen.[15] Schenkte er in den ersten acht Jahren seiner Konsulentenzeit in seinem juristisch-publizistischen Schaffen dem Themenkomplex des durch eine adäquate Policeygesetzgebung zu schaffenden »gemeinen Wohls« besondere Aufmerksamkeit, so standen in den Jahren nach seiner Haftentlassung reichs-, insbesondere reichsreligionsrechtliche Fragestellungen, beide gleichermaßen unmittelbar für die Beilegung des Konflikts einschlägig, im Zentrum seiner Arbeiten. Um die eingangs gestellte Frage nach der Bedeutung der Moserschen Publizistik für die divergierenden Auffassungen von Herzog und Landschaft, über die rechte Art Württemberg zu regieren, zu klären, werde ich mich im Folgenden auf das Konfliktfeld konzentrieren, das im Zentrum der Moserschen Tätigkeit vor seiner Verhaftung im Jahr 1759 stand – die »gute Policey«.[16]

Policeyliches Handeln meint im 18. Jahrhundert, ganz anders als heute, durch obrigkeitliche Verordnung gestaltend in die soziale Wirklichkeit einzugreifen. Seit dem 17. Jahrhundert rückte in der obrigkeitlichen Policeygesetzgebung immer mehr die Verbesserung der ökonomischen Ordnung in den Mittelpunkt. Zielte das Gesetz auf die Etablierung dauerhafter rechtlicher Normen, kurz: auf Recht, so strebten policeylicher Befehl und policeyliche Ordnung danach auf eine ganz konkrete Situation Einfluss zu nehmen. Das heißt, sie schufen nicht dauerhafte Normen, sondern, so Achim Landwehr, für die Untertanen »zwingende Pflichtenlagen«.[17] Recht und Ordnung, heute synonym verwandt, waren im 18. Jahrhundert noch nicht deckungsgleich. Policeygesetzgebung regelte Angelegenheiten der Religion und Kirche, der Ein- und Auswanderung, der sittlichen Normen, der öffentlichen Sicherheit, sämtliche Belange der wirtschaftlichen Ordnung, von einzelnen Anbauvorschriften bis hin zu Maßnahmen zur Verbesserung der Infrastruktur und vieles andere Bereiche der Innenpolitik.

Will man die württembergischen Konfliktkonstellationen zwischen Moser und den Ständen, Ständen und Herzog nicht personell auflösen und den reformwilligen Herzog und den welterfahrenen Moser auf der einen Seite mit einer von Unverständnis und Vorurteilen geprägten Ständevertretung kontrastieren, so sind grundsätzlichere Erörterungen vonnöten – einerseits über die Funktion der Publizistik als Bestandteil des öffentlichen Diskurses über Herrschaft, andererseits über die Voraussetzungen, unter denen sich der Streit zwischen Moser, seinem Arbeitgeber und dem Herzog abspielte.

Politische Herrschaft unterliegt dem Zwang, das eigene Herrschaftshandeln gegenüber den Beherrschten zu begründen und zu rechtfertigen, ein Zwang, dem in Württemberg der Herzog ebenso unterlag wie die Landstände. Es ist dieser Zwang, der im Laufe der Frühen Neuzeit dazu führte, dass sich die Kommunikation über die Ausgestaltung politischer Herrschaft permanent intensivierte und schließlich, spätestens seit der zweiten Hälfte des 17. Jahrhunderts, zur Ausbildung einer politischen Öffentlichkeit führte.[18] Von politischer Öffentlichkeit kann insofern gesprochen werden, als über Fragen der Herrschaftsausübung im allgemeinen wie in je aktuellen Konstellationen gegenüber Personengruppen kommuniziert wurde, die nicht oder allenfalls mittelbar an der Ausübung von politischer Macht beteiligt waren. Die Formen der Kommunikation über politische Macht sind dabei während der gesamten Frühen Neuzeit äußerst vielschichtig. Publizistische Arbeiten stellen nur einen Bruchteil der Kommunikation über das Politische dar, allerdings einen in seinem Stellenwert gerade im 18. Jahrhundert immer bedeutsameren Bruchteil. Vorgetragen – und dies ist eine Besonderheit des frühneuzeitlichen Reichsverbandes – wurden die publizistischen Standpunkte vorrangig von Männern, die, wie Moser, in der juristischen Disziplin des ius publicum ausgebildet waren.[19]

Der Zwang, sein eigenes politisches Handeln gegenüber, in zeitgenössischer Terminologie, dem »Publico« zu rechtfertigen, war im Württemberg des 18. Jahrhunderts angesichts der umstrittenen Machtverteilung zwischen Herrschaft und Landschaft besonders groß, vor allem für die Landstände und deren institutionellen Kristallisationskern, die Ausschüsse. Zwei Gründe waren dafür ausschlaggebend – ein spezifisch württembergischer Grund, d. i. die Rückbindung der Landschaft an die Willensbekundungen der Amtsversammlungen und das hieß an die bürgerliche Oberschicht im Land, die Ehrbarkeit[20], und ein allgemeiner Grund, d. i. der politische Diskurs über Herrschaft generell, der die überkommene ständische Position im Territorialstaat des 18. Jahrhunderts prekär werden ließ. Dieser politische Diskurs ist vielschichtig, besitzt aber doch einen Grundzug, den Barbara Stollberg-Rilinger in ihrer grundlegenden Untersuchung dieser Diskussion, als absolutistische Herausforderung des Ständetums durch die Souveränitätstheorie charakterisiert hat.[21] Die Souveränitätstheorie betonte zwar die Bindung des Souveräns an leges fundamentales, das Naturrecht und die Idee des Gemeinwohls, bezog aber gleichzeitig Stellung gegen jede Form von intermediären Gewalten[22], das sind solche, die der unmittelbaren Einwirkung des Souveräns auf seine Untertanen entgegenstanden, allen voran die Stände. Wie auch Herzog Karl Eugen in seiner Rechtfertigungsschrift gegen die ständische Klage vor dem Reichshofrat im Januar 1765 verlauten ließ, erschienen die Stände als »pure Untertanen des Fürsten«[23], die nicht mehr als bevorrechtete Gruppe aus eigenem Recht an der Macht teilhatten, sondern deren Teilhabe allein dem fürstlichen Willen entsprang, Aufgaben zu delegieren.

Diese Sichtweise der rechten Art politische Macht zu verstehen und zu üben stieß auf heftigen Widerspruch, nicht nur aber vorrangig der deutschen Staatsrechtler. Sie reagierten mit einer Fülle von Publikationen, welche die Kategorie der Landeshoheit als 1648 eingeführte begriffliche Größe (libero iuris territorialis tam in ecclesiasticis quam politicis exercitio), um die Grundlage territorialer Herrschaft im Reich zu fassen, systematisierten und historisch positivierten, so auch Johann Jacob Moser in den 1772/73 erschienen 9 Bänden seines *Neuen teutschen Staatsrechts* zu diesem Thema.[24] Vor allem aber stellten sie dem Konstrukt der monarchischen Vollgewalt und der ständischen Teilhabe qua Delegation die Idee entgegen, dass die Beziehung zwischen Herrschaft und Ständen Vertragscharakter besitze, d. h. nur in gegenseitigem Einvernehmen umgestaltet werden können. Darüber hinaus baute sie durch eine neue Interpretation des Repräsentationsbegriffs einen weiteren Damm, um die in Frage gestellte eigenrechtliche landschaftliche Teilhabe zu begründen. Die

Stände als Repräsentanten des Landes zu verstehen, wurzelt im spätmittelalterlichen Korporationsrecht und war als gedankliche Größe schon im 16. Jahrhundert präsent, um die Umsetzung der von Herrschaft und Ständen ausgehandelten Abreden im Land zu gewährleisten. Die Idee ständischer Repräsentation steht und fällt mit dem Charakter der Stände als bevorrechtete Korporation. Repräsentation war ursprünglich keine Kategorie, die auf das Verhältnis der Stände zu den nicht-herrschaftsberechtigen Landeseinwohnern reflektierte. Dies änderte sich seit dem ausgehenden 17. Jahrhundert.[25] Die Stände reklamierten für sich – so etwa im württembergischen Landtagsabschied von 1739[26] – ein corpus repraesentativum des Vaterlandes zu sein, das beanspruchte, die Interessen der Landesbewohner gegenüber dem Landesherrn zu vertreten und in zahllosen Vorstellungen auch vertrat. Als Repräsentanten des Landes Sorge für das Landeswohl zu tragen, hieß freilich nicht, die eigene Funktion in Abhängigkeit vom Willen des Volkes zu definieren, sondern sie abgeleitet aus der eigenen Rechtsstellung als bevorrechtigte Korporation als »Vormünder« eines unmündig gedachten Volkes auszuüben.

Und so war die Sorge um das »gemeine Wohl« des Landes das Feld, auf dem es nicht nur um Inhalte ging, sondern auf dem, gleichsam als Subtext, immer auch die Machtfrage verhandelt wurde und zur Diskussion stand, wer seine Konzeption politischer Herrschaft erfolgreicher zu begründen vermochte – Herzog oder Stände. Die Stände freilich befanden sich in der Defensive, denn der Fürst konnte, so auch Karl Eugen, unter Rückgriff auf die Lehre von der »guten Policey« durch immer neue Ordnungen und Erlasse sein Bemühen um das Landeswohl eindringlich demonstrieren und damit zugleich die neu geschaffene ständische Legitimität als Vormünder des Volkes entwerten. »Die ›gute policey‹, so Dietmar Willoweit, nimmt den Korporationen ihre Funktion, ohne ihren Bestand antasten zu müssen.«[27] Die Stände aber konnten ihre territoriale Position gegenüber der offensiven landesherrlichen Wohlfahrtspolitik nur auf zweierlei Art und Weise behaupten: entweder sie kommunizierten ihre tradierten Rechte als Grundlage des Gemeinwohls und entzogen sich der Herausforderung der landesherrlichen Ordnungstätigkeit mit der Folge, dass »Gemeinwohl« und »Landesfreiheiten« zu immer unvereinbareren Begriffen wurden,[28] oder sie strebten danach, die landesherrliche Polizeigesetzgebung zu beeinflussen, indem sie eine einheitliche landesherrliche potestas legislatoria als Quelle von Recht und Ordnung postulierten und zugleich diese Gesetzgebungsgewalt von ihrem Wissen und Willen abhängig zu machen strebten.[29]

Die württembergischen Stände versuchten in der ersten Hälfte der 1750er Jahre, eine Position zu behaupten, die sie bei den herzoglich-landschaftlichen Vergleichsverhandlungen in Wien vor der Hofkommission in den Jahren 1765/66 artikulierten. Dort forderten die Landschaftsvertreter, dass »alle Landsordnungen«, »geseze, auch allgemeine und besondere Ordnungen«, »mit Concurrenz und einwilligung der Stände errichtet werden und solche eodem modo wider aufgehoben und geändert werden« müssten, da dies dem Herkommen und den Landesgesetzen entspreche.[30] Eine Auffassung, die Moser, wie er in einem Gutachten für den Ausschuß schon 1766 verlauten ließ, »ganz irrig und unverweislich« schien, um fortzufahren: »Ich will vile allgemeine, auch wichtige und besondere [Ordnungen] anzeigen«, über die »niemalen das geringste mit der Landschafft communicirt worden seye«.[31]

Die herzoglichen Vertreter konnten dieses landschaftliche Ansinnen denn auch füglich als Eingriff in die dem Herzog zustehende Landeshoheit zurückweisen,[32] wobei ihnen nicht nur der wissenschaftliche Diskurs zustatten kam, der obrigkeitliches Handeln nach den Grundsätzen der »guten Policey« immer eindeutiger von der gesetzgeberischen Kompetenz der Obrigkeit schied,[33] sondern auch die bisher im Herzogtum geübte Praxis. Die Policeygesetzgebung oblag den herzoglichen Behörden.[34] Und die in den Jahren 1755/56 eingesetzten zahllosen Deputationen, welche die Handhabung der guten Policey auf die Grundlage institutionell gesicherter Kontinuität stellen sollten,[35] kommunizierten nach eigenem Gutdünken über ihre Vorhaben mit der Landschaft. Der Landschaftskonsulent Moser aber hatte nur an ihnen teil, weil er sich durch seine publizistische Tätigkeit, insbesondere seine 1753 veröffentlichten *Grundsätze einer vernünftigen Regierungskunst*[36], empfohlen hatte, nicht, weil Herzog Karl Eugen es für nötig erachtete, die gute Policey gemeinsam mit den Ständen ins Werk zu setzen.

Moser selbst nahm inhaltlich in seinen publizistischen Verlautbarungen wie in seinem Handeln als Konsulent zwischen den unvereinbaren Positionen von Herzog und Landschaft eine vermittelnde Position ein, entzog aber gerade durch seine publizistischen Aktivitäten der ständischen Position die argumentative Grundlage. Er sah das polizeyliche Handeln des Landesherrn in den Fällen an den Konsens der Stände gebunden, bei denen Inhalte berührt wurden, die durch territoriale Vereinbarungen geregelt waren. Moser konzedierte aber dem Landesherrn in allen anderen Fragen »freye Hände«, d. h. die »Landstände können nicht verlangen, sie darüber auch nur zu hören, der Regent thue es denn gerne und freywillig«[37]. Das war ein Problemverständnis, das den Kern des Problems aussparte – die Frage, wie die Stände ihre politische Position behaupten und ihre Teilhabe im Gemeinwesen begründen konnten, wenn sie es mit einem Landesherrn zu tun hatten, der die ständische Beteiligung ablehnte und dadurch den ständischen Anspruch, als Vormünder des Volkes zu handeln, immer mehr ad absurdum führte. Der einzige Ausweg, den Moser 1773 aus diesem Dilemma wies, war der Gang an die Reichsgerichte, wenn es sich um »eine Sache von Wichtigkeit« handelte, die »der Regent (und) seine Landstände [...] von zweyerley Seiten« ansahen[38]. Seine eigene Erfahrung in der causa Wurtembergica freilich hätte ihn belehren müssen, dass auch dieser Weg nicht dazu angetan war, die Policeyproblematik ihres politischen Subtextes zu berauben.

So charakterisierten die im Mai 1768 an Kaiser Joseph II. Bericht erstattenden Reichshofräte die Verhandlungen, die über den Streitpunkt der künftigen Handhabung von Recht und Ordnung in Württemberg kreisten, als diejenigen, die »die meiste Schwürigkeiten gehabt«.[39] Lösen freilich ließen sich die prinzipiellen landschaftlichen und herzoglichen Meinungsdivergenzen über die gute Policey, wie sie insbesondere in der ersten Hälfte der 1750er Jahre zutage getreten waren, auch 1770 nicht, als mit dem Erbvergleich die Grundlage geschaffen wurde, die für das politische Miteinander in Württemberg bis ins ausgehende 18. Jahrhundert ausschlaggebend werden sollte. An die Stelle einer inhaltlichen Lösung trat ein Formelkompromiss, der die von beiden Seiten unterschiedlich ausgelegten früheren herrschaftlich-ständischen Vereinbarungen aufrief, vor allem aber »Kayserl. Maj. die Obristrichterl. Entscheidung über alle entstehen mögende zweifel und Anstände« ausdrücklich vorbehielt.[40] Damit aber waren Recht und Ordnung zum Vehikel geworden, den kaiserlichen Einfluss in innerwürttembergischen Belangen zu zementieren und der Herzog gezwungen, neue Wege zu suchen, sich mit den Ständen zu arrangieren. Einer dieser Wege war, die polizeyliche Ordnungsgesetzgebung bis zu Beginn der 1790er Jahre auf dem quantitativ niederen Niveau zu belassen, das die württembergische Polizeygesetzgebung seit Beginn der 1760er Jahre kennzeichnete.[41]

Die Opposition der Stände gegen ihren Landschaftskonsulenten Moser als Publizisten speiste sich, und das sollten die bisherigen Ausführungen veranschaulichen, vielleicht auch, so Moser 1773, »aus Mangel der Einsicht, Gemächlichkeit, Menschenfurcht [und] Neid«[42], dahinter aber verbarg sich ein Problemkomplex, den Moser negieren musste, so lange er glaubte, dass Anpassung an die veränderten Zeitumstände innerhalb der bestehenden ständischen und politischen Ordnung möglich sei. Es war gerade die fragil gewordene tradierte Position der Stände als privilegierte Gruppe innerhalb des Gemeinwesens und die neu gefundene Legitimation als Vormünder des Volkes, die sie gegenüber der offensiven landesherrlichen Wohlfahrtsprogrammatik strukturell handlungsunfähig machte und in Opposition zu Johann Jacob Moser führte, der um die richtige Therapie wusste, deren Nebenwirkungen aber, den ständischen Funktions- und damit Legitimationsverlust, nicht reflektierte. Und so offenbart die ständische Opposition gegen das Tun ihres Landschaftskonsulenten als Publizist und Konsulent die fundamentale Krise des überkommenen Ständewesens, die – allen unter dem Schlagwort der ständischen Renaissance gefassten erfolgreichen Selbstbehauptungsstrategien der Stände zum Trotz – sich vorrangig als ständische Legitimationskrise und damit als Krise des öffentlichen Diskurses präsentierte. Und so wird auch verständlich, warum es gerade Mosers publizistische Tätigkeit war, die so großen Unwillen bei den Ständen weckte.

ANDREAS GESTRICH, TRIER

JOHANN JACOB MOSER
ALS POLITISCHER GEFANGENER[1]

»Durchlauchtigster Herzog! Ich habe nun in das sechste Jahr Zeit genug gehabt, mich zu prüfen, ob ich mich gegen E[uer] H[erzoglichen]D[urchlaucht] eines Verbrechens schuldig gemacht habe? Und wann mein Gewissen mich dessen überzeugte, würde ich es nicht so viele Jahre haben anstehen lassen, es ernstlich zu bereuen und unterthänigst um Gnade zu bitten«.[2]

Mit diesen Worten lehnte Johann Jacob Moser im August 1764 ab, das Schuldeingeständnis zu unterschreiben, das Herzog Karl Eugen als Voraussetzung für seine Freilassung gefordert hatte.[3] Karl Eugen hatte Moser, den Rechtskonsulenten der württembergischen Landstände, in einer kritischen Situation des Siebenjährigen Krieges (1756–63) inhaftiert und fünf Jahre lang ohne Gerichtsverfahren auf der Festung Hohentwiel festgehalten. Er galt ihm als ›Rädelsführer‹ der politischen Opposition der Landstände bzw. des sie vertretenden Engeren Ausschusses, als Kopf des Widerstandes gegen seine Kriegs- und Steuerpolitik.

Als im Jahr 1763 der Krieg mit dem Hubertusburger Frieden zu Ende ging, wuchs der internationale Druck auf den Herzog, Moser freizulassen. Auch ein Reichshofratsbeschluss lag inzwischen dazu vor. Der Fall Moser hatte inzwischen über die Landesgrenzen hinaus großes öffentliches Interesse erregt. Der Herzog war in einer schwierigen Situation. Wurde ein Monarch öffentlich der Ungerechtigkeit und Rechtsbeugung überführt, war dies wie kaum eine andere ›Unregelmäßigkeit‹ in der Lage, Autorität und Legitimität seiner Herrschaft zu untergraben.[4] Karl Eugen versuchte deshalb alles, um sein Gesicht zu wahren.

Voraussetzung dafür war, dass es ihm gelang, Moser zu einem Kriminellen zu machen. Er musste nachweisen, dass Moser ein schweres Verbrechen wie Majestätsbeleidigung oder Landesverrat begangen hatte. Dann konnte er geltend machen, dass er ihn unter den besonderen Umständen des Krieges zwar nicht juristisch korrekt, aber dennoch zurecht hart bestraft habe. Da Karl Eugen dafür keine Belege besaß, sollte Moser freiwillig zugeben, dass er der Verfasser bestimmter, den Herzog und seinen Minister scharf kritisierender Schriftstücke gewesen sei und sich dadurch strafbar gemacht habe.[5]

Moser lehnt dies ab. Er sei, so gab er dem Regierungsrath Comerell zu Protokoll »allemahl ein grundehrlicher Mann« gewesen. »Und nun,« beschwert Moser sich weiter, »solle ich als ein Malefikant unter dem Galgen um Pardon bitten, da ich doch keines Verbrechens schuldig oder überwiesen sei. Das geschehe in Ewigkeit nicht. Mein Leib und Vermögen sei in Serenissimi Hand, aber meine Ehre nicht. Mein Arrest, darin ich ein Schlachtopfer für die Landschaft und das Vaterland sei, mache mir keine Schande. [...] es gehe mir wie dem sel. Dr. Luther, der auf dem Reichstag zu Worms gesprochen: hier stehe ich und kann nicht anders, so wahr mir Gott helfe!«[6]

Die Auseinandersetzung zwischen Moser und dem Herzog war, modern gesprochen, ein Kampf um die Anerkennung als politischer Gefangener. Der Herzog wollte Moser kriminalisieren. Moser wollte von dem Vorwurf, ein Straftäter zu sein, öffentlich entlastet werden, gerade weil er, wie er sagte, »über fünf Jahre als ein Crimineller traktirt« worden sei.[7] Auch die Landschaft und vor allem Mosers Familie betonten immer wieder, dass er nicht wegen strafbarer Vergehen, sondern »ob Causam publicam« festgenommen worden, also ein politischer Gefangener sei. Moser weigerte sich deshalb, »meine Freiheit mit dem Verlust meiner wohl und sauer erworbenen Ehre zu erkaufen« und auf die vom Herzog vorgeschriebene Weise um seine Entlassung zu bitten.[8]

Trotz seiner Verankerung in den politischen und Rechtsstrukturen des Ancien Régime ist der Fall Moser in mancherlei Hinsicht modern und für Vergleiche interessant. Denn die Auseinandersetzung um die öffentliche Anerkennung als politischer Gefangener ist heute ein zentraler Bestandteil im politischen und juristischen Tauziehen um die Behandlung und Einschätzung bestimmter politisch motivierter ›Straftäter‹ – wobei diese zugleich ihre Einstufung als Straftäter überhaupt bestreiten. Es ist deshalb für die Analyse des Falles Moser nützlich, sich an den gegenwärtigen Debatten das Kräftefeld und die Faktoren deutlich zu machen, von denen die Auseinandersetzungen um den Status einen politischen Gefangenen bestimmt werden.

Der Begriff des politischen Gefangenen wird heute hauptsächlich von Häftlingen selbst bzw. den hinter ihnen stehenden politischen Gruppen benützt. Es sind vor allem drei Kriterien, nach denen sie für sich den Status des politischen Gefangenen einfordern, die jeweils »für sich und in ihrer Gesamtheit die politische Motivation der Strafverfolgung kennzeichnen: a) politische Straftatbestände, b) gerichtliche Sonderabteilungen, c) politisch motivierte Haftbedingungen«.[9] Regierungen und Regimes versuchen immer, die Existenz politischer Gefangener im Hoheitsgebiet ihres Staates zu leugnen, denn mit dem Eingeständnis politischer Justizverfahren und Haftbedingungen würden sie entweder ihren Unrechtscharakter oder ihre mangelnde Legitimationsbasis und Machtlosigkeit offenbaren. Gerade deshalb bestehen nicht nur interne, sondern auch externe Gegner auf dieser Bezeichnung als Teil des politischen Kampfes. Auch Regierungen benützen diesen Begriff nach außen als Vorwurf gegen andere Staaten, streiten aber immer die Existenz politischer Gefangener im eigenen Land ab.

In diesem Spektrum moderner Definitionsprobleme bzw. Definitionskämpfe bewegte sich auch der Fall Moser. Wir finden hier auf der einen Seite eine Regierung, die es ablehnte, von Moser als politischem Gefangenem zu sprechen und ihm Straftatbestände vorwarf und ihn zu kriminalisieren versuchte. Da dafür die Belege fehlten, schloss man Moser vom normalen Gerichtsverfahren aus und unterwarf ihn politisch motivierten strengen Haftbedingungen. Auf der anderen Seite sehen wir Moser, der den Status des politischen Gefangenen für sich reklamierte, und außerdem verschiedene Bezugsgruppen Mosers, die diesen Status jeweils unterschiedlich – nach der ersten oder zweiten Definition begründeten. Wir haben schließlich auch in diesem Fall intervenierende Staaten, die deutlich den Vorwurf der politischen Justiz gegen Karl Eugen erhoben und daraus politisches Kapital zu schlagen versuchten.

Im folgenden soll zum einen danach gefragt werden, nach welchen Kriterien wer Moser als einen politischen Gefangenen bezeichnete. Zum anderen soll den politisch motivierten Haftbedingungen nachgegangen und untersucht werden, wie Moser mit dieser Situation umging. Schließlich soll ein Blick auf die Bezugsgruppen Mosers geworfen und nach der Funktionalisierung politischer Gefangenschaft als politisches Argument im innenpolitischen wie außenpolitischen Kampf gefragt werden.

Der Fall: War Moser ein politischer Gefangener?

Moser war im Oktober 1751, im Alter von 50 Jahren, nach einer bewegten Karriere als Jurist wieder nach Stuttgart gezogen. Dort war er auf die Stelle des Landschaftskonsulenten berufen worden. Er war also Rechtsberater der Landstände und speziell des sogenannten Engeren Ausschusses, der für die Landstände die Geschäfte führte.[11] Das war in Württemberg eine durchaus exponierte Stellung. In anderen Ländern des Reiches hätte Moser vielleicht noch besser dotierte Positionen erhalten können, die Stellung des Landschaftskonsulenten war aber ein Amt, in dem man, wie Moser selbst es formulierte, »mehr Gutes stiften und mehr Böses hindern [kann] als ein wirklicher geheimer Rat«, wenn man »dem Amt gewachsen ist, auch bei der Landschaft den nötigen Credit hat«.[12]

Intellektuell war Moser seinem Amt sicher gewachsen, aber den Credit bei der Landschaft und vor allem beim Engeren Ausschuss hatte er rasch verspielt. Als Konsulent der Landschaft hatte er zudem einen erbitterten Rivalen, seinen Kollegen, den zweiten Konsulenten Johann Friedrich Stockmayer, außerdem den Präsidenten des Landschaftsausschusses, den Prälaten Wilhelm Gottlieb Tafinger. Schließlich machte sich Moser auch noch den Herzog selbst zum Feind.[13]

Wie war es zu dieser Entwicklung gekommen? Die Mitglieder des Ausschusses und den Kollegen Stockmayer brachte Moser gegen sich auf, weil er deren Politik des Lavierens und Nachgebens gegenüber Forderungen des Herzogs zum Zwecke des eigenen Machterhalts ebenso kritisierte wie ihren Widerstand gegen sinnvolle Reformprojekte. Moser war nach Württemberg gekommen in der Hoffnung, er könne in der Stellung des Landschaftskonsulenten zu einer Modernisierung des Landes beitragen.[14] Dabei stieß er auf den erbitterten Widerstand u.a. Stockmayers, dessen primäres Interesse der Stabilisierung der Position des Engeren Ausschusses und der ihn beherrschenden Familien bestand. Moser wandte sich deshalb von der Landschaft ab und suchte ein Nahverhältnis zum Herzog. Ihm schlug er mehrere Reformprojekte vor. Einige konnte er durchsetzen, die meisten scheiterten jedoch entweder am Widerstand des landschaftlichen Ausschusses oder am Desinteresse des Herzogs. Auch auf diesem Gebiet hatte Moser also wenig Erfolg. Dem Ausschuß der Landschaft machte er sich dadurch jedoch als möglicher Parteigänger des Herzogs verdächtig. Man suchte deshalb, ihn von den Geschäften und Beratungen möglichst auszuschließen.[15]

Den Herzog machte sich Moser zum Feind, als er ihm abriet, sich im Siebenjährigen Krieg auf der Seite der katholischen Mächte Österreich und Frankreich sowie des Reiches gegen Preußen zu engagieren.[16] Er widersetzte sich in der Folgezeit als Landschaftskonsulent den außerordentlichen Steuerforderungen und Rekrutierungsmaßnahmen des Herzogs und war, nachdem sein Rivale Stockmayer als Konsulent ausgeschieden war, die exponierteste Figur der landständischen Opposition gegen die Kriegspolitik Karl Eugens und seines Ministers Monmartin.[17]

Moser nahm in dieser Auseinandersetzung einen deutlich antiabsolutistischen Standpunkt ein. In einer direkt nach seiner Haftentlassung 1765 veröffentlichten Schrift sprach Moser den Landesherrn das Recht ab, eigenmächtig zu bestimmen, welche Politik als dem Wohl des Landes dienend anzusehen sei. Denn, so Moser, »wo Untertanen keine Sklaven, sondern freie Leute sind, dürfen sie der Sache selbst auf den Grund sehen, sie prüfen, sich um ihr Gerechtsame wehren und dem bloß angeblichen gemeinen Besten des Staates die Maske abziehen.«[18] Die Teilnahme an dem Krieg gegen Preußen war nach Mosers Ansicht ein Fall, in dem der Herzog klar gegen das Allgemeinwohl seines Landes handelte. In einer anderen nach der Haft erschienen Schrift über die Landeshoheit und ihren Missbrauch listete Moser die Beschwerden des Landes gegen den Herzog aus dem Jahr 1756/57 auf: Ein Missbrauch der Herrschaftsbefugnisse liege vor, wenn der Herr »seine freye Unterthanen ums Geld verkauft, das Land von Mannschaft entblösset, dadurch den Anbau des Landes verhindert [...], wenn er unnötigen Handel mit andern anfängt, oder sich in Dinge mengt, die ihn nichts angehen.«[19]

Nicht öffentlich, aber in Beschwerdeschriften an den Herzog brachte die Landschaft unter Moser dem Herzog solche Einwände gegen Karl Eugens Innen- und Außenpolitik vor. Als dies alles nichts fruchtete, schlug Moser der Landschaft praktisch eine eigenständige Außenpolitik vor, um zu versuchen, den Herzog durch Interventionen von Seiten der protestantischen Mächte zum Einlenken zu bewegen.[20] An diesem Punkt handelte der Herzog. Zunächst gab er einen ›Warnschuss‹ ab und enthob am 1. Juli 1759 den Sohn Mosers, Wilhelm Gottfried, seines Amtes als württembergischer Kirchenkasten-Expeditionsrat und untersagte ihm zugleich die Ausreise aus dem Herzogtum. Wilhelm Gottfried wurde arbeitslos, ohne Möglichkeit, sich außerhalb des Herzogtums auf eine neue Stelle zu bewerben.

Als diese Einschüchterungstaktik gegenüber Moser keinen Erfolg brachte und Moser nicht einlenkte, ließ der Herzog ihn mit voller Rückendeckung des kaiserlichen Hofes am 12. Juli 1759 verhaften und auf die Festung Hohentwiel bringen. Auch dass er dort 5 Jahre ohne ordentliches Gerichtsverfahren verblieb, geschah mit Wissen und Billigung des Kaisers. Franz I. hatte das Reichskammergericht angewiesen, eine Klage wegen der Verhaftung Mosers nicht anzunehmen.[21] Es handelte sich bei der Verhaftung Mosers somit nicht um eine ›Privatfehde‹ zwischen einem absolutistischen Landesherrn und seinem aufrechten, in der populären Literatur des 19. Jahrhunderts teilweise zum Frühdemokraten stilisierten Kontrahenten. Vielmehr war Moser, indem er mit der Landschaft gegen die militärischen Pläne Karl Eugens aus politischen und vielleicht auch aus Konfessionsgründen opponierte, in das Netz der großen Politik geraten. Moser hatte den guten Kredit, den er sich in den 1720er Jahren als juristischer Berater des Reichskanzlers von Schönborn am Wiener Kaiserhof erworben hatte, mit seiner unnachgiebigen Haltung verspielt.[22] In Wien zieh man ihn inoffiziell bereits des Hochverrats.[23] Das war der politische Hintergrund für die Unterstützung des Kaisers, ohne die Herzog Karl Eugen Moser kaum so lange ohne Gerichtsurteil hätte gefangen halten und so behandeln können, wie er es während der folgenden fünf Jahre tat. In gewisser Weise hat die ungesetzliche Haft, so wurde argumentiert, Moser vielleicht auch vor Schlimmerem, einem Hochverratsprozess vor dem Reichsgericht, bewahrt.[24] Dass dies das hauptsächliche Motiv des Herzogs war, ist jedoch eher unwahrscheinlich.

Der Herzog war sich seiner Sache allerdings zunächst sehr sicher und informierte sogar die Öffentlichkeit von seinem Schritt. In einer Meldung der Stuttgarter Cottaischen Zeitung stand am nächsten Tag eine Mitteilung der Regierung, der Herzog habe sich genötigt gesehen, Moser, der sich »schon längstens in ganz Teutschland durch ein unruhiges Betragen und ohne genugsame Beurtheilungskraft affektirte Zaumlosigkeit berüchtigt gemacht«, zu verhaften. Er müsse dies aus landesväterlicher Sorge tun, um »ein solch gefährliches

Glied der bürgerlichen Gesellschaft außern Stand zu setzen, ferner weitern Schaden anzustiften«.[25] Gegenüber Moser und der Landschaft äußerte der Herzog, dass er Moser »bis zu dessen genauerer Inquisition auf der Festung Hohen-Twiel in gute und enge Verwahrung« bringen würde.[26] Diese Inquisition fand aber nie bzw. erst zum Zeitpunkt seiner bereits auf politischen Druck hin beschlossenen Entlassung statt.

Moser war somit ein politischer Gefangener. Er konnte zwar keines politischen Straftatbestandes überführt werden, stand auch vor keinem Sondergericht, ihm wurde aber aus politischen Gründen ein Prozess verweigert. Außerdem wurde er, wie noch zu zeigen sein wird, auf dem Hohentwiel deutlich politisch motivierten Haftbedingungen unterworfen. Die Verantwortlichkeit dafür lag allerdings nicht ausschließlich beim württembergischen Hof, sondern zum Teil auch beim Kaiser, der dieses Verfahren deckte. Das entlastet natürlich den Herzog nicht von seiner Verantwortung. Es entschuldigt aber auch eine zweite Gruppe nicht, die hätte stärker aktiv werden können, die württembergische Landschaft. Es gab zwar einige Protestschreiben der Landschaft gegen Mosers Verhaftung. Von dieser Seite kam aber kein massiver Widerstand, auch nicht, als sich die politische Position des Herzogs gegen Kriegsende schon wesentlich verschlechtert hatte. Speziell die Rivalen Mosers im Ausschuß waren nicht unglücklich darüber, dass sie Moser los waren. Die Initiativen zu seiner Befreiung und vor allem auch die Organisation des internationalen Drucks gingen vor allem von seinem Sohn Friedrich Karl, Minister in Hessen-Darmstadt, aus.

Fragt man nach den Bedingungen, unter denen eine solche Form von politischer Justiz im Alten Reich vorkam und möglich war, so zeigt der Fall Moser, dass zumindest bei so hochrangigen und prominenten Figuren wie dem württembergischen Landschaftskonsulenten im Prinzip einige Faktoren zusammenkommen mussten, um seine Inhaftierung ohne Gerichtsurteil möglich zu machen. Ohne kaiserliche Unterstützung und ohne Krieg oder gegen eine breite öffentliche Agitation zu seiner Freilassung hätte Karl Eugen mit Moser schwerlich so verfahren können, wie er es über fünf Jahre hin tat.

Die Gefangenschaft: Strategien der Vernichtung – Strategien des Überlebens

Moser wurde auf der Festung Hohentwiel unter Bedingungen eingesperrt, die wir heute als Isolationshaft bezeichnen würden. Isolationshaft ist aber keine Vorsichtsmaßnahme (Sicherheitsaspekte lassen sich anders regeln), sondern eine Form der Folter, die nachhaltige körperliche und psychische Schäden zur Folge haben kann und soll. Moser wurde in ein Zimmer eingeschlossen, das er für vier Jahre nicht, auch nicht zu Gängen in der Festung, verlassen durfte. Er durfte mit niemand anderem sprechen als mit dem Kommandanten der Festung, der ihn zweimal täglich während der Mahlzeiten zu besuchen hatte. Moser durfte von keinem Gast besucht werden, durfte auch nicht in die Kirche und erhielt selbst während einer gefährlichen Krankheit trotz seiner Bitte keinen geistlichen Beistand, sondern nur einen Arzt, mit ihm lediglich eine laute Unterhaltung in Anwesenheit des Kommandanten erlaubt war.[27] Der gläubige Christ und bekehrte Pietist Moser beklagte sich am Ende seiner Haft bitter darüber, dass man ihm fünf Jahre lang auch den Empfang des Abendmahls verweigerte,»welches man doch auch den allerärgsten Missethätern vor ihrem Tod noch angedeihen lässt.«[28] Vielleicht noch schlimmer war allerdings, dass man dem Wissenschaftler und notorischen Vielschreiber verbot, Bücher (außer der Bibel und einem Gebetbuch) zu haben, und ihm auch kein Papier und Schreibzeug gab. Er durfte zunächst weder an seine Familie schreiben, noch irgendwelche Briefe empfangen. Erst nach einem Jahr wurde ihm die Korrespondenz mit seiner Frau erlaubt. Die Berührung politischer Materien war dabei verboten. Die Briefe wurden zensiert.

Der Herzog quälte Moser also vorsätzlich und versuchte, nachdem er auf diese Weise das erwünschte Geständnis nicht erlangen konnte, ihn als Person zu zerstören. Drei Dinge hielten Moser in dieser fünfjährigen Leidenszeit aufrecht: sein Glaube, seine Schreibsucht und seine pedantische Disziplin.

Moser war ein gläubiger Christ, ein bekehrter Pietist und in einer manchmal geradezu bigotten Weise gottergeben. So schrieb er im ersten Brief, den er nach Monaten an seine Frau schicken durfte, fast nur religiöse Formeln: »Meine theuerste Mitgenossin an der Trübsal, aber auch an der Hoffnung des ewigen seligen Lebens! Nachdem ich die gnädige Erlaubnis erhalten, an Dich schreiben zu dürfen, so ergriff ich die Feder mit tausend Freuden, Dir zum Preise Gottes und zu deiner Beruhigung zu melden, dass 1) was das Innere anbelangt, der Friede Gottes, welcher mich in meinen Arrest begleitet hat, bisher unverrichtet bei mir geblieben ist.« usw.[29] Die Zensur der Briefe mag mit Schuld an diesen heute sehr unpersönlich erscheinenden Briefen gewesen sein, ein Teil war jedoch auch die spezifische Art seiner Frömmigkeit, die die Zeit im Kerker als besonderen Fingerzeig oder als Prüfung Gottes auffasste, gegen die er sich nicht sträuben durfte.

Vor seiner Entlassung kam allerdings in einem Verhör Mosers doch recht viel Bitterkeit hoch. Hier beklagte er sich nicht nur über seine ungesetzliche Verhaftung und schlechte Behandlung auf dem Hohentwiel, sondern auch darüber, wie »Serenissimus meine alte, schwächliche, an allem unschuldige, nun selige Frau, da sie in der öffentlichen Audienz um meine Entlassung unterthänigst gebeten, so hart traktiert« habe sowie über die ›Sippenhaft‹, die man seinem Sohn auferlegte, indem man ihm nach seiner Entlassung aus dem herzoglichen Dienst die Ausreise aus dem Königreich verweigerte und ihn zwang »von den Seinigen zu leben«.[30] Auch die geistlichen Lieder, die Moser während der Haft dichtete, zeugen nicht nur von Glaubensstärke, sondern auch von vielen Anfechtungen. So heißt es zum Beispiel in einem dieser Lieder:

»Ich bin schwach! Denn mein Glaube, der sonst hat
Obsieget, ist jetzt matt
Und kann Jesum nicht recht fassen,
Noch sich fest aufs Wort verlassen.
Drum kann's auch nicht anders sein;
Ich bin elend, arm und klein. Ich bin schwach.
[...]
Ich bin schwach! Weil mein Flehen und Gebet
Nicht mehr so aus Glauben geht,
Und der böse Feind, der Teufel,
Der erregt so viele Zweifel,
Ficht auch die Erhörung an,
Daß ich oft kaum leben kann. Ich bin schwach.
[...]

Mach mich stark! Jesu, starker Herr und Gott!
Mach des Feindes List zu Spott;
Laß es ihm ja nicht gelingen,
Mich vom Glauben abzubringen.
Hilf mir glauben, glaub in mir!
Denn der Glaub kommt ja von Dir. Mach mich stark!«[31]

Moser schrieb während der Haft hunderte geistlicher Lieder. Da ihm zunächst keine Schreibutensilien zur Verfügung standen, ritzte er sie mit der Spitze seiner Lichtputzschere in die Wand, später kratzte er sie mit allen möglichen Gegenständen zwischen die Zeilen seiner Bibel oder auch auf die freien Flächen der Briefe, die er erhielt.[32] »So sehr es mich freute, wenn ich einen Brief bekam,« meinte Moser in seinen Lebenserinnerungen, »so lieb war es mir, wann auch viel weiße Plätze darin waren. [...] Wurde mir altes gedrucktes Papier zum Gebrauch auf dem Abtritt gegeben, so schnitt ich alle Plätze, die nur einen Finger breit waren, sorgfältig ab.«[33] Moser versuchte also auf jede mögliche Weise seinen Drang zum Schreiben zu befriedigen. Das war für ihn eine wesentliche Überlebenstechnik. Den größten Teil seiner Produktion während der Gefangenschaft machten sicher die geistlichen Lieder aus, Moser verfaßte aber auch Manuskripte zu juristischen Schriften sowie einige kleinere Satiren, die er nach der Haft unter dem Titel *Eines alten Mannes muntere Stunden während eines engen Festungsarrests* herausgab.[34]

Wie das Schreiben so übertrug der Gelehrte auch seinen pedantisch genau eingeteilten Tageslauf – in modifizierter Form – in sein Gefängnisdasein. Moser, der im Laufe seines Lebens mehrere hundert Bücher und Zeitschriften publizierte, hatte nach seinen Angaben einen völlig gleichmäßigen Arbeitsrhythmus und stand immer zur vollen Stunde vom Schreibtisch auf und ging fünfzehn Minuten in seinem Zimmer auf und ab.[35] Auf dem Hohentwiel habe er es ganz ähnlich gemacht: »Jede Stunde gehe ich eine Viertelstunde auf und ab, verrichte im Auf- und Abgehen ein kurzes Gebet und bin sodann still. Schlägt es ein Viertel, so lese ich die erste Stunde einen Psalm, die zweite ein Lied aus dem Gesangbuch, die dritte eins von den Bogatzky'schen Liedern, alsdann wechsle ich wieder so um. Während des Lesens oder nach dem Lesen verbinde ich allemal das Gelesene mit meinem kurzen Seufzer zu Gott. Wann es halb schlägt, lese ich ein Kapitel im alten Testament, und wann es drei Viertel schlägt, etwas im neuen Testament und vereinige es jedesmal mit meinen Seufzern«.[36] Dies war das Vormittagsprogramm. Am Nachmittag nahm Moser sich »etwas Weltliches« vor, der Abend galt dann wieder religiösen Übungen. So lebte Moser fünf Jahre lang. In gewisser Weise übertrug er nur seinen gewohnten Rhythmus aus der Studierstube in das Gefängnis. Diese Disziplin im Alltag erleichterte ihm das Überleben in der Haft.

Die Umstände der Gefangenschaft Mosers waren mindestens so skandalös wie seine ungesetzliche Gefangennahme. Sie zielten auf die Zerstörung seiner Persönlichkeit. Dieser konnte jedoch seine Religiosität und seine Arbeitsdisziplin dagegen setzen, so dass es Karl Eugen nicht gelang, Mosers Gerechtigkeits- und Ehrgefühl zu brechen. Bis zum Schluss verweigerte er jedes Schuldgeständnis und lehnte es ab »wie ein Malifikant« um Pardon zu bitten.[37] Moser bestand bis zuletzt darauf, ein politischer Gefangener zu sein.

Rezeption und Funktionalisierung der politischen Gefangenschaft Mosers

Politische Gefangene besitzen in der Regel eine hohe symbolische Bedeutung für die Gruppe oder Bewegung, die sie repräsentieren. Im Falle Mosers waren allerdings die Gruppen, die sich mit ihm identifizierten, bzw. die Motive ihres Interesses an seiner Gefangenschaft nicht immer eindeutig. Die Rezeptionsgeschichte seiner politischen Tätigkeit und vor allem seiner Haftzeit ist daher sehr komplex.

Moser kam aufgrund der Intervention protestantischer Mächte, vor allem Preußens, Englands und Dänemarks, frei.[38] Diese hatten aber nicht nur aus verfassungsrechtlichen und humanitären Gründen die Freilassung des kranken, alten Mannes auf dem Hohentwiel gefordert, sondern benützten nach dem für Preußen erfolgreichen Krieg seinen Fall auch für die Intervention in innere Angelegenheiten Württembergs und die Auseinandersetzungen der Stände mit dem Herzog. Ihr Eintreten für Moser war auch ein Eintreten für die württembergischen Stände, die sie sich verbinden wollten – nicht zuletzt um den Kaiser zu schwächen.[39] Moser war hier in gewisser Weise weiterhin Mittel zum Zweck der ›hohen Politik‹.

In Württemberg selbst wurde Moser durch seine Gefangenschaft außerordentlich populär. Mosers Reise vom Hohentwiel nach Stuttgart glich nach seiner eigenen Beschreibung geradezu einem Triumphzug. Überall erkannten ihn die Leute, überall wurde ihm zugejubelt, in Tübingen entstand auf dem Marktplatz ein Volksauflauf bei seiner Ankunft. Moser stand in der Bevölkerung für den Widerstand gegen den unbeliebten Herzog, gegen seine außerordentlichen Steuern, seinen Krieg und seinen Luxus sowie für ein Pochen auf die württembergische Verfassung. Moser wurde deshalb als standhafter Patriot gefeiert, aber auch als ein christlicher Dulder. Besonders für die pietistischen Kreise im Lande war – bei allem Misstrauen, das führende Pietisten in Württemberg gegen Mosers Beziehungen zu Herrnhut hegten – sein in christlicher Demut ertragenes Leiden vorbildlich. Er selbst förderte durch seine bald nach der Haft veröffentlichte Autobiographie diese Interpretation. Vor allem im 19. Jahrhundert gehörte Mosers Leben und ganz speziell seine Gottergebenheit während der Haftzeit zum festen Bestandteil pietistischer Exempla-Literatur vorbildlicher christlicher Lebensläufe in Württemberg.[40] Sein politisches Anliegen trat dabei meist gegenüber seiner christlichen Demut in den Hintergrund.

In Stuttgart reagierten zur großen Enttäuschung, aber kaum wirklich zur Verwunderung Mosers die Kollegen vom Ausschuß außerordentlich zurückhaltend auf seine Entlassung.[41] Auf sie war Moser deshalb auch in der Folgezeit nicht gut zu sprechen. Er warf ihnen (nicht ganz zu Unrecht) vor, sich während seiner Haft nicht genug für ihn eingesetzt zu haben. Moser geriet auch rasch wieder in politische Differenzen mit dem Ausschuß, als er – gegen vielfältigen Rat – versuchte, seine alte Tätigkeit als Konsulent wieder aufzunehmen.[42] Der engere Ausschuß versuchte Moser aus den Verhandlungen mit dem Herzog herauszuhalten, der Herzog unterstützte ihn teilweise, um den Ausschuß zu spalten. Nach zähen und mit vielfältigen politischen Fragen verflochtenen Verhandlungen schied Moser im Juli 1770 schließlich offiziell als Landschaftskonsulent aus. Sein Porträt wurde (mit dem seines persönlichen und politischen Freundes im Landtagsausschuß, des Tübinger Bürgermeisters Jacob Heinrich Dann) aus dem Speisesaal der Stände entfernt. Erst der unter Karl Eugens Nachfolger Friedrich einberufene Reformlandtag von 1797 bis 1799, der erste Landtag überhaupt seit 1770, brachte eine posthume Rehabilitierung Mosers in der württembergischen Ständepolitik. Der engere Ausschuß wurde gestürzt und der Landtag stimmte offiziell für eine Wiederzulassung der Bilder Mosers und Danns. Erst jetzt also, im Zeitalter der Französischen Revolution, rückte der »Patriot vom Hohentwiel« offiziell als Vorbild ins Zentrum einer antiabsolutistischen Politik der württembergischen Stände. Dabei wurde dann vielfach übergangen, dass Mosers Haltung gegenüber dem Herzog lange Zeit ambivalent war und er den Ständen bzw. dem engeren Ausschuß durch seine Phase des ›Fraternisierens‹ mit Karl Eugen durchaus Grund zum Misstrauen gegeben hatte.

So blieb Moser auch nach seiner Entlassung vom Hohentwiel, ja auch noch nach seinem Tode eine eindrückliche, aber keineswegs einfache Figur der württembergischen Landesgeschichte, die sich in ihren Zielen und als politisches Vorbild nicht einfach einer Gruppe zuordnen lässt. Dennoch hat seine politische Gefangenschaft über alle politischen Intrigen und Kämpfe innerhalb der Landstände hinweg durch die hohe Popularität, die Moser seither in der Bevölkerung genoss, nicht wenig zur Delegitimierung absolutistischer Herrschaftsformen und zur Widerstandsbereitschaft in Württemberg beigetragen. Moser war zwar nicht das letzte Opfer ›fürstlicher Willkür‹, nicht der letzte politische Gefangene in Württemberg. Seine Kritik an autokratischen Herrschaftsformen und politischer Justiz waren nach seiner Haftentlassung allerdings sehr offen und kompromisslos geworden. Insofern wies Moser durchaus über seine Zeit hinaus.

MICHAEL STOLLEIS, FRANKFURT a.M.

JOHANN JACOB MOSER
(1701–1785),
ODER: DER ERZPUBLIZIST
DES ALTEN REICHS

Über Johann Jacob Moser als Reichsrechtler zu sprechen bedeutet, das Zentrum des Lebenswerks dieses bedeutenden juristischen Schriftstellers zu umreißen. Moser war ›auch‹ Landschaftskonsulent, er war ›auch‹ eine Art Journalist, sogar Lieddichter und frommer Pietist, aber primär war er eben Jurist, genauer: Öffentlichrechtler, also Vertreter des ius publicum imperii romano-germanici, des Heiligen Römischen Reichs deutscher Nation öffentlichen Rechts. Auf diesem Gebiet hat er Gebirge von Büchern hinterlassen, staunenswert, furchterregend, vor allem für ausländische Betrachter, die (mit wenigen Ausnahmen) daraus schließen, das öffentliche Recht des Alten Reiches sei nicht zu durchdringen, unverständlich, barbarisch kompliziert – kurz: monstro simile – um die berühmte Kennzeichnung Samuel Pufendorfs für die Reichsverfassung zu verwenden.

Bevor wir uns Mosers eigentümlicher Leistung auf diesem Gebiet zuwenden, sei in wenigen Worten gesagt, wie sich die Reichspublizistik vor seiner Zeit entwickelt hat.[1] Sie begann an den Universitäten Altdorf, Straßburg, Jena, Gießen und Marburg in den ersten beiden Jahrzehnten des 17. Jahrhunderts. Schon im letzten Jahrzehnt des 16. Jahrhunderts funktionierte die Reichsverfassung nicht mehr, die Arbeit der Reichsorgane stockte, insbesondere die des Reichskammergerichts. Die Protestanten fühlten sich zunehmend in der Defensive. Sie schlossen sich zusammen, ebenso wie die katholische Seite, und ihre Juristen begannen intensiver darüber nachzudenken, wie man dem Vormarsch der Katholiken in der sogenannten Gegenreformation (massiv unterstützt durch den besonders intensiv arbeitenden Jesuitenorden) entgegentreten könne. Die Juristen auf der Seite der protestantischen Reichsstände begannen nun, wie alle Juristen, die etwas zu verteidigen haben, eine Art Schutzwall der Reichsverfassung aufzurichten. Bausteine dieses Schutzwalls waren die (nach dem Vorbild des französischen Juristen Jean Bodin von 1576) so genannten »Reichsgrundgesetze« (leges fundamentales).[2] Sie zusammenzutragen und zu einem Ganzen zu verbinden war eine genuin dogmatische Juristenarbeit.

Reichsfundamentalgesetze waren etwa die Goldene Bulle, der Ewige Landfriede von 1495, die Ordnungen des Reichskammergerichts und des Reichshofrates, die Reichsabschiede mit ihren (in Gesetzeskraft erwachsenen) Beschlüssen sowie die großen Friedenstraktate. Unter letzteren ragte für die Protestanten der Augsburgische Religionsfriede von 1555 heraus. Er bot, wie insbesondere Martin Heckel gezeigt hat, zum erstenmal die Chance, eine konfessionell neutrale Verfassungsordnung »vor die Klammer« zu ziehen, und er bot Verfahrensregeln, die für Katholiken und Lutheraner gleichermaßen akzeptabel waren.[3] Insofern lag es für die Partei, die zu unterliegen drohte, nahe, sich mit juristischem Beistand auf diese Regeln zu berufen. Ein weiteres Motiv zur Schaffung eines eigenständigen, vom »gemeinen (römischen) Recht« unterschiedenen ius publicum war die bei wachsendem historischem Verständnis unübersehbare Tatsache, dass das römische Reich der Kaiser Augustus, Tiberius oder Trajan mit dem der Kaiser Rudolf II. oder Matthias nicht mehr zu vergleichen war, dass das römische Staatsrecht auf die Verfassungswirklichkeit des Jahres 1600 überhaupt nicht mehr passte. Folglich hatte man sich auf seine eigenen ›nationalen‹ Rechtsquellen zu besinnen. Diese wurden nun eifrig ediert und kommentiert. An den Universitäten blühte das Fach rasch auf, ganz intensiv dann nach dem Ende des Dreißigjährigen Krieges. Es gab Lehrbücher, verschiedene ›Schulen‹ und Schulstreitigkeiten, Tausende von Dissertationes und Disputationes zu Themen des ius publicum, außerdem – wie heute auch – ein ausgebreitetes Gutachterwesen im Dienste verschiedener Herren.

Als Moser am 18. Januar 1701 geboren wurde, war die sogenannte Reichspublizistik ein an den meisten Universitäten etabliertes Fach. Oft gab es nur eine publizistische Professur, kombiniert mit dem Naturrecht, dem Feudalrecht oder dem Kriminalrecht, aber auch mit dem Kirchenrecht, dem ius ecclesiasticum. In Tübingen, wo Moser ab 1717 studierte, wurde das öffentliche Recht überdurchschnittlich gut gepflegt. Zwar war das am Anfang des 17. Jahrhunderts gegründete Collegium illustre, die Ritterakademie, nicht mehr wirklich bedeutend; aber es waren doch Christoph Besold, Nicolaus Myler von Ehrenbach und Erich Mauritius in Tübingen gewesen. Zu Mosers Studienzeit galt Gabriel Schweder (1648–1735) als tonangebend. Moser lernte bei Schweder und nach dessen gutem Lehrbuch *Introductio in Jus Publicum Imperii Romano-Germanici novissimum* (ursprünglich 1681, dann zehn Auflagen bis 1733).[4]

Nachdem schon der wegen seines Fleißes berühmte Neuzehnjährige zum (unbesoldeten) außerordentlichen Professor an der Universität ernannt wurde, sich aber an der Universität nicht durchsetzen konnte, wechselte er als württembergischer Titularrat nach Wien, sammelte dort reichsverfassungsrechtliche Kenntnisse und knüpfte Beziehungen an, kehrte aber bald wieder nach Stuttgart zurück.[5] 1724 folgte eine zweite Reise nach Wien, wo er bei einem Reichshofrat als wissenschaftlicher Hilfsarbeiter tätig war. 1726–27 war er wieder in Stuttgart, nun als wirklicher Regierungsrat, ein Amt, das er 1729–33 mit einem Lehramt am Collegium Illustre in Tübingen vertauschte. Als ihn auch die Berufung in die neue Regierung unter Herzog Karl Alexander (1734) nicht befriedigte, nahm er – inzwischen durch Publikationen bekannt geworden – einen Ruf als Professor und Universitätsdirektor an die Preußische Universität Frankfurt/O. an, nachdem er zuvor einen Ruf an die neue Universität Göttingen ausgeschlagen hatte. Trotz guter Anfänge und einer Antrittsrede über das Thema »Wie Universitäten [...] in einen gutem Ruf und Aufnahme zu bringen [...] sein möchten« (1736) gab es bald Ärger, so dass Moser sich mit seiner Familie 1739 nach Ebersdorf im Vogtland zurückzog, wo er in einer pietistischen Gemeinde lebend als freischaffender Reichspublizist, Prozessvertreter, Gutachter und Fachmann für diplomatische Missionen wirkte und allmählich zum Orakel der Reichstaatsrechtslehre aufstieg. 1747 kehrte Moser in die Öffentlichkeit zurück, versuchte die Finanzen des Kleinstaates Hessen-Homburg zu sanieren, ohne die nötige politische Rückendeckung zu haben, gründete dann in Hanau eine »Staats- und Kanzlei-Akademie« für höhere Verwaltungsbeamte, bis er endlich 1751 wieder nach Württemberg berufen wurde, wo er als Rechtsberater der Landstände wirken sollte. Damit geriet er in die Spannungen zwischen dem Landesherrn und den Landständen: 1759 ließ ihn der Landesherr verhaften und als »gefährliches Glied der bürgerlichen Gesellschaft« fünf Jahre lang rechtswidrig auf dem Hohentwiel festsetzen. Auf Intervention des Corpus Evangelicorum und des Reichshofrats kam der Gelehrte schließlich wieder frei, wurde in seinem Amt als Landschaftskonsulent bestätigt, schied aber 1770 endgültig aus.[6]

Alle diese Orts- und Berufswechsel waren von permanenter Publikationstätigkeit begleitet, in der sich der angeborene schwäbische Fleiß ins Extrem steigerte. »Moleste sedulus«, auf lästige Art fleißig, war er schon auf dem

Gymnasium genannt worden, und er blieb es bis zu seinem Ende. Allein in den letzten 15 Jahren bis 1785 erschienen noch mehr als 140 Bände aus Mosers Feder, darunter wesentliche Teile des *Neuen teutschen Staatsrechts* und der *Versuch des neuesten Europäischen Völkerrechts in Friedens- und Kriegszeiten*. Sein gewaltiges Werk – es besteht nicht nur aus Hunderten von Büchern, sondern auch aus fünfundzwanzig Zeitschriften – liegt wie ein erratischer Block in der publizistischen Landschaft des 18. Jahrhunderts. Es weist einige thematische Gruppen auf, die zunächst umrissen werden sollen.[7]

Moser ist kein Polyhistor im Sinne des 17. und frühen 18. Jahrhunderts. Seine Interessen konzentrierten sich bereits im Studium auf das öffentliche Recht des Reiches, auf das Territorialstaatsrecht und auf das europäische Völkerrecht. Sein Feld ist die »Staatspraxis« des Ancien Régime, die Kanzleipraxis, der diplomatische Verkehr, der Staatsrechtsprozess vor dem Reichshofrat. An anderen Fragen war er bemerkenswert uninteressiert, so an spekulativen und historischen Problemen, soweit sie über den Begründungszusammenhang des geltenden öffentlichen Rechts hinausgingen. Vermutlich war diese Einseitigkeit notwendige Voraussetzung für die enorme quantitative Steigerung des Werkes. In seinem Zentrum stehen die in Ebersdorf begonnenen 53 Bände *Teutsches Staatsrecht* (1737–1754), denen 1766 bis 1782 nochmals 43 Bände *Neues Teutsches Staatsrecht* folgten. Schon 1731 hatte er hierzu einen *Grundriß der heutigen Staats-Verfassung des Teutschen Reiches* vorgelegt und diesen dann mit singulärer Konsequenz ausgebaut. In diesem *Staatsrecht* schreitet Moser alle Hauptfragen des geltenden Reichsverfassungsrechts ab, sammelt alles einschlägige urkundliche und diplomatische Material sowie Gerichtsentscheidungen. Die theoretischen Probleme der Reichsverfassung, etwa die alte Debatte um die Staatsformenlehre, um den Ort der Souveränität im Systema Imperii oder andere Themen zwischen »Politik« und »Allgemeiner Staatslehre« treten zurück, während das Praktische, Positive und Nützliche dominiert: die Vermehrung der Kurstimmen, der Vikariatsstreit, die Privilegien und Gerechtsame einzelner Reichsstände, die Rangstreitigkeiten in Wien und Regensburg oder bei den Kaiserwahlen in Frankfurt, die Reservatrechte des Kaisers, die Reichsgrenzen, die Reichsexekution, Lehenbindungen der Reichsstände und vieles andere.[8]

Die Darstellung dieser Stoffmassen orientierte sich nicht an einem pädagogischen Konzept, sondern an der Verwendbarkeit für die Staatspraxis. Da die Staatspraxis des ausgehenden alten Reichs stark von Rechtsbeanspruchung und Rechtswahrung geprägt wurde, war eine nach Sachgruppen geordnete Darstellung aus einem überparteilichen Standpunkt mit dem Ziel der Erfassung des status quo von unschätzbarem Wert. In der von Moser geordneten Schatzkammer konnten sich die ›Geschäftsmänner‹ also bedienen, meist nicht mit fertigen Lösungen, aber stets mit dem Material hierzu. Den Überblick über ›alle‹ reichsrechtlich relevanten Vorgänge hatte man längst verloren. Die gewachsene Struktur des Reichs mit vielen hunderten, miteinander über die Reichskreise und Sonderbünde verquickten Territorien und mit einem in den Reichsfundamentalgesetzen nur grob geregelten Überbau, dessen Lücken durch das Reichsherkommen gefüllt wurden, führte selbst einen Moser ins Uferlose, zumal er die Eigenart besaß, statt zu abstrahieren und zu komprimieren, Nachträge und Ergänzungen zu liefern.

Die Eigenart hatte jedoch Methode; denn Moser ging es nicht um gedankliche Durchdringung und schon gar nicht um die Ästhetik der Darstellung, sondern um das faktische und normative Detail. Im Grunde schwebte ihm die maßstäbliche Darbietung aller Quellen im Verhältnis 1:1 vor. Auch wo er als Pädagoge tätig war, empfahl er den direkten Zugriff auf die Quelle und, wo eine solche fehlte, genaue Information über die Praxis, wie etwa beim Reichsherkommen, das nach seiner Meinung »wenigstens die Hälfte des allgemeinen und besonderen Staatsrechts« ausmachte. Infolgedessen genügte die einmal zugrundegelegte Systematik. Sie war ausbaufähig und konnte durch Register erschlossen werden. Dominant war der Gesichtspunkt des praktischen Nutzens, nicht das philosophische System.

Dennoch war die Systematik keineswegs willkürlich, sondern sie schmiegte sich dem Gegenstand der Reichsverfassung so eng wie möglich an, sie entsprang gewissermaßen der ›Natur der Sache‹ und war damit im Einklang mit der organologischen Vorstellung von Haupt und Gliedern sowie mit der überlieferten Hierarchie der Rechtsquellen. Im komplizierten Stufenbau des Reichsverfassungsrechts rangierte damit das positive Recht ganz oben, und zwar geschriebenes Recht vor ungeschriebenem, generelles vor partikularem Recht, Gesetz vor Vertrags- und Privilegienrecht sowie Reichs- vor Territorialrecht.

Das bedeutete den Vorrang der Reichsfundamentalgesetze, die Moser auf sieben zentrale Stücke begrenzte: Goldene Bulle, Ewiger Landfriede, Augsburger Religionsfriede, Reichsexekutionsordnung, Reichskammergerichts- und Reichshofratsordnung sowie die jeweils gültige Wahlkapitulation. Hinzu traten verfassungsrechtlich relevante Verträge im Innern, Konkordate und Friedensverträge nach außen. Als »Nebenquellen« des Reichsverfassungsrechts mit einer im Zweifel nur subsidiären Geltungskraft erkannte Moser im Einklang mit der Tradition das Völkerrecht, das Lehnrecht und das Naturrecht in Form des ius publicum universale an, schließlich sogar das römische Recht und die Bibel, ohne dass aber beide irgendwelche Bedeutung im System Mosers erlangten.

Die damit zu bewältigenden Stoffmassen überstiegen alle Vorstellungen, sobald man sich wirklich auf die Details der Territorien im Reich einließ. Selbst Mosers Darstellung hat Lücken lassen müssen, und vielfach sind seine Werke ausgearbeitete Zettelkästen. Dennoch sollte man sich vor dem Mißverständnis hüten, Moser habe nur aufeinandergehäuft. »Es ist durchaus falsch, und verräth Unwissenheit, oder Bosheit«, sagte C. F. Häberlin als letzter in der Reihe der Reichspublizisten, »wenn man ihn für einen bloßen Compilator hält«.[9] Durch seine phänomenale Stoffbeherrschung war Moser in der Lage, die Einzelfragen angemessen zu diskutieren, zu vergleichen und zu abgewogenen Ergebnissen zu kommen. Die Ergebnisse waren bestimmt durch ein Leitbild von Gerechtigkeit im Reichsverband, die jedem das Seine zuteilen, jeden Reichsstand bei seinen Gerechtsamen erhalten, vor allem aber jeden Untertan vor Unterdrückung sichern sollte. »Uebrigens bin ich kein Parthiegänger«, so äußert er sich selbst dazu, »sondern schreibe, so vil möglich und räthlich ist, ohne Menschenfurcht oder Gefälligkeit, nach bestem Wißen und Gewißen, suche das nöthige Ansehen des Kayserlichen Hofes, wie auch derer Reichsgerichte, mit der Reichsverfassungsmäßigen Freyheit derer Reichsstände und ihrer Unterthanen, in dem behörigen Gleichgewicht zu erhalten, und schweiffe niemalen auf Nebendinge aus, sondern bleibe auf das genaueste bey meiner vorhabenden Materie [...] Wer mich anderst beurtheilet, kennt mich nicht, oder handelt partheyisch«.[10]

Mosers oft hervorgehobene »Objektivität«, die ihn vor seinen Zeitgenossen auszeichnete, ist in den politischen Grundentscheidungen für das Reich und für die Freiheit der Reichsstände wertgebunden. Seine württembergische Herkunft und die damit verbundene Perspektive der »Landschaft« machten ihn von vornherein empfindlich gegen Erscheinungsformen ungebundener Herrschaft. Kräftige Polemiken gegen die literarischen Vertreter des Absolutismus durchziehen sein Werk, zumal nach seinen eigenen Konflikten mit dem Herzog von Württemberg. Ihn deswegen einen Liberalen zu nennen, wäre jedoch vorschnell, wenn damit der Liberalismus des 19. Jahrhunderts assoziiert würde; denn am Beginn seiner Laufbahn als Tübinger Professor, in der Homburger Episode, vor allem aber bei der Tätigkeit als Landschaftskonsulent zeigte sich, dass er durchaus zu Bündnissen mit dem aufgeklärten Absolutismus bereit war, wenn dies zu vernünftigen Reformen führte. Insofern war er weder altständischer Konservativer noch Liberaler im antistaatlichen Sinn; wesentlich war ihm, dass sowohl die Landstände als auch das Individuum Rechtsschutz gegen Willkür genossen. Auf das Reich übertragen lautete seine Grundlinie, soweit möglich die Rechte von Kaiser und Reich und die »reichsverfassungsmäßige Freiheit« der Reichsstände auszubalancieren.

Die zweite wesentliche Werkgruppe wird von Mosers Arbeiten zur Reichsgerichtsbarkeit gebildet. Moser hat auf sie wegen seiner besonderen Beziehungen zum Reichshofrat und wegen ihrer Bedeutung für die politische Praxis großen Wert gelegt. Auf diesem Feld galt er als Experte, zumal er gute Kontakte besaß, etwa zu Heinrich Christian Senckenberg (1704–1768). Noch in der Zeit am Tübinger Collegium Illustre begann er sein großes Werk über den Reichshofratsprozess zu publizieren. Dann folgte eine Monographie über den Rekurs von den Reichsgerichten an den Reichstag. Vor allem aber wirkten die zwölf Teile seiner *Reichs-Hof-Raths-Conclusa* ähnlich anregend auf die wissenschaftliche Diskussion wie Mynsingers und Gails Veröffentlichungen der Reichskammergerichtsentscheidungen am Ende des 16. Jahrhunderts.[11]

Eine dritte Gruppe bilden die Territorialstaatsrechte. Auf diesem Gebiet fällt Mosers Produktivität deshalb so besonders auf, weil alle früheren Universitätsschriftsteller zwar die *superioritas territorialis* innerhalb der Reichsverfassung behandelten, sich aber kaum jemals bemühten, das gesamte geltende Recht eines Territoriums zusammenzutragen. Da die Universitäten um einen überregionalen Einzugsbereich bemüht waren, galten speziell landesrechtliche Vorlesungen als wenig attraktiv. Moser hingegen konnte als freier Schriftsteller aus seinem Fundus schöpfen, und er nahm die Aufgabe in voller Breite an. Auch hier trug er das positive Material zusammen, gliederte und erschloss es, so dass eine eigene Ebene eines »besonderen teutschen Staats-Rechts« entstand. Gerade diese Ausarbeitungen Mosers sind heute reizvolle Dokumente der Landesgeschichte.

Sowohl aus reichs- als auch aus territorialstaatlichen Quellen gespeist wurde Mosers *Reichs-Fama, welche das Merkwürdigste von demjenigen, so sich gantz kürtzlich auf dem Reichs-Convent, an den Kayserlichen und anderen Höfen, auch mit den übrigen Ständen des H. Römischen Reichs zugetragen: Und besonders das, so in das Jus Publicum Germaniae [...] einschläget, Nebst anderen curiosen und nicht sonderlich bekannten hieher taugenden Materien [...] theils mit gnugsamen Historischen Erläuterungen, theils mit juridischen Reflexionen begleitet*». Sie bildete die Vorstufe für das *Teutsche Staatsrecht*, ein riesiges Material-Sammelbecken. Als Fortsetzung kam 1751 bis 1757 *Teutsches Staats-Archiv* heraus. Auch hier, als eine Art unabhängiger Staats-Journalist, bietet Moser Parallelen zu Schlözer.

Als vierte Gruppe von Publikationen erscheint das europäische Völkerrecht. Moser hat dieses Gebiet zuerst in Hanau zu Unterrichtszwecken dargestellt, zunächst das Friedens- (1750), dann das Kriegsvölkerrecht (1752). Hieraus ist dann der große *Versuch des neuesten europäischen Völkerrechts in Friedens- und Kriegszeiten* samt ergänzenden *Beiträgen* erwachsen. Mosers »Positivismus« zeigt sich in diesem Fall daran, dass er das Völkerrecht nicht aus abstrakten Prinzipien deduziert und mit konkretem Material auffüllt, sondern dass er umgekehrt das von 1740 bis 1777/80 angefallene Material als Ausgangspunkt nimmt und induktiv verfährt. Werturteile werden weitgehend vermieden.[12]

Schließlich hat Moser sammelnd und kommentierend während seiner ganzen Lebenszeit die staatsrechtliche Literatur der Zeitgenossen begleitet. Seine Urteile über andere Autoren sind zugleich der beste Schlüssel zu Mosers eigener Persönlichkeit. Knapp und deutlich, manchmal derb rezensiert er und erteilt Lob, wo der Autor tüchtiger Praktiker ist, und er tadelt, wo Theorie oder Geschichte um ihrer selbst willen getrieben werden. Schon der 21-jährige begann damit, später erschienen in drei Teilen die *Bibliotheca juris publici Germanici*, ein *Lexikon der jetzt lebenden Rechtsgelehrten in Teutschland* (1738,

1739) und überblicksartige Darstellungen über die Staatsrechtslehre und die Staatsrechtslehrer seiner Zeit.[13]

Diese ausgebreitete Publikationstätigkeit, die alles Frühere in den Schatten stellte, sicherte Moser große Autorität, ja Popularität als Orakel der Staatsrechtslehre. Eine religiös fundierte strenge Redlichkeit, Direktheit im Ausdruck und geringe Neigung zu diplomatischen Kompromissen machten ihn zum Muster des aufrechten Mannes und Gelehrten. Er hat selbst in seiner Autobiographie an dieser Stilisierung mitgewirkt. Befand er sich insoweit im Einklang mit einer verbreiteten Zeitströmung, die sich bei seinem Sohn Friedrich Carl von Moser (1723–1798) zu einer Mischung von pietistischem Gefühlsüberschwang und aufklärerischem »Antidespotismus« steigern sollte, so stand der ältere Moser doch in wesentlichen Punkten auch im Gegensatz zu wissenschaftlichen Tendenzen seiner Zeit.

Gewiss war zu beobachten, dass seit dem frühen 17. Jahrhundert die Tendenz zur Stoffanhäufung bestand. Bei Limnaeus war dies erstmals zutage getreten. Am Ende des 17. und 18. Jahrhunderts geht der Sammeleifer dann über alle bisherigen Grenzen. Man sieht es an Kompilatoren wie Johann Friedrich Pfeffinger, an der großen Aktensammlung *Europäische Staats-Kanzley* von Christian Leonhard Leucht, an den Sammlungen von Christoph Hermann von Schweder, Ahasver Fritsch und Johann Stephan Bürgermeister, an der *Deutsche(n) Staats-Kanzley* von Reuß, an Johann Christian Lünigs zahlreichen Sammlungen, speziell seinem *Teutschen Reichs-Archiv*, oder an der Dokumentation des Westfälischen Friedens von Johann Gottfried von Meiern. Auf dieser Linie geht Moser nun weiter, dokumentiert nicht nur, sondern arbeitet die Stücke in eine Gesamtdarstellung ein und scheidet diejenigen aus, die für ihn unter dem Gesichtspunkt der Rechtsgeltung nicht mehr in Betracht kommen.[14]

Andererseits gab es aber auch deutliche Gegentendenzen. In Jena, Halle und Göttingen war intensiv die Historisierung des öffentlichen Rechts betrieben worden, und zwar in solchem Maße, dass die Historie sich innerhalb der Juristenausbildung verselbständigte, ja zum Selbstzweck werden konnte, zumal wenn Doppelmitgliedschaft in der juristischen und philosophischen Fakultät vorlag, wofür es viele Beispiele gibt. In Göttingen lasen schließlich fast alle Öffentlichrechtler auch Reichshistorie, ohne dass die von Mascov vorgeführte und von Moser gebilligte methodische Trennung zwischen Jus und Historie sich voll durchgesetzt hätte. Moser missbilligte dies, hielt strikt an der dienenden Funktion der Historie im Bereich der Jurisprudenz fest und erklärte, er wolle »lauter nützliche und in praxi fürkommende Sachen« vortragen und sich »nicht unnötig auf die alte Reichs-Historie, das allgemeine Staats-Recht u[nd] d[ergleichen]« einlassen. Für ihn war das historische Argument Hilfsargument, vielleicht sogar das wichtigste, aber es blieb untergeordnet unter den Zweck des geltenden Rechts, zu sachgemäßen, ausgleichenden und in diesem Sinne »richtigen« Ergebnissen zu kommen. Sofern die Geschichte dazu führte, »Meinungen auszuhecken« und »quadrata rotundis zu vermischen«, wurde sie verabschiedet.[15] Was die Entstehung des Rechts anging, so herrschte die Geschichte: ex facto oritur ius. War das Recht aber entstanden, dann musste sein Inhalt mit Hilfe aller rechtsspezifischen Erkenntnismittel festgestellt werden; die Geschichtswissenschaft wurde dabei zur Hilfswissenschaft.

Aus der Quelle des »historischen Positivismus« kam auch Mosers Abneigung gegen Naturrecht und ius publicum universale. Es drückte sich hierin der tiefsitzende Zweifel des Praktikers gegen spekulatives Denken aus. Moser hatte diesem Zweifel 1767 in einer anonymen Schrift *Gedanken über das neu-erfundene vernünftige Staats-Recht des Teutschen Reichs* Ausdruck gegeben. Er durchschaute deutlicher als seine Zeitgenossen, dass die angeblich aus reinen Grundprinzipien deduktiv entwickelten Systeme oft kaum mehr waren als abstrakt formulierte Darstellungen des geltenden Rechts oder naturrechtlich verhüllte Rechtspolitik. Das mochte in seinen Augen auf dem Gebiet des Privatrechts eher angehen, weil dort die Distanz zwischen dem gemeinen Recht als der ratio scripta und dem Naturrecht geringer war. Das ius publicum war jedoch offenkundig so stark in Sonderrechtsbereiche zerklüftet, es war zu sehr geprägt von den Narben der Geschichte und zu irregulär, als dass es vertretbar gewesen wäre, durch glatte Systematik einen äußerlichen Eindruck von Ordnung zu erwecken. Tabellen und Schemata, vor denen er den jungen Pütter ausdrücklich warnte, schienen ihm eher irreführend, weil sie das Detail verdeckten, auf das es letztlich bei Reichskammergericht und Reichshofrat ankam.

Am Ende des 18. Jahrhunderts war die Staatsrechtslehre in Deutschland methodisch in drei Richtungen gespalten, wie Moser selbst noch feststellen konnte. Alle drei Richtungen hatte es, wie wir gesehen haben, von Anfang an gegeben. In Moser kulminierte die der Kanzlei- und Gerichtspraxis verpflichtete Richtung, die das Reich, wie es nun einmal war, erhalten wollte und die sowohl den Landständen gegen den Landesherrn als auch den schwächeren Reichsständen gegen den Kaiser ausreichenden Rechtsschutz zu verschaffen suchte. »Schiedlich-friedlich« sollte es zugehen im Reich, jedem sollte sein Recht werden, von Machtpolitik war nicht die Rede. Die Rolle der Wissenschaft, wie Moser sie sich dachte, war dienend in Bezug auf das generelle Ziel, aber sie beanspruchte Unabhängigkeit von politischen Interessen, um diesem Ziel besser dienen zu können. Sie behandelte, mit Mosers Worten, »lauter bloße Facta, Sachen, die ich notwendig [...] nehmen muß, wie sie nun einmal sind, wenn ich nicht die wahre Verfassung unseres Teutschen Reichs verunstalten und verderben will«. Darin lag das ganze Programm, zugleich aber auch die damit verbundene geistige Beschränkung.

Die zweite Richtung war die der naturrechtlichen Abstraktion und am Ende die Ausbildung einer Spezialdisziplin des ius publicum universale. Sie war von Anfang an stärker rechtspolitisch geprägt und hatte den Kontakt zur Lehre von der Politik gewahrt, und zwar so lange wie die Autorität der aristotelischen Politik reichte, d. h. etwa bis zum Jahre 1700. Von da an wurde die »Allgemeine Staatslehre« an den juristischen Fakultäten vorgetragen, während die alte »Politik« an den philosophischen Fakultäten verkümmerte.

Die dritte Richtung war die eigentlich siegreiche, nämlich die der in Jena, Halle und Göttingen praktizierten Anreicherung des publizistischen Stoffes um die historischen, statistischen und polizeiwissenschaftlichen Fächer zu einer neuen umfassenden Disziplin der Staatswissenschaften. Daniel Nettelbladt meinte sogar, eigentlich sei die deutsche Staatsrechtslehre nur in zwei Richtungen gespalten. Die eine folge Moser, der darauf gedrungen habe, »daß das Punctum Juris mehr getrieben werde«, die andere folge dem halle-göttingischen Muster. Das war freilich eine allzu starke Vereinfachung; denn gerade in Göttingen gab es nebeneinander starke Historisierungstendenzen, ein eigenständiges Naturrecht und einen sowohl dokumentierenden, materialfreudigen als auch – in der Person Pütters – entschieden abstrahierenden und systematisierenden Positivismus.

Moser war also – alles in allem – der unbestritten produktivste aller Autoren. Sein Werk bildet den Höhepunkt und Abschluss jenes reichspatriotisch gestimmten, staatsrechtlichen Positivismus des 18. Jahrhunderts, der materialsammelnd und systematisierend Gebirge von Büchern auftürmte, »zum Durchlesen ebenso unerträglich, wie zum Nachschlagen unentbehrlich« (Ernst Landsberg).

Mit Moser vollzog sich der Übergang vom Fürstendiener zum unabhängigen Wissenschaftler des Staatsrechts, ja zum freien politischen Journalisten. Moser war für Biographen anziehend. Sein unruhiges Leben, seine Charakterfestigkeit, sein nüchterner Positivismus und Utilitarismus, der naturrechtliche »Speculationen« und antiquarische Historie für unnütz hielt, seine tiefe Religiosität, der erdrückende Umfang seines auf 500–600 Bände geschätzten Werkes, seine Festungshaft als »Märtyrer der Freiheit« und seine lebendige Autobiographie machten ihn zum lohnenden Gegenstand. Mosers Urenkel Robert von Mohl hat das im 19. Jahrhundert gängige Bild dieser »wahrhaft ehrwürdigen« Gestalt entworfen. Ich möchte es abschließend zitieren. Wir würden zwar heute nicht mehr in diesem Ton schreiben, aber man muss doch, wenn man Moser studiert und seine reizvolle *Lebens-Geschichte* nachliest, zugeben, dass Robert von Mohl die richtigen Punkte hervorhebt. Er schreibt: »Wir haben unter den Deutschen wenig Männer, wenn überhaupt irgendeinen, zu nennen, welchem in gleichem Grade und in solchem Vereine felsenfeste Pflichttreue, Unfähigkeit irgendetwas für Unrecht Erachtetes zu begehen oder zu gestatten, ungeheuchelte, das ganze Leben durchdringende und aufrechterhaltene Frömmigkeit und Demut, bis in das höchste Alter und durch alle Wechsel des Schicksals bewährte Herzenseinfalt und Harmlosigkeit, dabei unermüdetste Arbeitsamkeit, von andern unerreichte Kenntnis im Berufsfache, ausgezeichnete Anstelligkeit und Brauchbarkeit nachzurühmen wäre. Er war nicht bloß der Vater des deutschen Staatsrechts, der Gründer des positiven Völkerrechts, der fruchtbarste Schriftsteller seiner und vielleicht jeder Zeit, sondern er war auch der unbeugsame Märtyrer für die Verfassung seines Vaterlands; der abgesagte und tapfere Feind jeder Schlechtigkeit; der wahrhaft Edle, welcher in jedem Augenblick seiner Ehre Alles zum Opfer zu bringen bereit war; endlich aber war er wieder ein Kind im Glauben, der Verfasser von mystischfrommen Liedern und Gebeten, ja sogar der Mittelpunkt einer zu außerkirchlicher Erbauung sich vereinigenden Schar von Christen jeder bürgerlichen Stellung und Bildungsart. Er war ›der Gerechte‹ im Sinn des Bürgers, des Rechtsgelehrten und des Christen«.[16]

MACK WALKER, BALTIMORE

›NEUE WELTEN‹:
VÖLKERRECHT, MENSCHENRECHTE
UND AMERIKA IM SPÄTWERK
JOHANN JACOB MOSERS[1]

Moser schrieb bis an sein Lebensende. Mitte der 1770er Jahre war sein großes Werk zum öffentlichen Recht fertig – auch in dem Sinne, dass es sich selbst in gewisser Weise überlebt hatte und nicht mehr aktuell war. Aber Moser konnte nicht untätig sein. So versuchte er sich noch in seinem neunten Lebensjahrzehnt an neuen Themen, die von seinen bisherigen Arbeitsgebieten deutlich abwichen. Er wandte sich jetzt Dingen zu, die er vorher regelmäßig als nutzlose intellektuelle Konstruktionen abgetan oder als Rationalisierungen – im alltäglichen Wortsinn von Zweckmäßigkeitsdenken wie in der wissenschaftlichen Bedeutung von vernünftiger Ordnung – abgelehnt hatte: den natürlichen Gesetzen und den Naturrechten, den logischen Systemen von Analyse und Darstellung sowie den argumentativen Bezugnahmen auf allgemeine politische Menschenrechte oder auf unbeschränkte Herrschaftsrechte. Das waren die Themen der europäischen und auch der deutschen Aufklärung. Die Beziehung von Mosers Spätwerk zu ihrem Gedankengut blieb jedoch unklar und änderte sich fast von einem Satz zum nächsten. Sein Dilemma zeigt allerdings überdeutlich, dass es diese Aufklärung wirklich gab. Sie war für Moser gewissermaßen körperlich spürbar, denn obwohl er ihre Prinzipien ablehnte, konnte er sich dem Zwang nicht entziehen, ihre Sprache zu gebrauchen. Dies hing zum Teil mit der Art zusammen, wie dieses Klima und diese Sprache ihn beeinflussten, zum Teil aber auch mit der Richtung, in die ihn seine eigene Arbeit und seine persönlichen Sorgen geführt hatten.

Moser wollte zeigen, dass er die moderne Rhetorik des gelehrten politischen, sozialen und religiösen Diskurses beherrschte, wenn er es wollte – und sei es nur als Legitimierung, um gegen ihn Stellung zu beziehen. Das wurde im *Anti-Mirabeau,* in den *Betrachtungen über das sammlen und dencken* sowie in vielen negativen Äußerungen zum gleichen Thema in den zwei letzten Bänden der Lebensgeschichte deutlich.[2] Außerdem wollte er diese intellektuelle Welt und ihre Bewohner ansprechen und von ihnen gehört werden. Bemerkenswerter und wichtiger war jedoch jener Aspekt der Entwicklung Mosers, der durch die Gegenstände ausgelöst wurde, die er seit Ende der 1760er Jahre in seinen Arbeiten behandelte. Seine Argumentationsweise musste sich wohl oder übel ändern, als er sich vom Reichsverfassungsrecht abkehrte und den Verhältnissen innerhalb der deutschen Staaten – den Fragen von Landeshoheit und Untertanenrechten – sowie den direkten Beziehungen zwischen den Staaten zuwandte. Auf diesem Weg wurde es selbst für Moser immer schwieriger, den Rückgriff auf allgemeine Prinzipien, auf logisch erschlossene Zusammenhänge und die natürliche Vernunft zu vermeiden. Aufgrund seiner eigenen Arbeitsergebnisse und seiner Themenwahl war Moser Teil der ideengeschichtlichen Entwicklung. Eigentlich wollte er nicht auf diese Art und Weise schreiben (obwohl er immer darauf beharrte, dass er es könne, wenn er es wolle), vielmehr führten ihn die Gegenstände, über die er sprechen wollte, dazu. Ende der 1770er Jahre ging Moser mit seiner letzten anspuchsvollen gelehrten Unternehmung, einer umfassenden Arbeit über das europäische Völkerrecht, einen weiteren Schritt in diese Richtung.[3]

Moser hatte schon früher gelegentlich und kurz über das Völkerrecht geschrieben. Im Jahr 1778 verkündete er nun, dass dies sogar sein bevorzugtes Thema gewesen wäre, wenn er Zeit dafür gefunden hätte (das ist zwar nicht sehr wahrscheinlich, aber jetzt hatte er auf jeden Fall Zeit dazu). In einem unvollendet gebliebenen Handbuch über die politische Verfassung Europas aus dem Jahr 1732 hatte er das Völkerrecht mit dem Natur- und Vernunftrecht zu einem Rechtstyp zusammengefasst, der auf irgendeine Weise mit den Handlungen der Herrscher zusammenhinge; denn die Herrscher ständen »bloss unter Gott und dem Degen«, seien also nur der höheren Macht Gottes oder überlegener Gewalt unterworfen. Jetzt blickte er auf das Völkerrecht als ein Regelwerk, das den Umgang zwischen den europäischen Staaten bestimmt. In einem Aufsatz von 1739 hatte er noch die Existenz eines Völkerrechts vorgeschlagen, das – in Ermangelung genereller Regeln oder eines allgemeinen Vertrags – angeblich auf der positiven Erfahrung der unter zivilisierten Völkern gebräuchlichen Normen beruhe. Nun begann er zu untersuchen, worin diese Normen bestehen könnten und wie sie zu verbreiten wären.[4]

Moser schrieb, dass das Völkerrecht alle Verhaltensformen umfasse, die für die gegenseitigen Beziehungen zwischen den europäischen Herrschern verbindlich seien, oder die von ihnen gewöhnlich für ihr Benehmen »der blossen natürlichen Billigkeit gemäss« oder aufgrund anderer Bräuche und Gewohnheiten anerkannt würden. Für dieses moderne europäische Völkerrecht wollte Moser nur auf Material aus der Zeit nach dem Tod Kaiser Karls VI. im Jahr 1740 – dies stellte für ihn schon seit einiger Zeit ein entscheidendes Datum dar – zurückgreifen. Er begründete dies damit, dass er weder die Zeit noch den Platz dazu habe, seine Suche bis ins 16. Jahrhundert auszudehnen, was als alternativer Ausgangspunkt für diese Thematik in Frage gekommen wäre. Er gab außerdem an, dass er nur beweisbare Tatsachen und positives Recht einsetze. Das Interessante daran ist jedoch, dass Moser für ein allgemein anwendbares Völkerrecht dieses Prinzip aufgeben mußte, denn die positiven Rechtsquellen waren hier unvollständig und unsicher. Dieses Problem brachte Moser in eine für ihn untypische Verlegenheit und verwickelte ihn in eine Diskussion über die methodische Frage, ob nämlich allgemeine Prinzipien durch Beispiele bewiesen werden können. Das war ein Problem, dem Moser früher gleichgültig gegenüber gestanden hatte. Nun versuchte er, dieses Dilemma auf die ihm eigene Art zu lösen. Er unterschied zwischen einem deduktiven oder akademischen »Schul«-Völkerrecht, das aus absolut gesetzten Prinzipien abgeleitet werde, und seinem eigenen »realistischen« und induktiven Völkerrecht, das auf »Erfahrung« basiere. Bei dieser induktiven Art sei es möglich, die Rechtsprinzipien richtig durch Beispiele zu begründen. Ein »philosophisches« Völkerrecht, das auf spekulativen Konstruktionen der Geschichte und Natur des Menschen aufbaue, wolle er dagegen nicht entwickeln.[5]

In Wirklichkeit jedoch bestand Mosers Werk zum Völkerrecht formal aus einer Reihe von allgemeinen und abgeleiteten Lehrsätzen. Diese wurden fett gedruckt, und ihnen folgten jeweils ein Kommentar oder erläuternde Beispiele. Letztere waren allerdings selten dazu geeignet, das Prinzip, auf das sie sich bezogen, wirklich zu begründen, und manchmal gab es auch gar keine Beispiele. Obwohl Moser die subjektive Berufung auf Vernunft und Naturrecht ablehnte, stand hinter dieser Form der Darstellung wohl ein Gefühl des Autors oder auch eine unwiderstehliche Tendenz im Material selbst, dass zumindest dem Völkerrecht ein Naturrecht und eine natürliche Ordnung zugrunde liegen müssten. Deshalb könne es durch einzelne Beispiele auch ohne einen strengen formalen Beweis belegt werden. Dabei scheint Moser weniger an philosophische als an naturwissenschaftliche Beweise gedacht zu haben, also an die Beziehung zwischen seinem alten Lieblingsbegriff der Erfahrung und dem naturwissenschaftlichen Experiment.[6] Moser betitelte seine zehnbändige systematische Darstellung des Völkerrechts auch als *Versuch* und neun Supplementbände als *Beiträge*. Geradezu entwaffnend bezeichnete er das Hauptwerk als »nur einen kleinen politischen Spaziergang durch ganz Europa, in eine gewisse Ordnung gebracht«.[7]

Moser wollte zwar kein präskriptives »politisches« Völkerrecht entwickeln in der Art einiger *Raisoneure* wie Abbé de St. Pierre, »dem bekannten Apothecker von ganz Europa«.[8] Er reagierte aber empfindlich auf die sofort und anhaltend vorgebrachte Kritik, dass sein Völkerrecht keinen Maßstab dafür liefere, was recht oder unrecht sei. Moser wies diese Kritik scharf zurück. Zum einen habe ein großer Teil der Verhandlungen und Verträge, aus denen sich das Völkerrecht zusammensetze, überhaupt nichts mit Gerechtigkeit oder Vernunft, sondern lediglich mit willkürlichen Konventionen zu tun. Und wo es zum anderen wirklich um Fragen der Gerechtigkeit gehe: »bist dann du, mein Freund Richter derer auf der Welt von aller menschlichen Gerichtbarkeit unabhängigen Mächten und ihrer Handlungen? Oder bin ich es?«[9] Für Moser, den Juristen (und einen der ein Auge auf den Absatzmarkt seiner Bücher hatte), lag die Antwort schon in der Frage begründet, war gewissermaßen eine Tautologie. Es war für ihn ganz offensichtlich, dass weder er noch ein gewöhnlicher Leser ein solches Gericht halten könnten: »Ich in meinem Theil lasse mir einen so thörichten Gedanken nicht in den Sinn kommen, als ob auf meinen Bey- oder Abfall hierinn das geringste ankäme!«[10] Es bleibe »dem grossen allgemeinen Gerichtstage Gottes, (der zu seiner Zeit, man glaube es jezo oder gar nicht, gewiß erfolgen wird,) anheimgestellt«[11], die Schleier beiseite zu ziehen, die jetzt die gerechten oder ungerechten Motive der mächtigen Personen, die das Völkerrecht geschaffen haben, verdeckten.[12]

Moser schloss sowohl göttliches Recht als auch Naturrecht als nützliche Quellen für das Völkerrecht aus. Das erste lehnte er ab, weil es, obwohl dem gemeinen Mann regelmäßig gepredigt, gerade von den Großen selten befolgt werde. Das Naturrecht lehnte er mit der Begründung ab, dass es in der Praxis entweder auf ein Recht willkürlicher Konvenienz oder auf eine formale akademische Übung hinauslaufe, die kein Staatsmann ernst nehme. Die aus diesen

Quellen abgeleiteten Rechte würden sich sowohl in den Schriften der Juristen als auch in den Handlungen der Staatsmänner so widersprechen und gegenseitig aufheben, dass nichts übrig bleibe als die positiven Rechtsquellen, auf die letztere sich geeinigt hätten. Für solche Rechtsquellen waren folglich weder göttliches Recht noch Naturrecht die effektiven Grundlagen. Nur die gegenseitige Einigung sei hier rechtsbegründend. Staatsverträge stellten daher eine Rechtsquelle dar. Eine wichtigere sei jedoch (wie im Falle von Landeshoheit) das Herkommen, also der Rechtsbrauch oder die Tradition. Wenn sich Regierungen ernsthaft auf das Völkerrecht beriefen, würden sie sich in der Regel auf direkte Präzedenzfälle oder die übliche Praxis berufen und sich daran orientieren.

Es gab für Moser aber noch eine dritte Rechtsquelle, obwohl er sie niemals so nannte. Er zitierte eine Bemerkung Friedrichs des Großen über die willkürlichen und unausgesprochenen Motive von Staatmännern und die aus Rechtsnormen oder Vernunftgründen konstruierten Vorwände, mit denen sie versuchten – oder auch nicht versuchten –, ihre wirklichen Motive zu verdecken. Danach seien, so Moser, die »vier Hauptsäulen«, auf denen die politische Struktur Europas »immer geruht hatte und immer ruhen wird« und die daher viel wichtiges Material für das europäische Völkerrecht geliefert hätten, »1) Die Leidenschaften der großen Herren und ihrer Minister, 2) die Gier nach mehr Land, Reichtum und Macht oder 3) größere Macht zu haben als diejenigen, mit denen man sich vielleicht messen müsse und 4) rechtzeitige Anwendung politischer Klugheit.«[13] Moser konnte diesem Rundumschlag nicht widerstehen: Er musste zeigen, dass er wirklich alles über das Völkerrecht wusste, und seinen politischen Realismus besonders jenen Lesern oder Rivalen vorführen, die sich lieber zu erhabeneren Grundsätzen bekannten. Aber schließlich musste er dennoch seine Hauptaufgabe angehen, nämlich diejenigen Regeln zu finden, die die europäischen Völker durch den notwendigen Verkehr miteinander tatsächlich entworfen oder akzeptiert hatten.

Mosers Völkerrecht war eine wenig einheitliche Mischung aus positiven Rechtsquellen und Prinzipien, aus politischem Zynismus und dem Willen, eine wirkliche Ordnung zu finden. Es war dort am erfolgreichsten, wo politisch unbedeutende Themen abgehandelt wurden wie z.B. gewöhnliche Privilegien von Botschaftern oder die Regeln zum Austausch von Kriegsgefangenen – sicherlich alles nützliche, aber zweitrangige Dinge. Mosers Darstellung des

Völkerrechts war dort am wenigsten erfolgreich, wo er versuchte, die Rechte der Souveränität (von dreizehn europäischen Staaten) und ›Halb-Souveränität‹ (der deutschen Fürstentümer und einiger verstreuter anderer wie Monaco) zu systematisieren und darzulegen, was diese prinzipiellen Kategorien zu tun hatten mit den wirklichen Möglichkeiten der europäischen Staaten im Umgang miteinander, mit den eigenen Untertanen und denen der jeweils anderen Staaten.[14] Moser hoffte, seinen Käufer- und Leserkreis vor allem in den europäischen Kanzleien und Botschaften zu finden – also gerade unter denen, die, wie er offen einräumte, damit beschäftigt waren, die Motive der Staatsmänner öffentlich zu verschleiern oder herkömmliche Geschäfte abzuwickeln, bei denen »Interessen und Leidenschaften« keine besondere Rolle spielen. Er hoffte auf finanzielle Unterstützung für sein Werk und eine sofortige Übersetzung ins Französische.[15] Aber die Regierungen subskribierten es nicht, und auch bei den Kritikern kam es nicht an. Die Kommentare urteilten und formulierten wie man es für Mosers Arbeiten nun schon gewohnt war: Seine epochemachende Leistung im öffentlichen Recht; die Nützlichkeit seiner Kompilation, die ein besserer Denker später einmal in ein System und Bedeutungszusammenhang bringen müsse; aber nun gab es auch die Klage, dass er keine Stellung beziehen würde für Recht und Gerechtigkeit. Für solche Kommentare mussten die Kritiker nicht viel vom Hauptteil des Werkes gelesen haben, und viele hören sich auch so an, als ob sie mit ihrer Lektüre nie über Mosers Einleitung hinausgekommen wären. Sie kannten ihn, wußten wie er zu rezensieren war, und bemerkten keinen Wandel in der Form seiner Gliederung oder im Stil seiner Argumentation.[16]

1782 veröffentlichte Moser einen Aufsatz mit dem Titel *Die Rechte der Menschheit in Religions-Sachen; so wohl im Stande der Natur, als auch in einer bürgerlichen Gesellschaft.*[17] Diese Ausdrucksweise war ungewöhnlich für Moser, besonders in einem Titel. Noch ungewöhnlicher war, dass die meisten der etwas über 70 Seiten überhaupt nicht von Religion handelten, obwohl der Begriff im Titel stand. Vielmehr ging es um die Basis weltlicher politischer Theorie – um die Frage nach den natürlichen Menschenrechten und ihrer Beziehung zur weltlichen bürgerlichen Ordnung. Die Funktion der Religion bestand darin, Material für Analogien zu liefern, kaum explizit, aber für Mosers Auffassung schließlich doch zentral.

Moser hatte auch in dieser Schrift anfänglich kein Bedenken, modische Vorstellungen über angeborene natürliche Freiheitsrechte als Ausgangspunkt eines politischen Diskurses abzulehnen. Keine einzige Person auf Erden sei von Geburt aus unabhängig, nicht einmal die wilden, »im Stande der Natur lebenden Völkerschaften« (Moser hatte Berichte über die amerikanischen Indianer genau verfolgt). Niemals war jemand frei von allen anderen Menschen, »noch kan oder wird es jemalen seyn oder werden; sondern eine solche angebliche Unabhängigkeit wäre weniger als eine Hypothese, Traum, oder Roman; nemlich eine wahre und absolute Unmöglichkeit.« Noch viel weniger könne man sich historisch auf frühere Menschenrechte berufen. Kein Mitglied der Gesellschaft könne glaubhaft den Anspruch erheben, dass seine Vorfahren einen umstrittenen Herrschaftsanspruch noch nicht an die politische Obrigkeit abgegeben hätten. Die Obrigkeit brauche nur zu antworten: »Lieber Bürger, beweise, wann deine Voreltern sich aus dem freyen Stand der Natur in unsere bürgerliche Gesellschaft begeben haben, auf was sie damals Verzicht geleistet, und was sie sich vorbehalten haben!« Es könne dafür keinen Beweis geben, und deshalb würde die Staatsgewalt die negativen Machtbefugnisse, die sie besaß, ausüben. Es sei »unphilosophisch, übertrieben und lächerlich, wann man sich in Europa oder Teutschland, so gar zu unseren iezigen Zeiten, auf Rechte der Menschheit beruffen will, die nur auf einen Stand der Menschen passen, der nirgendwo in der ganzen Welt vorhanden ist.«[18]

Dennoch wollte Moser, gewissermaßen gegen seinen eigenen Willen oder einen Teil davon, über den »Naturzustand« schreiben. Der Grund dafür, so scheint es, war, dass ›natürlich‹ für ihn eine spezielle, konkrete und kritische Bedeutung im Bereich der Religion hatte. Das war der Grund, weshalb Religion im Titel stand und als Gegenstand aufgegriffen wurde. Religion wiederum überschritt die Abgrenzungen zum bürgerlichen Leben, getragen von diesem Begriff »Natur«, und die Art dieser Grenzüberschreitung enthält wichtige Aussagen über Mosers lebenslange Antipathie gegen »Natur« und »Vernunft« als Werkzeuge der Rechtswissenschaft.

Der »Naturzustand«, den Moser jetzt in politischen Begriffen beschrieb, war ein Zustand bewusster Wahl. Dies, so dachte er, könne man vergleichen mit Familienoberhäuptern in primitiven Lebensverhältnissen, wie in Nordamerika oder Grönland oder vielleicht sogar in entlegenen Dörfern, in denen alle

Zusammenschlüsse freiwillig sind, »gemäss dem eigenen freien Willen«. Sein wichtiger Punkt jedoch – und das ist der Grund, weshalb sich Moser überhaupt auf diese hypothetische Frage einließ – war, den zentralen Irrtum abzuwehren, der darin bestehe, »freiwilliges soziales Leben mit bürgerlicher Gesellschaft zu verwechseln«. Das erstere war ›natürlich‹, die letztere jedoch nicht. Das hypothetisch freie, natürliche und vernünftige Individuum war, da konnte man sicher sein, immer Pflichten und Einschränkungen unterworfen, die ihm von der es umgebenden Gesellschaft auferlegt wurden. Aber er gehorchte diesen Auflagen aus freier Wahl, denn es lag in seinem eigenen Interesse. »Die einzelne Gerechtsame der Unabhängigkeit seynd nicht, wie sittliche Wahrheiten, unveränderlich; sondern sie stehen in der Gewalt des Menschen.« Diese können sich aufgrund eines willkürlichen oder überlegten Beschlusses von einer Gesellschaft trennen oder die Gesellschaft kann sie ausschließen. Keine Seite habe irgend eine bindende Verpflichtung gegenüber der anderen.

Dieses »freiwillige soziale Leben« war jedoch noch keine bürgerliche Gesellschaft. Diese bestand aus einer Gruppe von Menschen, die »nach Maaßgab gewißer entweder ausdrücklich verglichener, oder sonst hergebrachter, Ordnungen« in einer »Verbindung und Gemeinschaft« zusammenlebte »und also zusammen einen so genannten eigenen, von andern Menschen und derselben bürgerlicher Gemeinschaft unterschiedenen, Staat ausmachen«. In diesem richtigen Staat oder dieser richtigen bürgerlichen Gesellschaft besaß einfaches Räsonieren über Fragen richtiger oder falscher Verfassung, der Verfassung »wie sie etwa seyn könnte oder sollte«, keine Bedeutung. »Sondern in so fern muß jeder sich bequemen, sich nach der Einrichtung des Staates selber zu richten, und von Anderen richten zu lassen.«.[19]

Mosers Analogie, obwohl sie nirgendwo ganz klar formuliert oder genau durchdacht wurde, bestand zwischen der Bedeutung von ›natürlich‹ in der Religion und in der Politik, zwischen der »natürlichen Religion«, deren wachsende Popularität ihn in den letzten Jahren beunruhigt hatte, und den Lehren von den Naturrechten in der Politik. Natürliche Religion war jener freiwillige und weise »Gesetzeszustand«, den er aus seinem Leben vor dem Gnadenstand kannte. Hier wählte man frei seinen religiösen Kurs auf der Grundlage einer vernünftigen Kalkulation des Selbstinteresses. Und so dachte Moser auch über das Naturrecht. Jenseits von natürlicher Religion und Naturrecht lagen jeweils die Unterwerfung unter göttliche Gnade oder die bürgerliche Ordnung. Es liegt ein seltsamer Fehler in dieser Analogie, der bedeutsam wird, wenn man über Mosers Erfahrung nachdenkt: die Disparität zwischen dem unendlich einfachen Gnadenzustand und der unendlichen Komplexität des öffentlichen Rechts, wie Moser es immer dargelegt hatte. Aber diese Disparität ist im Ganzen formal und intellektuell. Psychologisch und moralisch befreien sowohl das positive Recht in seiner Komplexität und der Gnadenstand in seiner Einfachheit das Individuum von der Beherrschung durch andere Menschen. Die Unmittelbarkeit zum Geist und Willen Gottes besaß ihr Gegenstück in einem Gesetzeskorpus, das immun war gegen die Absichten und Willensäußerungen der Menschen. Je komplexer und spezifischer das Gesetz und je einfacher die Einheit der Gnade, um so besser waren beide in der Lage, den Geist des Individuums gegen die Absichten und Machenschaften der Welt der anderen zu schützen. Das Gesetz zu akzeptieren wie es war, es gegen kritische Überprüfung und Zurückweisung durch die Menschen zu verteidigen, war ein Akt der Befreiung. Der Eintritt in eine bürgerliche Gesellschaft aus dem Naturzustand war wie eine Bekehrung.

Vom Völkerrecht und Naturrecht wandte sich Moser schließlich auch Nordamerika zu, dessen Geschichte ihm während der letzten Jahre seines Lebens Stoff für eine Parabel bot, eine Bekehrungsgeschichte vielleicht, von dem Eintritt in politische Mündigkeit und in die Reihe zivilisierter Nationalstaaten. Moser schrieb drei umfangreiche Bände über *Nordamerika nach den Friedensschlüssen von 1783* und trug darin alle Informationssplitter zusammen, die er über diesen Kontinent und die Ereignisse finden konnte, die die dreizehn Kolonien von England trennten.[20] Die Herrschaft über den Kontinent, schrieb Moser, sei etwa gleich zwischen Europäern und Eingeborenen aufgeteilt,[21] obwohl letztere durch die »sogenannten Christen, oder eher Un-Christen« stark dezimiert worden seien. Er beklagte die »elenden Lebensbedingungen« der schwarzen Sklaven, von denen jährlich jeder siebte unter der Hand eines »barbarischen« Herrn sterben würde.[22] Er versuchte außerdem, die Herkunft der Sklavenbevölkerung zu ihrer afrikanischen Stammeszugehörigkeit zurück zu verfolgen.[23] Auch die amerikanischen Indianer und ihre politischen Institutionen faszinierten ihn. »Die allermeisten Nord-Americaner halten die Freyheit in dem grösten Umfange für ihr allerhöchstes Gut. Jeder Mensch sollte von dem andern unabhängig seyn; den Verlust dieser unumschränkten Freyheit halten sie für unersetzlich; und weil alle Europäer in einer Subordination unter ihren Obrigkeiten leben: so halten sie dieselben für geringer, als sich.« Dennoch lebten die Indianer als Naturmenschen in verschiedenen Arten freiwilliger Assoziationen – vor allem den »Sechs-Nationen« – und Moser erstellte eine lange Liste von Stämmen, die er entdecken konnte, von den Abenakis bis zu den Zopas.[24]

Die Geschichte der amerikanischen Unabhängigkeit begann in Mosers Beschreibung (die die amerikanische Erfahrung ein wenig nach derjenigen Württembergs klingen lässt) mit den britischen Siegen im Siebenjährigen Krieg, gefolgt von willkürlichen Übergriffen Englands auf amerikanische Rechte. Der amerikanische Protest dagegen, der von einer förmlichen Zurückweisung durch die »Schmuggler Hancock und Adams« zur Verschwörung verkam, wurden von Großbritannien als Rebellion interpretiert, und die dreizehn Kolonien antworteten, indem sie sich unabhängig erklärten. Unabhängig sind sie dann in Folge der militärischen Auseinandersetzungen auch geworden, und durch die Verträge von 1783 wurde diese Unabhängigkeit auch im internationalen Recht anerkannt. »Diese Länder, die früher von Europäern bewohnt wurden«, dieses »corpus von dreizehn früheren britischen Kolonien« stellt jetzt »einen freien und großen Staat« dar – eine Situation, die sicherlich die Lage und die Ambitionen nicht nur Englands, sondern auch Frankreichs und Spaniens verändern wird.[25]

Ob die nun unabhängigen Amerikaner sich untereinander zerstreiten würden und ihr Staat wieder zusammenbrechen würde, wollte Moser nicht voraussagen. Nur die Zeit könne das zeigen. Haben sie einen Naturzustand verlassen, oder sind sie erst in einen eingetreten? In seinem Werk über das Völkerrecht, das während des Amerikanischen Unabhängigkeitskriegs geschrieben wurde, hatte Moser den Anspruch auf das Recht, einen Krieg zu erklären, mit der Erklärung von Unabhängigkeit und Souveränität verbunden. Er hatte die verfassungsmäßige Situation der britischen Kolonien in Amerika mit derjenigen der deutschen Fürstentümer verglichen, das britische Empire mit dem deutschen Reich. Einem Herrscher die Loyalität aufzukündigen, betonte er, würde niemanden vom Staat trennen.[26] Jetzt druckte er kommentarlos die Übersetzungen und Zusammenfassungen der Verfassungen der amerikanischen Einzelstaaten: Massachusetts Bay, mit seiner Menschenrechtserklärung und seinem Gesellschaftsvertrag, Pennsylvania, zu dem er seine eigene religiöse und kulturelle Affinität bekannte, mit seiner Rhetorik der angeborenen Gleichheit und natürlichen Rechte der Menschen.[27] Das Schicksal jener zwei großen Reiche schien auf analoge Weise herausgefordert durch eine neue Verbindung von Vernunft, Freiheit und Macht.

Auf diese letzten Fragen, die Moser über das Völkerrecht und die Menschenrechte nach Amerika führten, hatte er keine Antwort gegeben, als der dritte Band seines Werkes über *Nord-America* im Jahr seines Todes im Druck erschien. Er hatte aber, so berichtete er 1783 in den letzten Worten des letzten Bandes seiner Lebensgeschichte, »philosophische Beobachtungen über die menschliche Natur, so weit das natürliche Recht unter Menschen und Familien sowie unter ganzen Völkern und Nationen davon abgeleitet werden könne«, geschrieben. Diese Schrift war bereits fertig für den Druck.[28] Sie wurde jedoch nie publiziert und scheint verschollen. Wahrscheinlich wurde sie nach Mosers Tod von Friedrich Karl von Moser vernichtet, einem der einflussreichsten politischen Schriftsteller in Deutschland, einem Freund Goethes und Kaiser Josephs II. – und ergebenen Sohn seines Vaters.

RAINER LÄCHELE, ESSINGEN

»ICH HABE ... MICH NIMMERMEHR ENTSCHLIESSEN KÖNNEN, MICH UNTER SIE ZU BEGEBEN«. JOHANN JACOB MOSER UND DIE HERRNHUTER

»Erst die Beschäftigung mit seiner [Mosers, d. V.] Religiosität führt ins eigentliche Zentrum seines Wesens und seines Schaffens. Er selber hat das genau gewußt und hat immer wieder erklärt, dass er sich in allen seinen Handlungen durch die Grundsätze der christlichen Religion leiten lasse und nur von diesen her richtig zu verstehen sei.« Diese Feststellung Reinhard Rürups aus dem Jahr 1965 zeigt, dass der Politiker und Publizist, der Journalist und Jurist Johann Jacob Moser ein homo religiosus gewesen ist, näherhin ein Pietist und Sympathisant der Herrnhuter, einer der bemerkenswertesten religiösen Gruppen des 18. Jahrhunderts.[1] Trifft dies tatsächlich zu für jenen Moser, der meinte, man könne »so wohl in Ansehung der [Herrnhuter, d.V.] Lehre, [...] und ihrer kirchlichen Verfassung so vil bedenckliches und sectierisches an ihnen ersehen«[2]? Kann jener Moser gemeint sein, der dem charismatischen Herrnhuterführer Nikolaus Ludwig von Zinzendorf (1700–1760) Mangel an »Saft noch Kraft, weder Verstand noch Zusammenhang, wohl aber viel seltsames und schriftwidriges Zeug«[3] vorwarf? Den Einzelheiten dieser spannungsgeladenen Beziehung will dieser Beitrag nachgehen, auch aufgrund von lange unzugänglichen Briefen Mosers.

Pietismus und Herrnhuter

Wer von den Herrnhutern redet, muss zunächst einige Sätze zum Pietismus verlieren, zur erfolgreichsten wie folgenreichsten Reformbewegung des Luthertums nach Luther. Zu reden ist vom Bemühen Philipp Jacob Speners (1635–1705), Senior der lutherischen Geistlichen in Frankfurt am Main, 1675 auf die Krise der lutherischen Orthodoxie mit den *Pia Desideria oder herzliches Verlangen nach gottgefälliger Besserung der wahren evangelischen Kirchen* zu reagieren.[4] Der vielfach als der Programmschrift des Pietismus verstandene Text erhoffte die Reform der Kirche nicht aufgrund der Zusammenarbeit von

Kirche und Obrigkeit, sondern verlangte nachdrücklich die Aktivität einzelner wie auch gleichgesinnter Christen. Spener zielte einerseits auf den lebendigen Glauben des Einzelnen, andererseits darauf, »daß man den leuten wol einbilde, und sie bald dahin gewehne, zu glauben, daß es mit dem wissen in dem Christenthum durchauß nicht gnug seye, sondern es vielmehr in der praxi bestehe«.[5] Sein Reformansatz wirkte in unterschiedlichen regionalen und politischen Kontexten weiter. Zu erwähnen sind der radikale, der Hallesche und württembergische Pietismus sowie die für unseren Zusammenhang wichtige Herrnhuter Brüdergemeine.

»Seit meiner Annäherung an die Brüdergemeine hatte meine Neigung zu dieser Gesellschaft, die sich unter der Siegesfahne Christi versammelte, immer zugenommen. Jede positive Religion hat ihren größten Reiz wenn sie im Werden begriffen ist; deswegen ist es so angenehm, sich in die Zeiten der Apostel zu denken, wo sich alles noch frisch und unmittelbar geistig darstellt, und die Brüdergemeine hatte hierin etwas Magisches, daß sie jenen ersten Zustand fortzusetzen, ja zu verewigen schien.«[6] Dieses hohe Lob aus Goethes Mund gilt Herrnhut. Dort, auf Zinzendorfs Gut Berthelsdorf in der Oberlausitz ließen sich 1722 mährische Exilanten nieder, geprägt von der aus der Hussitenbewegung hervorgegangenen Brüderunität.[7] Nikolaus Ludwig von Zinzendorf, der August Hermann Franckes (1663–1727) Pädagogium in Halle besucht hatte, interpretierte den christlichen Glauben als »Herzensreligion«, die auf eine Trennung von rationalem Denken und Religion ausgeht. Über die Vernunft war seiner Meinung nach kein Zugang zu Gott möglich. Daher war für Zinzendorf und seine Gemeine der persönliche Umgang mit dem »Heiland« entscheidend.

Durch eine religiöse Erweckung im Sommer 1727 wurde die Brüdergemeine innerlich gegründet. Sie entwickelte besondere Frömmigkeitsformen. Fußwaschung und Agapemahl wurden wiederbelebt, Ostermorgenfeiern und Singstunden gehalten. Die Entwicklung der Jesusfrömmigkeit brachte die Brüdergemeine auf lange Sicht in Gegensatz zum Halleschen Pietismus, der Bußkampf und Bekehrung in den Vordergrund stellte. In der Folge erhielt die Blut- und Wundentheologie einen wachsenden Stellenwert bis zu ihren extremen Ausprägungen in der so genannten »Sichtungszeit« 1748/49 mit ihrer überzogenen Wundensymbolik und ihren enthusiastischen Sozietäten und Liturgien.

Sympathie und Unterstützung

Warum sollte sich Moser gerade für den Pietismus interessieren? Werfen wir dazu einen Blick auf die religiösen Aspekte seiner Biographie, auf den ›homo religiosus‹ Johann Jacob Moser. Ich beziehe mich, wenngleich auch manchmal mit methodischem Bauchgrimmen, auf Mosers Autobiographie in der Ausgabe von 1777.[8] Dort bemerkt er selbst: »Ich selbst habe 1. mein natürliches, 2. mein geistliches, und 3. mein bürgerliches Leben ausführlich beschrieben: es ist aber blos meinen Nachkommen zum Dienst abgefaßt, wird dahero auch niemals ganz an das Licht kommen, und gegenwärtiges [die gedruckte Autobiographie, d. V.] enthält blos einen Auszug daraus, weil vieles, und manchmalen das angenehmste und wichtigste, nicht danach beschaffen ist, daß es dem Publico, wenigstens dermalen, oder bey meinen Lebzeiten mitgetheilet werden könnte.«[9]

Moser war ein religiös unruhiger Mensch.[10] In jungen Jahren suchte er angesichts seiner Zweifel tiefere Einsicht in religiöse Fragen. Die Lektüre physikotheologischer Schriften und die Auseinandersetzung mit Philipp Jacob Spener brachte ihm einen Zugang zur Rechtfertigungslehre. Er teilte sein religiöses Leben in zwei klare Abschnitte ein, nämlich vor und nach seiner Bekehrung. Vor der Bekehrung habe er die christliche Religion für wahr gehalten, sogar »dahin einschlagende Schriften« verfasst. Doch all dies sei ohne Ernst und ohne Kraft geschehen.[11] 1733 wollten Moser und seine Frau unabhängig voneinander mit dem Christentum ernst machen. Es fehlte ihnen jedoch am »hinlänglichen Unterricht«, so dass Moser noch 4 Jahre im »gesetzlichen Zustande« blieb.[12] Zur Bekehrung kam es im Jahr 1737.[13]

Moser unterhielt schon in seiner Tübinger Zeit ein pietistisches Konventikel, das eine große Anziehungskraft ausübte, auch auf viele Theologiestudenten.[14] Dabei legte er Wert darauf »wie dann niemalen die geringste Unordnung dabey vorgienge, und es dem offentlichen Gottesdienst, (den wir alle fleißig besuchten,) ganz unnachtheilig ware, weil wir erst nach Endigung desselben zusammenkamen.«[15] Dies qualifizierte ihn als Pietisten, waren doch Konventikel eine konstitutive sozialhistorisch belegbare Tatsache für den Pietismus. Sie finden sich in jedem Landstrich, der vom Pietismus berührt wurde. Ob im Harz, in Bayerisch-Schwaben, in Brandenburg-Preußen bis zum Regierungsantritt Friedrichs II., am Niederrhein und in Württemberg: überall versammelten sich Pietisten in regelmäßigen Abständen.

Moser musste sich auch dienstlich mit dem Pietismus seiner Zeit auseinandersetzen. So war er als Regierungsrat mit dem Fall eines Separatisten befasst, der in der Schweiz von einem anderen Separatisten verehelicht wurde, um sich dann in Württemberg niederzulassen.[16] Die Mehrheit der Regierung verlangte eine Verurteilung wegen Hurerei. Moser hingegen mahnte zur Besonnenheit: je freundlicher man sich gegenüber den Separatisten verhalte, desto früher kehrten sie wieder zur Kirche zurück. In ähnlicher Weise behandelte Moser wohl nicht zufällig jene Separatisten in Kirchheim unter Teck, die den Huldigungseid auf den Herzog nicht leisten wollen.[17] Moser war auch hier kompromissbereit und ließ den Eid ›per Handschlag‹ zu.

In der Tübinger Zeit Mosers kam es zum ersten Zusammentreffen mit Zinzendorf. Dieser reiste 1733 mit einigen Anhängern nach Württemberg. Er hatte sich von der Tübinger theologischen Fakultät ein Gutachten über die Rechtgläubigkeit der Brüdergemeine erbeten und erhalten.[18] Nach eigenem Bekunden wusste Moser fast nichts von Zinzendorf, abgesehen vom Herrnhuter Gesangbuch und einer Notiz in einer Zeitschrift.[19] Doch war ihm zu Ohren gekommen, »was für ein gottseelig- christlich- und in denen Wegen GOttes erfahrener Herr Er wäre« und suchte die Bekanntschaft, »in der Absicht, von Ihme in dem Weg zur Seligkeit besser unterwiesen zu werden, zu welchem Ende ich auch meinen gantzen in Absicht auf die Religion geführten Lebenslauff und damahligen Zustand meines Hertzens zu Papier brachte, Ihme solches zustellte und mir Seinen Rath darüber ausbathe.« Ein typisch pietistisches Handeln! Zinzendorf reagierte nicht nur schriftlich auf dieses Anliegen, sondern machte Moser auch Hoffnung auf einen Dienst am dänischen Hof. Treuherzig resümierte Moser, er »gewanne den Herrn Grafen aus Seinem in denen von Ihm gehaltenen Erbauungs-Stunden gethanen Vortrag und aus Seinem Umgang sehr lieb«. Schließlich und endlich lud ihn der Graf ein, mit nach Herrnhut zu reiten, um sich ein eigenes Bild der Sache zu verschaffen. Doch darauf mochte und konnte Moser schon aus materiellen Erwägungen nicht eingehen.

Zinzendorfs Besuch beeinflusste Mosers religiöse Entwicklung nachhaltig, und nicht nur ihn. Einer der Begleiter des Reichsgrafen war Johann Martin Dober (»eines derer Besten unter deren ersten Herrnhuthern«), der mit Mosers

Frau in Verbindung trat. Die Folge war: »Es kame also bey uns zu einem ganzen Ernst, daß wir unsere Seelen erretten wollten. Es ware auch um selbige Zeit überhaupt in Tübingen, und in ganz Würtemberg, eine grosse Erweckung und viler Segen.«[20]

Wenig später schrieb Moser an Zinzendorf, dass Verleumdungen gegen den Grafen und Herrnhut keinen Wirkungen in Württemberg entfaltet hätten, »sondern wie gewiß und wahrhafftig Ihro Exzellentz und überhaupt Herrenhuth das Angedencken bey uns geseegnet ist und bleibet, also glaubet man auch immer das beste«.[21] Im weiteren bedauerte Moser gegenüber dem Reichsgrafen, dass sein persönlicher Glaube noch nicht so entwickelt sei, wie er es sein müsste. Er schloss mit den Sätzen, »da ich schließe, schließe ich auch Euer Hochgraefliche Exzellentz nebst allen dero Anstalten und all- und jeden Brüdern und Schwestern, wie in unser tägliches Gebett, also auch in die wunder[bare] und ewig-erbarmende Liebe unsers theursten Heilandes ein, wünschend, [...] (daß) das werthe Herrenhuth unserem Heiland den Weg immer mehrers bereiten und seine Bahn eben machen helffen möge.«

Zuletzt bot der diensteifrige Moser an, jederzeit Texte von Zinzendorf in seiner Zeitschrift *Altes und Neues aus dem Reiche Gottes* zu publizieren. Moser verschaffte Herrnhut einen Zugewinn an Bekanntheit, indem er in seinem Journal einen positiven Bericht über die Kolonie am Hutberg abdruckte.[22]

Entfremdung?

Ein dreiviertel Jahr später änderten sich die Töne fast unmerklich. Anfang 1734 wies Moser Zinzendorf auf die Erscheinungen der Endzeit hin.[23] Es würden falsche Propheten erscheinen, die Irrlehre predigten. Er hoffe sehr, dass »das mir so liebe Herrenhuth und besonders Euer Exzellentz« nichts propagierten, was die Kirche in Gefahr brächte und Gottes Zorn erregen könnte. 1734 kehrte Moser als Regierungsrat nach Stuttgart zurück. Ende desselben Jahres reiste Zinzendorf erneut nach Württemberg. Sein Ziel war, neben der in Tübingen und Stralsund bestandenen Prüfung auf Rechtgläubigkeit, vom württembergischen Herzog den Status eines Geistlichen zu erhalten, vielleicht sogar eine Prälatur, was ihm als Ausländer jedoch verwehrt war.[24] Er wohnte in dieser

Zeit bei Moser in Stuttgart, den er dazu brachte, die Sache bei seinen Kollegen privatim und auch im Regierungskollegium nach Kräften zu unterstützen, wenn auch letztlich vergeblich.

Moser unterhielt in Stuttgart zunächst keine Erbauungsstunden. Erst auf die Bitte seines Beichtvaters Georg Conrad Riegers hin richtete er nach Tübinger Vorbild ein Konventikel ein, das bis zu seinem Weggang aus Stuttgart 1736 erhalten blieb.[25] Eine gewisse Fortsetzung fand es darin, dass er nach dem Umzug nach Frankfurt an der Oder den Informator seiner Kinder, Johann Christoph Schmidlin, am Sonntagabend eine Erbauungsstunde halten ließ. Diese war jedoch nur für die Hausgenossen bestimmt, sieht man von einigen erweckten Soldaten aus Böhmen ab.[26]

Aus Frankfurt schrieb er an einen den Herrnhutern nahestehenden Vertrauten:[27] »Von Berlin habe Brieffe von einer rechtschaffenen Person, darinn man sehr bedauert, daß H[err] G[raf] Z[inzendorf] auch mit denen gutgesinnten Predigern allda nicht in der geringsten Harmonie stehe.« Etwas später stellte er fest, »daß es eine besondere Versuchung unserer Zeiten ist, daß auch unter denen, die man doch oft beiderseits für redlich halten muß, sich so vile Spaltungen äußern, oder doch keine Einigkeit zeigen will. Der HErr sehe darein und poliere die Steine, daß sie sich zusammenfügen und der Leib Gottes gebauet, nicht aber durch unseren Unfrieden gestöhret werde.« Letzteres war deutlich auf Zinzendorf bezogen.

Moser behielt die Zeit als Professor in Frankfurt an der Oder in keiner allzu positiver Erinnerung, da sie vor allem von Krankheit geprägt war. Diese Feststellung wurde von ihm selbst allerdings relativiert durch die Einsicht, dass er dort zur Bekehrung gekommen sei.[28] Als er 1739 entlassen wurde, zog es ihn nach Ebersdorf im Vogtland. Dieses kleine Residenzstädtchen hatte Moser auf dem Weg nach Frankfurt an der Oder kennen gelernt, und es hatte es ihm dort »sehr wohl im geistlichen gefallen«.[29] Das war wenig verwunderlich, waren doch dort schon zu Speners Zeiten Pietisten ein und ausgegangen.[30] Seit einer Erweckung im Jahre 1728 existierte auch eine »engere Gemeinschaft« von Erweckten.

Moser fühlte sich dort so wohl, »daß ich die acht Jahre, so ich daselbst zugebracht habe, unter die vergnügteste und seligste in meinem ganzen Leben rechne«.[31] Neben dem angenehmen Umgang mit dem dort residierenden Grafen Heinrich XXIX. von Reuß, ursprünglich eng mit dem Halleschen Pietismus verbunden, galt für ihn: »Absonderlich aber genossen ich und mein Haus der geseegneten Bekanntschaft mit vielen Kindern GOttes, die sich allda gesammlet hatten, und immer mehrers sammleten.«[32] Heinrich XXIX. war übrigens ein Schwager Zinzendorfs. Moser berichtet fasziniert von Abendmahlsfeiern in Ebersdorf, die etliche hundert Personen besuchten, wovon nach seiner Meinung der größte Teil als erweckt zu gelten hatte.[33] In Ebersdorf verfasste Moser den 4. bis 32. Teil des *Teutschen Staatsrechts*. Und hier konnte er auch schreiben:[34] »Ich liebe Herrnhuth & singula seine Membra hertzlich, ich bete für sie, sonderlich auch, daß Gott einen jeden für seinem eigenen Geist bewahren wolle und suspendire über gewisse Dinge mein Urtheil.«

Im Rückblick der Autobiographie hörte sich das doch anders an, ist dort doch von dieser herzlichen Liebe nichts mehr zu spüren. Vielmehr gab Moser hier den nüchternen Kritiker. Auf Bitten des neu-mährischen Bischofs Polycarp Müller, übrigens Pate bei einem der Söhne Mosers[35], der sich 1744 in Ebersdorf aufhielt, formulierte Moser in fünfzig Fragen Bedenken hinsichtlich der Herrnhuter.[36] Er schickte diese nach kurzem Zögern an Zinzendorf und an andere Persönlichkeiten. Nach Mosers Darstellung erhielt er den Originalbrief nach wenigen Wochen zurück, »nebst einer impertinenten und anzüglichen Schrift, in Form eines Decrets, des Hauptinhalts: Es würde mir die Beylage ungelesen remittirt, weil meine in dem Briefe enthaltene Versicherungen lauter Judasküsse und Joabsfreundschaft seyen, und man weder Zeit noch Lust habe, dergleichen Dinge zu lesen, oder darauf zu antworten, [...].«[37] Moser habe dann Zinzendorf mitgeteilt, wie weit er und die Seinigen schon im Verfall seien. Darauf habe er von Zinzendorf erneut einen abgeschmackten Brief erhalten.

Hatten diesen Bedenken ihren Grund in den Ebersdorfer Erlebnissen Mosers, die mit dem dortigen Hofkaplan Friedrich Christoph Steinhofer (1706–1761) in Zusammenhang stehen?[38] Steinhofer war für die gesamte Hofgemeinde zuständig, kümmerte sich aber mehr und mehr um die »engere Gemeinschaft«. Letztere übernahm allmählich das Herrnhuter Modell: Man bildete Banden, seelsorgerliche Vierergruppen, in denen jeder sein Innerstes preisgeben musste, berief Vorsteher und wählte Steinhofer zum »Aufseher und Lehrer«. Schließlich wurde das Ebersdorfer Waisenhaus übernommen und Häuser für die ledigen Brüder und Schwestern gekauft. Als Steinhofer 1745 von einer längeren Reise zu dem ausgewiesenen Zinzendorf und seinen Anhängern auf dem Herrnhaag in der Wetterau zurückkehrte, legte er sein Predigtamt nieder. Fortan predigte er in herrnhutischem Stil, sprach vom Blut der Erlösung, und vertrat den Blut- und Wundenkult der sich radikalisierenden zinzendorfischen Theologie.

Moser erinnerte sich, dass es ihm je länger, je schwerer gefallen sei, sich mit diesen Entwicklungen abzufinden. Doch andererseits bedauerte er, die Abendmahlsfeiern und die Versammlungen der »von mir so hoch gehaltenen Seelen« nicht mehr besuchen zu können.[39] Anfang 1746 kam es zu einem Ausbruch der Gefühle in Ebersdorf. »O wie milde floß da ein Strom von Blut in unsern Saal herein und überschwemmte aller Brüder Leib und Seel, daß sie in vielen 100.000 Tränen zerflossen ... Alles war wie trunken.« – so ein Augenzeuge.[40] Es fanden Fußwaschungen statt, die Brüder zogen statt zur Arbeit zu gehen singend durch die Straßen, man küsste sich unter Lachen und Weinen, jedes Haus wurde besucht, Liebesmähler gefeiert und die Herrschaft – nunmehr zärtlich »Mama« und »Papa« genannt – gleichfalls nicht ausgenommen. In Mosers Haus traute man sich jedoch nicht: zu sehr war er Respektsperson.[41] Doch lockte man ihn zu einem Liebesmahl in das Brüderhaus. Die Brüder packten ihn und trugen ihn solange herum, bis auch er sich von Kopf bis Fuß küssen ließ.

Die Welle des Enthusiasmus schwappte bis in Mosers Familie hinein. Der Sohn Wilhelm Gottfried Moser besuchte die lateinische Schule des Ebersdorfer Waisenhauses, in der seit 1745 fast nur noch Erbauungsstunden gehalten wurden und teilte vollständig die herrnhutischen Ideale, übrigens zeitlebens.[42] Weil er in der Schule vor lauter Erbauung nichts lernte, tröstete er sich damit, »daß der Heiland auch kein Gelehrter, sondern nur ein Zimmermann gewesen und daß man ein guter, brauchbarer Bruder werden könne, ohne eben just gelehrt zu sein.«

Nach diesen bis in den Sommer hinein dauernden Ereignissen trieb die Gemeinde auf eine Spaltung zu. Die sogenannten »Lammes-Geschwister« erklärten, sie besäßen das Vorrecht der Erfahrung des »Blutes Jesu«, also beileibe nicht alle Gemeindeglieder, wenn sie auch Kinder Gottes seien. Danach wurde die Gemeinde in drei Klassen aufgeteilt: die eben genannte, dann diejenigen, von denen man hoffte, dass sie in die erste noch hineinkämen, und die dritte der Anfänger. Die Liste wurde öffentlich verlesen: Moser fand sich am Ende der zweiten Klasse wieder. Auf Nachfrage, wie man sich von der ersten Klasse unterscheide, wurde Moser gesagt, dies ließe sich nicht beschreiben. Nur, wer es hätte, wisse, wie es wäre. Dann wurde das Haubentragen und Stirnband zur Pflicht gemacht, je nach Unterschied des Witwen-, Ehelichen-, Ledigen- oder Kinderstandes. Moser ließ dies bei seinen Kindern nicht zu.

Man veranstaltete Gemeintage, auf denen Briefe aus den Herrnhuter Gemeinden und Missionen verlesen wurden. Einige Gemeindeglieder reisten zur Generalsynode in Holland, schließlich wurde ein Gemeinhaus gebaut. Damit war die Scheidung der Gemeinde komplett. Moser erklärte den vier Gemeindevorstehern, dass er in diesen Vorgänge das Wirken des Antichristen erkenne. Ende 1746 kam Zinzendorf nach Ebersdorf. Mosers einst so positive Einschätzung, von der wir oben hörten, hatte sich grundlegend gewandelt.[43] In Mosers Perspektive prahlte Zinzendorf, sprach in frechem Ton von Buddeus und Steinmetz und äußerte sich verächtlich über seine engen Vertrauten Spangenberg und Christian David.»Ich hörte ferner öfters seine Vorträge in den öffentlichen Versammlungen und der Eheleute Privat-Stunden, darinn weder Saft noch Kraft, weder Verstand noch Zusammenhang, wohl aber viel seltsames und schriftwidriges Zeug vorkame;«[44] »Er fingirte ein Ebersdorfisches Jubiläum, machte ein romantesques, satyrisches, unwahrhaftes und abgeschmacktes Jubellied, und redete darüber so, daß ich durch alles dieses einen neuen und großen Abscheuen vor ihm bekame.«[45]

Moser kritisierte, dass das Evangelium weder ganz noch rein verkündigt wurde, dass Zinzendorfs Losungen, Lammestexte und Worte des Heilands als Grundlagen der Erbauungsstunden verwendet wurden, dass die neuen Feiertage Zinzendorfs gefeiert wurden »(gleich von denen Arbeitern auch der Sonnabend in seiner Maße)«. Es herrschte knechtische Furcht, keiner wollte Kritik üben, ledige Frauen und Männer wurden aus Diensten und Häusern herausgerissen und zur Arbeit in den Chorhäusern verpflichtet: »Und doch sollte alles dieses lauter Freyheit und Seligkeit jedermann ein Creutzluftvögelein, die aber, welche einen Anstand dabey fanden, unlauter seyn.«[46] Am 17. Januar 1747 wurde Moser aus der Gemeinde ausgeschlossen. Wenig später berief ihn Landgraf Friedrich Carl von Hessen-Homburg zum Geheimen Rat und Kanzleichef nach Homburg.[47]

Hier hatte er wenig Berührung mit den Herrnhutern. Interessant ist gleichwohl, dass er im Frühjahr 1749 den Herrnhaag besuchte und ihn nicht unbeeindruckt wieder verließ.[48] Bemerkenswert ist auch, dass Moser nicht nach Usingen ziehen durfte, da man ihn dort »ohne Ursach wegen einer besondern Religion im Verdacht hatte« und auch in Friedberg der Pfarrer von der Kanzel herab vor dem Pietisten Moser warnte.[49] In Hanau wurde er von Anhängern Zinzendorfs mehrfach besucht.[50] Als 1750 die Vertreibung der Herrnhuter vom Herrnhaag anstand, bat Zinzendorf Moser vergeblich, sich als Mittler in der Angelegenheit einzusetzen.[51]

Der letzte Akt

In diesem Jahr 1750 kam es zum offenen Bruch zwischen Moser und Zinzendorf. Als Leiter der Staats- und Kanzleiakademie in Hanau gab Moser die *Hanauischen Nachrichten von Religionssachen* heraus. Eine Zeitschrift, in der er versuchte, geistliche und rechtliche Fragen zugleich zu behandeln.[52] Bereits im ersten Stück druckte er den Brief »eines rechtschaffenen Cavaliers« ab, in dem dieser über seinen Austritt aus der »Zinzendorfischen Secte« berichtete.[53] Jener konstatierte:[54] »Sie [die Herrnhuter, d.V.] lesen die Bibel nicht; sie beten wenig, oder gar nicht; sie lassen das so nöthige Wachen aus der Acht und haben bißhero so recht in den Tag hinein gelebt. [...] Gegen alle redliche Knechte und Kinder GOttes ausser ihrer Gemeinde seynd sie eingenommen, verachten sie, reden geringschätzig und lieblos von ihnen und nennen sie Pietisten. Ihre Kinder-Zucht ist bißher sehr degenerirt, indem die Kinder, gleich denen Erwachsenen, in grossen Verfall und Leichtsinn gerathen seynd.«

Dieser ›Insider-Bericht‹ wurde noch bei weitem übertroffen von der *Anmerckung über die Waffen gegen das neuen Zinzendorffische Pabsthum*.[55] Hier forderte Moser, das »Zinzendorffische Pabsthum« ebenso zu stürzen wie das römische Papsttum zur Zeit Luthers. Weiter war hier die Rede von der »satanischen Verdrehung des Wortes Gottes«[56] und von den die Bibel missbrauchenden und fälschenden Herrnhutern. Somit war das Tischtuch zwischen Moser und den Herrnhutern endgültig zerschnitten.

Jahrzehnte später vermerkte der altersmilde Moser, dass er einen anderen Zinzendorf kennen gelernt habe, als den, den die Biographen darstellten. Doch:

»Ich bin aber nicht sein Richter; und dencke in Ansehung dessen, was durch seinen Dienst geschehen ist, wie Paulus Phil. 1, 18«[57] Es gebe manches Gute an den Herrnhutern, und er sehe es lieber, wenn ein Erweckter zu den Herrnhutern als wieder in die Welt ginge. »Aber ich habe auch, so wohl in Ansehung der Lehre, (besonders ihrer, sie laugnen es auch so vil und offt sie wollen, geheimen Lehre,) und ihrer kirchlichen Verfassung so vil bedenckliches und sectierisches an ihnen ersehen, daß ich mich nimmermehr entschliessen könnte, mich unter sie zu begeben.«[58]

Zusammenfassung

Damit stehen wir wieder am Anfang. Mosers Verbindung zu Zinzendorf war, anders als die jüngere Forschung uns vermitteln will, weit mehr als eine kurze Episode.[59] Schon Mosers Autobiographie erweist sich in dieser Beziehung ehrlicher als die Moserforschung des 19. Jahrhunderts, die auf ihren Protagonisten keinen Schatten schwärmerischer Sympathien fallen lassen wollte. Am Anfang der Beziehung stand ein Lehrer-Schüler-Verhältnis: erstaunlich genug zwischen dem damals 33-jährigen Zinzendorf und dem wenige Monate jüngeren Moser. Moser als Pietist[60] sympathisierte nicht nur mit den Herrnhutern, sondern unterstützte das Unterfangen Zinzendorfs und setzte dafür die ihm zur Verfügung stehenden publizistischen Mittel ein.

Das Titelzitat suggeriert, dass Moser niemals völlig zu den Herrnhutern übergeschwenkt ist. Die Quellen zeigen, dass er lange Zeit den Herrnhutern nahe stand, die Ebersdorfer Jahre bis hinein in seine Autobiographie als überaus positiv ansah und erst nach dem Desaster der »Sichtungszeit« den Rückzug antrat. Er schreibt, er habe sich nie »in eine ganz Herrenhuthische Gemeinde begeben«.[61]

Zugleich spricht alles und vor allem die Äußerungen der späteren Jahre dafür, dass sich der ›homo religiosus‹ Moser getäuscht sah von einem Menschen, dem er vertraute, dem er mit seinem geistlichen Lebenslauf sein Innerstes preisgegeben hatte. Es entbehrt nicht einer gewissen Tragik, dass er auf der anderen Seite in Württemberg für einen halben Herrnhuter gehalten und so mit der Gestalt Zinzendorfs identifiziert wurde.[62]

Moser selbst löste in seiner Autobiographie diese Spannung literarisch auf, indem er sich als »sehr gelinde« gegenüber allen Religionen und Secten gab. Denn er war sich bewusst, »daß an dem grossen Gerichtstage nicht darnach wird gefragt werden: Bist du ein Lutheraner, Reformirter, Catholick, Herrenhuther etc. gewesen! Sondern: Warest Du bekehrt, oder unbekehrt? ein Kind GOttes oder des Teufels?«[63]

WOLFGANG MIERSEMANN, BERLIN

DICHTEN ALS »DIENST«
AM »NEBEN=CHRISTEN«.
ZU JOHANN JACOB MOSERS
LIEDSCHAFFEN

Dieser Beitrag begibt sich gewissermaßen auf eine Entdeckungsreise, indem er in ein hymnologisch noch weithin unerschlossenes Terrain vorstößt. Auch wenn das übergreifende Thema »Geistliche Liedkultur im Württemberg des 18. Jahrhunderts« keineswegs ein unbearbeitetes Feld darstellt,[1] so kann doch Johann Jacob Mosers lieddichterisches und hymnologisches Schaffen geradezu als ein Exempel gelten für bis heute kaum erkundete Bereiche dieses Gegenstands.

Der Lieddichter Moser – ein lohnendes Forschungsthema

Von forschungsgeschichtlicher Relevanz ist lediglich ein Grundlagenwerk des 19. Jahrhunderts wie Eduard Emil Kochs großangelegte *Geschichte des Kirchenlieds*. Es erschien von 1866 bis 1876 in *Dritte[r] [...] durchaus vermehrte[r] Auflage*[2] in acht Bänden in Stuttgart (also ein knappes Jahrhundert nach Mosers Tod in dessen Geburts- und Sterbeort). Hier ist es der die Darstellung des »Andachtsliedes«[3] im 17. und 18. Jahrhundert fortsetzenden fünften Band, der gegen Ende des gut 200seitigen Kapitels »Die Württemberger«[4] auch einen Beitrag zu Johann Jacob Moser bringt.[5] Auf 20 Seiten gibt Koch hier ein Porträt desselben, das in die biographische Erzählung immer wieder Hinweise auf den Lieddichter Moser einflicht und am Schluss eine Übersicht über dessen umfangreiches geistliches Liedschaffen bietet, nicht ohne den »Schöpfer der deutschen Staatswissenschaft«[6] zugleich als »eine[n] der bedeutendsten Hymnologen seiner Zeit« herauszustellen. Dabei konnte sich Koch freilich auf solche wichtigen hymnologischen Werke des 18. und frühen 19. Jahrhunderts stützen wie Johann Caspar Wetzels *ANALECTA HYMNICA* (1752/1756),[8] Friedrich Ferdinand Traugott Heerwagens *Literatur=Geschichte der geistlichen Lieder und Gedichte neuer Zeit* (1797)[9] und Gottfried Lebrecht Richters *Allgemeines Biographisches Lexikon alter und neuer geistlicher Liederdichter*

(1804)[10] – alles Werke, die ebenfalls Moser jeweils einen eigenen (mehr oder minder umfänglichen) Artikel gewidmet hatten.

Das Wissen um diese liedkulturelle Bedeutung des großen schwäbischen Staatsdenkers ist heute allerdings weitgehend abhanden gekommen. Eine rühmliche Ausnahme bildet hier zwar K. Eberhard Oehlers 1991 in den *Blättern für württembergische Kirchengeschichte* erschienener kurzer Beitrag *Lieder aus dem Kerker. Johann Jakob Moser, der Liederdichter (1701–1785)*[11] – ein Beitrag, der um so verdienstvoller erscheint, als sein Autor kein Hymnologe von Profession ist. Doch was die betreffenden Artikel der einschlägigen großen Lexika unserer Zeit anbelangt, so sucht man hier Verweise auf jene poetisch-hymnologische Leistung Mosers vergebens.

Dabei mag es noch angehen, dass die Moser-Artikel allgemeiner biographischer Lexika wie der *Neuen Deutschen Biographie* oder der *Deutschen Biographischen Enzyklopädie* einer entsprechenden Auskunft entraten. Doch wenn sogar derjenige des *Literaturlexikons* von Walther Killy für Moser nur en passant erwähnt »zwölf Bände mit religiösen Gedichten, u.a. *Gesammelte Lieder [...]* (2 Bde., Stgt. 1766f.)«,[12] so mutet dies schon etwas merkwürdig an. Indem im Artikel des »Killy« mit keinem einzigen Satz auf Moser als Lieddichter eingegangen wird, erscheint dessen hier hervorgehobene literarische Leistung als Autobiograph[13] allzu stark betont. Seltsam für ein solches *literarisches* Lexikon ist schließlich auch, dass die übliche Kurzcharakteristik des verzeichneten Autors am Anfang des Artikels selbst hier lediglich »Rechtsgelehrter u[nd] Staatsmann« lautet, während der Artikel zu Mosers ältestem Sohn, Friedrich Carl von Moser (1723–1798), der sich ebenfalls als Lieddichter einen Namen gemacht hat, an dieser Stelle neben der Kennzeichnung »Jurist [und] Kameralist« immerhin noch den Vermerk »politischer Schriftsteller, Lyriker [und] Herausgeber«[14] aufweist. Ähnlich verhält es sich mit den entsprechenden Angaben in der dritten Auflage von *Religion in Geschichte und Gegenwart*, so wenn hier Friedrich Carl von Moser als »württ[embergischer] Staatsmann und spätpietistischer Liederdichter«,[15] Johann Jacob Moser jedoch nur als »pietistischer Staatsrechtslehrer und -praktiker« ausgewiesen ist und später bloß hinsichtlich dessen »Haft auf dem Hohentwiel« in Klammern stichwortartig angemerkt wird: »dort Liederdichter«.[16] Dabei übertrifft die (lied)lyrische Produktion des Vaters die des Sohnes bei weitem. Zwar nur etwa zwei

Prozent seines »über 100 000 Seiten umfa[ssenden]«[17] Gesamtwerkes ausmachend, ist Johann Jacob Mosers im Druck erschienenes Liedcorpus mit etwa zwölfhundert Dichtungen – jene *Gesammleten Lieder* von 1766/67 bieten mit 1159 Texten auf 1775 Seiten sein lieddichterisches Œuvre nicht ganz vollständig[18] – in der Tat außerordentlich umfangreich, wobei noch ein gut Teil unveröffentlichter Lieder anzunehmen bleibt.[19]

Wie erklärt sich nun eine so enorme Liedproduktion bei einem Mann, der als Rechtsgelehrter und Staatsbeamter mit Arbeiten regelrecht überhäuft gewesen ist? Das ist ein Problem, das schon im betreffenden Artikel der erwähnten *Literatur=Geschichte* von Heerwagen angeschnitten wurde mit der ausdrücklichen Feststellung, dass Moser »bey seinen wichtigen Aemtern und ausgebreiteten Gelehrsamkeit [...] auch ein geistl[icher] Liederdichter (war)«.[20] Wie verträgt sich hier akademisches Streben und politischer Sinn mit der massenhaften Hervorbringung und – wie zu sehen sein wird – ausgesprochen extensiven Sammlung geistlicher Gesänge? Handelte es sich hierbei einfach nur um eine »Nebenstunden«-Beschäftigung im Sinne bloßer Rekreationsübungen oder um eine essentielle Ausdrucksform des so vielseitig Tätigen? Dies sind Fragen, die aufs engste mit der nach Mosers Position als Pietist zusammenhängen. Es gilt im folgenden, Moser als einen Dichter zu entdecken, in dem sich noch in der zweiten Hälfte des 18. Jahrhunderts in reinster Form das Urbild eines *pietistischen* Poeten ausprägt. Und dies, obwohl, Moser »es stets [vermied], den Begriff ›Pietismus‹[21] zu verwenden« – er sich also nie selbst als einen pietistischen Dichter bezeichnet hätte.

Mosers Liedwerk in traditions- und wirkungsgeschichtlicher Sicht

In welcher spezifischen frömmigkeitsgeschichtlichen Tradition stand Moser als Lieddichter? In seinen *Abhandlungen aus dem Teutschen Kirchen=Recht* (1772), »in denen er die Verketzerung der neuen Frömmigkeitsbewegung durch die lutherische Kirche schilderte«,[22] kam Moser selbst auf die Frühzeit des Pietismus und das Problem der Benennung jener Bewegung zu sprechen:

»Am weitesten wurde die Sache [der Verketzerung] zu Ende des vorigen Jahrhunderts und noch lang in dem jezigen mit dem sogenannten Pietismo getriben; wobey das sonderbareste dises ware, daß, da man sonst von allen Secten gewisse Kennzeichen angeben kan, doch Niemand mit Grund hat sagen können [...], worinn der Pietismus bestehe [...].«[23]

Zu erinnern gilt es in diesem Zusammenhang an einen Protagonisten der Leipziger pietistischen Bewegung von 1689/90, der gerade in sprachlich-poetischen Fragen eine wichtige Rolle spielte. Gemeint ist der Leipziger Poesieprofessor Joachim Feller (1638–1691), der 1689 in einem programmatischen Vorredentext erstmals den Begriff eines »Teutschen Poeten« mit dem eines »Pietisten« positiv verbunden und letzteren so zur Selbstbezeichnung hier speziell literarischer Vertreter der neuen Reformbewegung umgemünzt hatte.[24] Dabei muß man bedenken, dass der ursprüngliche Spottname »Pietist« von Feller erst kurz zuvor generell in einer solchen Weise umgeprägt worden war, und zwar in einem aufsehenerregenden, als Epicedium auf einen pietistischen Theologiestudenten entstandenen *Sonnet* vom August 1689, auf welches der Leipziger Professor poeseos in diesem Vorredentext vom Oktober desselben Jahres denn auch nachdrücklich verwiesen hat:

»Denn gleichwie ich jüngsthin in einem Teutschen Sonnet durch einen Pietisten nichts anders verstanden / als Studiosum devotum [...] oder einen Studiosum, der Collegia Biblica und Pietatis freqventiret / und der / wie ich in besagtem Sonnet es explicîret / nicht allein *Gottes Wort studiret* / sondern auch ein *heiliges Leben nach demselben führet*; also verstehe ietzund durch einen Pietistam denjenen / welcher sich bey seiner Poesie der Gottesfurcht und Christlichen Wandels befleißiget / und Jhm nichts als geistliche Andachten höchst angelegen seyn lässet.«[25]

Damit war durch Feller das Reizwort »Pietist« nun auch literaturpolitisch zu einem in seiner Stoßrichtung gewendeten Kampfbegriff geworden. Und mit dem Gegenbegriff eines »Amoristen« hatte der pietistische Poesieprofessor so eine vieldiskutierte literaturprogrammatische Grundfrage jener Zeit in typischer Weise zugespitzt: Weltliche *oder* geistliche Poesie? – eine prinzipielle Entscheidung, die nach Feller für einen dichtenden »Pietisten« als »Erweckten« und »Wiedergeborenen« ganz klar zugunsten der letzteren ausfallen musste. Anstelle der »Buhlen=Lieder« vielmehr »geistreiche« Dichtung, »an statt der Horatianischen Liebes=Leyer die Davidische Buß= und Bet=Harffe«,[26] so lautet schließlich die formelhafte Losung, mit der der Leipziger Pietist die Botschaft jenes poesieprogrammatischen Schlüsseltextes von 1689 auf den Punkt gebracht hat und die in dieser Pointierung keinen Zweifel lässt an der Rigorosität des damit ausgedrückten Anspruchs.

Genau diesem Anspruch wurde Johann Jacob Moser noch Dezennien später ganz und gar gerecht, indem er als Poet ausschließlich die »Davidische Buß= und Bet=Harffe« anstimmte. Jedenfalls wurde von ihm nach unserem Kenntnisstand kein einziges Dichtwerk weltlicher Art veröffentlicht. Die spezifisch pietistische Orientierung zeigt sich auch schon in manchen Titeln jener acht den Hauptteil von Mosers Liedcorpus ausmachenden Sammlungen, die unmittelbar vor (bzw. parallel zu)[27] dessen in zwei Bänden herausgebrachten *Gesammleten Liedern* von 1766/67 separat erschienen:[28]

1. *Johann Jacob Mosers Lieder in Kranckheiten, wie auch vom Tode, jüngsten Gericht, Himmel, Hölle und der Ewigkeit. Zweyte, vermehrte Auflage. Stuttgart und Franckfurt, ungebunden für 6. Kreuzer, gebunden für 8. Kreuzer. 1765*[29]

[Diese Sammlung war kurz davor auch in Offenbach, allerdings ohne Ortsangabe, herausgekommen.[30] Nach der neuen »Vorrede« zur oben verzeichneten Stuttgarter Zweitausgabe (Bl.) : (3a) meint hier die Angabe »vermehrte Auflage«, dass »bey gegenwärtigem wiederhohltem Abdruck« außer »ein[em] Register über die Lieder« ein »Anhang ebenfalls mit beygefügt« worden sei, von dem Moser bemerkt, dass dieser »die nicht von mir, sondern von andern, abgefaßte Krancken=Lieder, so der Sammlung vom Jahr 1757. einverleibt waren«, enthalte. Hier wird von Moser auf eine Vorgängeranthologie mit lediglich 45 gezählten Liedtexten verwiesen, welche – wie aus den (nicht durchgängigen) Verfasserangaben ersichtlich – zu einem gut Teil von anderen Autoren stammten. Diese Vorgängeranthologie erschien anonym als *Sammlung eigentlicher Krancken=Lieder. Stuttgart, bey dem Buchbinder Heusinger, in der Kirch=Gaß. 1757*[31] (8°; S. 3–68: 40 Liedtexte Mosers und anderer Verfasser;[32] S. 68–80: 5 Dichtungen Mosers als »Anhang einiger anderer Lieder, so meistens in selbst=eigener Kranckheit, oder andern würcklich Krancken zu lieb, verfertiget worden seynd«).[33]]

2. *Johann Jacob Mosers Lieder gegen das falsche Christenthum. 1765* (o. O. [Stuttgart])[34] (8°; S. 3–4 Vorwort; S. 5–185: 102 nicht gezählte Lieder; [4 S.] Register)

3. *Johann Jacob Mosers Lieder von dem wahren Christenthum. Stuttgart und Franckfurt, Ungebunden für 7 Kr. gebunden für 9. Kr. 1765*[35] (8°; S. 1–222: 163 nicht gezählte Lieder mit angefügtem Votum »An meine Glaubens=Brüder und Schwestern«; [4 S.] Register)

4. *Johann Jacob Mosers Lieder von Creuz und Leiden. Stuttgart, 1765. Zu finden bey dem Buchbinder Häuser bey der neuen Münz, ungebunden für dritthalb Kr. gebunden für 4. Kr.*[36] (8°; S. 1–2 Vorwort; S. 3–76: 47 nicht gezählte Lieder; [2 S.] Register)

5. *Johann Jacob Mosers Lieder über die gewöhnliche Beicht=Formul, für Natürliche, Erweckte und Glaubige. Stuttgart, 1765. Bey dem Buchbinder Häuser, bey der neuen Münz, ungebunden für 4. Kr. gebunden für 6. Kr.*[37] (8°; Bl.):(2a–[]: (7b] Vorwort; S. 1–112: jeweils 32 [= insgesamt 96] gezählte Lieder [»Für Natürliche«], S. 1–43, »Für Erweckte«, S. 43–80, und »Für Glaubige«, S. 81–112)

6. *Johann Jacob Mosers Lieder auf allerley Personen, Umstände und Zeiten. Stuttgart und Franckfurt. Ungebunden vierthalb Kreuzer, gebunden fünf Kreuzer, 1765*[38] (8°; S. 1–106: 70 nicht gezählte Lieder; [3 S.] Register)

7. *Johann Jacob Mosers Lieder über Friederich Christoph Steinhofers Sonn= Fest= und Feyertags=Predigten. Tübingen im Bergerischen Verlag 1766*[39] (8°; S. 2 »Bericht des Verlegers«; S. 3–160: 78 nicht gezählte Lieder) [Ein Teil dieser Lieder war in einer gleichnamigen Sammlung von 72 Seiten im Oktavformat bereits 1763, und zwar ebenfalls im Tübinger Verlag Berger, erschienen.][40]

8. *Johann Jacob Mosers Lieder über die Grund=Wahrheiten der Evangelischen Religion, Nach Anleitung der Würtembergischen Confirmations=Fragen und Antworten. Stuttgart, Ungebunden für 4. Kreuzer. 1766*[41] (8°; S. 1–137: 73 gezählte Lieder; [5 S.] Register)

Diesen für den Pietisten Moser teils sehr charakteristischen Titeln korrespondieren schließlich auch weitgehend die Rubriken von *Johann Jacob Mosers, Königlich=Dänischen Etats=Raths etc. gesammleten Liedern, So zum Theil schon vormals gedruckt, zum Theil aber bishero noch ungedruckt gewesen; Mit gedoppelten Registern*[42] – und zwar partiell bereits die des *Ersten Bandes. 1766* (o. O. [Stuttgart]):[43]

I. Ueber die Grund=Wahrheiten der Evangelischen Religion nach Anleitung der Würtembergischen Confirmations=Fragen und Antworten[44] (S. 1–134: Nr. 1–73)
II. Von GOTT und JESU Christo[45] (S. 134–362: [Nr. 74–215])[46]
III. Von dem Menschen, wie auch denen Engeln, Teufeln, und anderen Geschöpfen (S. 362–425: [Nr. 216–258)]
IV. Ueber das: Vater Unser, u.s.w. (S. 425–470: [Nr. 259–294])
V. Ueber das Apostolische Glaubens=Bekenntniß (S. 471–542: [Nr. 295–357])
VI. Ueber die zehen Gebote GOttes (S. 543–572: [Nr. 358–384])
VII. Ueber die Heils=Ordnung, oder von des Menschens natürlichem Zustand, Bekehrung und Begnadigung, nebst allerley anderen, unter verschidene Classen sich schickenden Liedern (S. 572–790: [Nr. 385–508])
VIII. Uber die Steinhoferische Sonn= Fest= und Feyertags=Predigten[47] (S. 791–917: [Nr. 509–586]) und vollends dann die des *Zweyten Bandes. 1767* (o. O. [Stuttgart]):[48]
IX. Von dem wahren Christenthum (S. 1–222: [Nr. 587–747])
X. Gegen das falsche Christenthum (S. 223–404: [Nr. 748–848])
XI. Ueber die Beicht=Formul (S. 404–527: [Nr. 849–944])
XII. Von Creuz und Leiden (S. 527–604: [Nr. 945–994])
XIII. Auf allerley Personen, Umstände und Zeiten (S. 604–715: [Nr. 995–1067])
XIV. In Krankheiten (S. 715–718: »Auszug der ersten Vorrede«, S. 718f.: »Auszug der Vorrede zu der zweyten Auflage«, S. 720–758: [Nr. 1068–1096])
XV. Vom Tode, jüngsten Gericht, Himmel, Hölle und der Ewigkeit (S. 758–858: [Nr. 1097–1159])

Es kann als recht bezeichnend angesehen werden, dass es sich bei der (vermutlich) einzigen Büchersammlung, in der Mosers Liedwerk fast vollständig vorhanden ist, um eine ausgesprochen pietistisch geprägte Bibliothek handelt. In Rede steht hier die in Fachkreisen bekannte Gesangbuchsammlung Wernigerode, die aus »Pietistische[r] Lieder- und Sammellust am Wernigeröder Grafenhof«[49] erwachsen ist und heute als Bestandteil der Musikabteilung der Staatsbibliothek Berlin – Preußischer Kulturbesitz[50] die größte Sammlung ihrer Art in Deutschland darstellt. Neben den oben verzeichneten (teils zweimal vorhandenen) Separat-Ausgaben,[51] außer der zuerst genannten,[52] sowie den beiden stattlichen Oktavbänden der *Gesammleten Lieder*[53] findet sich in dieser Spezialbibliothek auch ein Exemplar von Mosers 1732 in Tübingen erschienenem schmalen poetischen Erstlingswerk mit dem Titel *Fünffzig Geistliche Lieder Johann Jacob Mosers*[54] – ein wahres Rarissimum,[55] auf das an anderer Stelle noch einzugehen sein wird.

Ist an Mosers Liedwerk schon in den genannten (Erst-)Ausgaben sonst nicht eben leicht heranzukommen, so gilt dies um so mehr von – allerdings kaum genauer angegebenen – Nachauflagen.[56] Immerhin weiß Heerwagens oben zitierte *Literatur=Geschichte* zu berichten, dass »verschiedene« jener Einzelausgaben »zum Theil zum fünftenmal gedruckt, und Ballen weis an Prediger zum Vertheilen unter Arme und Kranke verschenkt, zum Theil auch in sehr geringen Preisen verkauft und bis nach Amerika verschicket worden«, Informationen, an die sich noch der bemerkenswerte Hinweis anschließt: »Auch sind 15. von [Mosers] Liedern in das Gesangbuch der evangelischen Gemeine zu Schemnitz in Ungarn eingerücket worden.«[57] Allein schon in wirkungsgeschichtlicher Hinsicht eröffnet sich hier also ein weites Forschungsfeld.

Obwohl später, um zunächst noch etwas bei Wirkungsgeschichtlichem zu bleiben, nur wenige Lieder Mosers Eingang in Gesangbücher fanden,[58] reicht doch die Rezeption des Dichters Moser bis in die Gegenwart. So enthielt die württembergische Ausgabe des *Evangelischen Kirchengesangbuches* von 1953 wenigstens eine Lieddichtung Mosers, den Bittgesang »Großer Hirte aller Herden« (Nr. 468).[59] Sie stand dort sinnigerweise unmittelbar neben einem Lied seines Landsmannes und Zeitgenossen Philipp Friedrich Hiller (1699–1769).[60] Im neuen *Evangelischen Gesangbuch* württembergischer Ausgabe von 1996 (als Nr. 591) bekam sie, hier ebenfalls von zehn auf acht Strophen gekürzt, einen anderen, weniger glücklichen Platz.[61] (Eine Untersuchung zu Beziehungen zwischen dem Liedwerk Mosers und dem Hillers, »*des* Liederdichters des württembergischen Pietismus«,[62] wäre im übrigen durchaus lohnenswert.) Auch im *Gesangbuch der Evangelischen Brüdergemeine* von 1967 findet sich wenigstens ein Liedtext Mosers, die unter der Rubrik »Wort Gottes – Gemeinde unter dem Wort« eingeordnete fünfstrophige Dichtung »Auf dein Wort bin ich zu dir kommen«[63] (Nr. 271).

Rezeptionsgeschichtlich scheinen besonders Mosers *Lieder in Kranckheiten, wie auch vom Tode, jüngsten Gericht, Himmel, Hölle und der Ewigkeit* von Bedeutung. Um endlich den Liedschöpfer Moser selbst zu Wort kommen zu lassen, seien hier zwei kurze – diesen deutlich als pietistischen Psychagogen zeigende – Passagen aus der »Vorrede« zur Offenbacher Erstausgabe jener Sammlung wiedergegeben:[64]

»Da [...] ein geistliches Lied etwas sehr reizendes, annehmliches und anziehendes an sich hat; so können die auf solche Umstände [d. h. Krankheiten] eingerichtete und aus dem Geist GOttes hergeflossene Lieder einen grossen Segen haben, derer Unbekehrten Herzen anzufassen, die Erweckte zum Glauben an JEsum und zum Friden GOttes zu bringen, und die, so in selbigem stehen, zu bevestigen, mithin dem HErrn JEsu und dessen treuen Zeugen den Weg zu denen Herzen zu bahnen. [...]

Prediger, welchen an dem Heil derer ihnen anvertrauten Seelen etwas gelegen ist, können sich etwa in ihrem Amt einen Vortheil damit schaffen, wann sie bey dem Besuch derer Kranken ihnen diese Lieder auf einige Zeit leihen, nach Beschaffenheit des Seelen=Zustandes eines Kranken demselbigen anrathen, welche Lieder er insbesondere lesen und vor GOtt in das Gebet nehmen solle, sich auch hernach mit ihme darüber besprechen und es ihme näher an des Herz legen.«[65]

Danach überrascht es nicht mehr, wenn sich zu dieser Sammlung eine (was Mosers Liedwerk anbetrifft singuläre) bibliographische Angabe findet wie »6. Aufl. Reutlingen 1816«.[66] Dass freilich von solchen bis ins 19. Jahrhundert reichenden Auflagen[67] heute kaum noch Exemplare auffindbar sind, erklärt sich wohl aus einem gerade an frühneuzeitlicher Erbauungsliteratur zu beobachtendem Phänomen wie dem außerordentlichen Gebrauchswert und einer entsprechend hohen Abnutzung – im Sinne regelrechten Aufbrauchens, Zerlesens – derartiger religiöser Druckschriften.

Als rezeptionsgeschichtlich überaus interessant erweist sich auch die von ihrem Titel her unscheinbare, großteils offenbar ebenfalls schon vor Mosers Haft auf dem Hohentwiel entstandene Sammlung von *Liedern auf allerley Personen, Umstände und Zeiten*. In dieser Sammlung kulminiert bei Moser eine liedkulturelle Entwicklung, die bereits ein Jahrhundert davor in Johannes Olearius‹ (1611–1684) *Geistlicher Singe=Kunst* von 1671 ihre erste exemplarische Ausprägung gefunden hatte,[68] nämlich das Bestreben, für alle möglichen »Personen, Umstände und Zeiten«, und zwar sozial differenziert, geistliche Gesänge bereitzustellen und so gleichsam ein den Alltag überspannendes Liedernetz zu schaffen. Darauf verweisen bereits die Überschriften dieser Lieder:

»Fürbitte für hohe und niedrige Obrigkeiten« (S. 1–3)
»Fürbitte für die Lehrer und Prediger« (S. 3–9) [in 36 Strophen !]
»Gebet eines Schul=Kindes« (S. 34f.)
»Erweckungs=Lied für eine Person, die unter vilen äusserlichen Geschäfften stehet« (S. 49–51)
»Lied für einen Weingärtner« (S. 58f.)
»Lied für Dienstboten und andere Personen, so anderen dienen« (S. 62–64)
»Von Gefangenen« (S. 79–81)
»Seufzer eines unschuldig Gefangenen« (S. 81–83)
»Fürbitte für das Volck der Juden« (S. 84f.)
»Nach vorgenommener Aderlässe« (S. 85f.)[69]

Besonders deutlich wird dieses Anliegen jedoch in den Liedern selbst. In dem auf die Melodie »O Gott! du frommer Gott« gedichteten neunstrophigen »Lied für einen Gelehrten« (S. 53f.) geht Moser zum Beispiel mit seinem eigenen Berufsstand in typisch pietistischer Weise kräftig ins Gericht. Dabei erscheint der Rückgriff auf als Leit- bzw. Gegenbild dienende Kindschafts-Vorstellungen in Strophe 6 besonders charakteristisch für die pietistische Kritik des berufserfahrenen Juris Consultus und einstigen Juraprofessors Moser am ›Standesdünkel‹ der Gelehrten:

1. Ich lebe in dem Stand
   Der nach dem Fleisch Gelehrten,
   In welchem wenig seynd,
   Die sich mit Ernst bekehrten.
   Die Weisheit diser Welt
   Verblendt und hindert sie.
   Man meint, man hab es schon;
   Und so bekommt mans nie.

2. Das Wissen blähet auf,
   Und machet stolze Geister:
   Eh man ein Jünger wird,
   Meint man, man sey ein Meister.
   Man gehet Gottes Geist
   Nicht nach, laufft ihme vor.
   Da man sich weise dünckt,
   Bleibt man vor Gott ein Thor.
   [...]

6. Gott hat Gelehrte nicht
   Nur schlechterdings verstossen,
   Noch von dem Himmelreich
   Sie alle ausgeschlossen:
   Es gibt noch einige,
   Die, wie die Kinder, klein,
   Demüthig, herzlich (oder: redlich) seynd;
   Die nimmt er gern hinein.

7. Mein Gott? ach! zeige mir,
   In welcher Claß ich stehe,
   Damit es mir nicht so,
   Wie denen meisten, gehe:
   Lehr mich, wie thöricht ich
   Bey aller Weisheit bin,
   Und leg mich dir in Staub
   Zu deinen Füssen hin.

Das letzte, neun Strophen umfassende Lied dieser Sammlung mit der Melodieangabe »Höchster Priester! der du dich«, ist überschrieben mit »Dank und Bitte wegen der Buchdruckereyen«. Es stellt in seiner Art (zumal in der an Wilhelm Busch erinnernden Diktion) zwar ein Kuriosum dar, benennt aber zugleich sehr deutlich die frömmigkeitsgeschichtliche Tradition, in die sich Moser stellt:

1. Quell der Weisheit! Preis sey dir
   Jezt und ewiglich dafür,
   Daß wir unter andern Gaben,
   Auch die Druckereyen haben.
   [...]

4. Als du dise Gab geschenckt,
   Hast du alles so gelenckt,
   Daß, als auch Lutherus kame,
   Deine Wahrheit schnell zunahme.
   [...]

6. Hätten sonst zu unsrer Zeit,
   Speners, Franckens, andrer Leut,
   (Sonderlich die kleine) Schrifften
   So vil Segen können stifften?
   [...]

8. Lieber Vater! brauche du
   Dise Gab noch mehr darzu,
   Dein Reich aller Ort= und Zeiten
   Immer weiter auszubreiten.

Orientiert man sich nochmals an der Vorstellung eines pietistischen Poeten, wie sie durch den eingangs erwähnten Leipziger Poesieprofessor Joachim Feller in die Literaturdebatten des Spätbarock eingebracht worden war, erweist sich ein weiteres Moment für die Einordnung Mosers als belangvoll, nämlich der vom Pietismus so nachhaltig wiederbelebte Gedanke des Priestertums aller Gläubigen. Auf die Sphäre der Poesie bezogen bedeutete dieser Gedanke, dass stärker als je zuvor nun auch Nichttheologen als Autoren religiöser Dichtung hervortraten und in diese ehemalige Domäne von Geistlichen jetzt verstärkt Juristen und Mediziner, Kaufleute und Handwerker, ja selbst Angehörige der untersten sozialen Schichten, ausgesprochene »illiterati«, vordrangen. So ist es durchaus symptomatisch, dass jene Vorrede Fellers von 1689 der »Poetischen Arbeit« eines frommen Laien vorangestellt wurde, der, wie Moser ein Jurist, dort auch mehrmals als solcher apostrophiert wurde. In diesem Zusammenhang ist schließlich höchst bezeichnend, dass gerade in diesem für pietistisches Dichtungsverständnis so grundlegenden Text Fellers zur Rechtfertigung der Prägung »Pietist« der Begriff des »Juristen« herangezogen wurde:

»Denn wie die Rechts=Gelahrten von ihrem Jure *Juristen*; so können auch alle fleißige Bibel=Leser und der Piëtät Ergebene ohne allen Ketzer=Verdacht *Biblisten* und *Pietisten* genennet werden; gleichwie schon vor vielen Jahren diejenen / so Collegia pietatis zu Franckfurt am Mayn besucht / Pietisten genennet worden.«[70]

»Piëtät« und »Jus«, »Gottesfurcht« und »Rechts«-Gefühl erscheinen so als zusammengehörige Kennzeichen »Christlichen Wandels« – eine »Explication«, deren Bezug zur Profession des hier Belobten, der auch noch Tobias Richter hieß, auf der Hand liegt. Und dementsprechend lautet auch das Vokabular des Schlussappells jener »Vorrede«, mit der der Poesieprofessor Feller seine Studenten mahnt, »den wahren und ungefälschten Pietismum pro vanissimo Amorismo bald [zu] ergreiffen / und nicht allein in einen [sic] gottseligen und unsträfflichen Leben einher [zu] gehen / sondern auch / wenn sie Poeten sind / nichts als geistliche und Christseelige Dinge [zu] dichten oder [zu] übersetzen«.[71]

Gleich darauf bekräftigte Feller sein Lob des jungen Dichter-Juristen Tobias Richter (1660–1721) mit entsprechenden Worten: »Unser Herr *Richter* hat das letztere im gegenwärtigen Büchlein [bei dem es sich um eine anspruchsvolle poetische Adaption der *Meditationes Sacrae* (1606) von Johann Gerhard (1582–1637) handelte] redlich und rühmlich gethan [...].«[72]

Die begriffliche Parallelisierung von »*Juristen*« und »*Pietisten*« kann damit zugleich als Hinweis auf die Durchdringung von Profession und poetischer Konfession gelesen werden: So wie sich der pietistische Dichter »bey seiner Poesie der Gottesfurcht und Christlichen Wandels befleißiget«, trägt er als »Rechts=Gelahrter« für die Durchsetzung des »Jus« Sorge. Und in einer »Gedächtniß=Schrifft« speziell auf den Dichter Tobias Richter heißt es dann auch expressis verbis:

»Er [Tobias Richter] war Jurist, und dabey ein guter Christ. Seine Justice war nicht wächsern, die sich utramque partem hätte drehen lassen, sondern marmores, wie der Areopagiten. Sein Corpus Juris wurde jedesmahl von der Bibel, nimmer aber von dem Machiavello unterstützet«[73] – ein postumes Lob jenes »fromme[n] Tobias«,[74] dem bezeichnenderweise die vorsichtige Bemerkung beigefügt ist, dass es diesem hier als Poeten Gewürdigten in seinem Juristenamt »aber [...] nicht allerdings nach Wunsche mag gegangen seyn«.[75]

Dass gleich der erste als »Pietist« apostrophierte Poet ein Rechtsgelehrter war, ist in unserem Zusammenhang signifikant. Die damit herausgestellte Nähe von pietistischer Poeterei und Juristerei[76] wird noch dadurch unterstrichen, dass schon lange vor Moser eine ganze Reihe dem Pietismus verbundener – teils prominenter – Juristen auch als Verfasser geistlicher Liederdichtung einige Bedeutung erlangt hatten. Ein Beispiel dafür ist der einer württembergischen Familie entstammende Frankfurter Rechtsanwalt und Reichsrat Johann Jakob Schütz (1640–1690).[77] Er war »einer der beiden Anreger«[78] des 1670 in der hessischen Reichsstadt gegründeten ersten Collegium pietatis.[79] Weitere Beispiele sind die Professoren an der renommierten Hallenser Juristischen Fakultät Jakob Gabriel Wolf (1683–1754) und Justus Henning Böhmer (1674–1749). Sie sind beide – ersterer mit nicht weniger als 20 Liedern[80] – im berühmten, von Moser intensiv rezipierten »Hallischen« Gesangbuch des Johann Anastasius Freylinghausen[81] (1670–1739) vertreten. Böhmer nahm zudem direkten Einfluss auf den Lebensweg seines großen schwäbischen Berufsgenossen und Geistesverwandten.[82]

Es liegt demnach sehr nahe, im Blick auf Johann Jacob Moser auch und gerade danach zu fragen, inwieweit in dessen lieddichterischem Werk Erfahrungen des Staats- und Völkerrechtlers sowie des Politikers ihren Niederschlag gefunden haben. Wie verbinden sich in seiner Dichtung Vorstellungen von dem als höchste Instanz angesehenen göttlichen Recht mit irdischen Rechtsauffassungen jener Zeit? Wie steht es dabei um das Verhältnis von Sakralem und Säkularem, eine Frage, an die sich die Vermutung knüpft, dass Moser auch und nicht zuletzt durch seine geistlichen Lieder modernes Rechtsdenken des 18. Jahrhunderts verbreiten half – bis in die untersten sozialen Schichten hinein..[83] Wie konkret spiegeln sich in Mosers Dichtung mithin gerade »rechts«-relevante Seiten pietistischer Reformbestrebungen wider, ja wie zeigt sich dessen Profession hier selbst noch in Diktion und Wortwahl?

Hier tut sich literarhistorischer Forschung ein weiterer Kreis interessanter Themen auf, die in diesem Beitrag allerdings nicht einmal ansatzweise behandelt werden könnten. Angesichts der zu bewältigenden Textmasse bedürfte es dazu aufwendiger Studien, die als solche auf eine größere literaturgeschichtliche Arbeit hinauslaufen würden. Wie schließlich auch die Grundfrage der poetischen Qualität des Moserschen Liedwerkes an dieser Stelle nicht beantwortet werden kann. So wird erst künftige Forschung ergeben, ob sich das Pauschalurteil Kochs halten lässt, nach dem Mosers Lieder »größtentheils wenig eigentlichen poetischen Gehalt (haben) und auch Sprache und Versbau oft sehr holpericht (sind)«.[84]

Äußerungen Mosers über sein Liedschaffen

Im folgenden soll jedoch ein erster Schritt in Richtung auf eine intensivere Quellenerschließung unternommen und auf zwei wichtige Vorredentexte aufmerksam gemacht werden. In ihnen gibt Moser selbst Aufschluss über sein Liedschaffen. Der eine Text führt zurück in Mosers Frühzeit als Lieddichter, während der andere – zuerst behandelte – dessen Spätphase zum Gegenstand hat, d. h. hier vor allem die Zeit seines liedschöpferischen Wirkens als politischer Gefangener auf dem Hohentwiel (1759–1764).

Dass Moser die weitaus meisten seiner (veröffentlichten) Lieder – nämlich »gegen 1000«[85] – offenbar tatsächlich während seiner mehr als fünfjährigen Haft auf dem Hohentwiel verfasst hat, ließe sich oberflächlich betrachtet als eine Art Kompensierung begreifen, war er doch in dem strengen Arrest anderer, an Bücherstudium gebundener Möglichkeiten schöpferischen Tätigseins beraubt. Doch die unerhörte Energie, mit der sich der inhaftierte Moser dem Liederdichten zuwandte, verweist darauf, wie sehr es sich hierbei um ein wesentliches Ausdrucksmittel für den so schwer Geprüften handelte. Die nachgerade existentielle Bedeutung, die dichterische Tätigkeit für ihn während der Gefangenschaft erlangte, bekräftigte Moser selbst, indem er die merkwürdigen Umstände seiner »Hohentwielischen«[86] Liedproduktion gleich zweimal an exponierten Stellen seines Werkes eindrucksvoll darstellte. Das erste Mal in der »Vorrede« zu den *Gesammleten Liedern*, die 1766/67 in zwei umfangreichen Bänden herauskamen und zumeist Dichtungen aus jener Haftzeit präsentierten, und das zweite Mal in der im Jahr 1768 publizierten *Lebens=Geschichte Johann Jacob Mosers, von ihme selbst beschriben*, und zwar unter »§. 30.«, der mit »Gelehrte Geschichte meines Arrests« überschrieben ist. (Moser führt hier am Schluss auch zahlreiche genuin »gelehrte« Arbeiten aus dieser Zeit auf, die sich seinem offenbar fabelhaftem Gedächtnis verdankten).[87] Diese zweite Darstellung, die sich über immerhin vier Seiten erstreckt, ist nicht nur die ausführlichere, sondern als Teil einer solchen literarisch nicht anspruchslosen Selbstbiographie auch die weitaus eindringlichere. Doch vermag schon die – hier ihrer Kürze halber herangezogene – Schilderung in der »Vorrede« ein recht lebendiges Bild von der »äusserst sonderbare[n] Geschichte der Entstehung«[88] jenes »Hohentwielischen« Liedwerkes zu vermitteln:

»Als ich im Jahr 1759. [...] auf die Vestung Hohentwiel in einen engen Arrest gebracht wurde, darinn ich in das sechste Jahr aushalten mußte, hätte ich mir gleich Anfangs gerne meine GOtt gewiedmete Zeit auch mit Dichtung geistlicher Lieder verkürzet, ja zum Segen gemacht: Weil mir aber weder Feder, noch Dinten, noch Bleystifft, noch Papier, zugelassen wurde, mußte ich es unterlassen; endlich erfande ich, daß ich mit der Spize meiner Lichtschneuze in die weisse Wand krazen konnte, fienge also an, auf diese Weise Lieder zu verfertigen. Alsdann lernte ich nach und nach, mich eben dieser Spize, wie auch der Spize einer Scheere, darzu zu bedienen, daß ich damit auf die weisse Stellen meiner Bibel, der Steinhoferischen Evangelien=Postille, ferner (nachdeme meine seel. Frau, und, nach deren Absterben, eines, endlich auch alle, meiner Kinder an mich schreiben durften,) auf solche Brieffe, und so endlich auch auf die Abschnipfel des mir zu unreinem Gebrauch zugekommenen alten gedruckten Papieres schreiben konnte. Nach und nach wurden diese Spizen zwar unbrauchbar; ich lernte aber endlich, selbige auf dem Ofen so lang wezen, und so dann auf einem eichenen Stuhl wieder solang polieren, biß ich von neuem damit schreiben konnte.

So seynd fast alle gegenwärtige Lieder entstanden: Nur wenige (in Betracht der Anzahl derer übrigen,) habe ich vor oder nach diesem Arrest gedichtet. Nach meiner Erlassung habe ich die mit der Lichtschneuze und Scheere gekrazte abgeschrieben, und es seynd acht Stücke derselbigen einzeln gedruckt, zum Theil auch wieder aufgelegt worden. Die Absicht dabey ware, armen Leuten, welche nicht viel darauf verwenden können, also zu dienen.«[89]

An das Schicksal seines zwei Generationen jüngeren Landsmannes Christian Friedrich Daniel Schubart (1739–1791) gemahnend, artikuliert sich Moser hier als ein Opfer absolutistischer Willkür, dem das Dichten geistlicher Lieder förmlich zur Rettung in höchster Bedrängnis geworden ist, wobei als gut pietistisch gelten kann, dass der aus dem Gefängnis entlassene sein so entstandenes dichterisches Werk zum Trost speziell für »Arme« als auf andere Art Bedrängte bestimmt hat. Das aus dem Nachlass Mosers überlieferte, heute im Deutschen Literaturarchiv in Marbach aufbewahrte Fitzelchen Papier (ca. 5 x 10 cm) mit einem solchen »Hohentwielischen« Lied-»Manuskript«[90] ist damit zugleich ein Dokument dafür, dass sich auch und gerade die Liedkultur der Frommen keineswegs ungehindert entwickeln konnte, sondern sich bis weit ins 18. Jahrhundert hinein nur im Kampf gegen erhebliche Widerstände, wie Verbot und Beschlagnahme entsprechenden Schrifttums oder selbst physischen Zwang, zu entfalten vermochte.[91] Pietistische liedkulturelle Praxis bedeutete also – davon zeugen Mosers »merkwürdige«,[92] mitunter ganz auf Klage gestimmte[93] »Lieder aus dem Kerker« eben besonders eindrücklich – weithin auch eine Geschichte von Leiden durch Überschreiten obrigkeitlich verordneter Grenzen religiösen Sichäußerns.[94]

Jener andere Vorredentext nun macht deutlich, dass geistliche Poesie für Moser schon sehr früh zu einem wichtigen Artikulationsmittel geworden war, er seinen dichterischen Neigungen also bereits lange vor der »Hohentwielischen« Haft Ausdruck verliehen hatte. Diese zweite »Vorrede« entstammt Mosers oben erwähntem (anders als die späteren Sammlungen im Duodezformat erschienenen) poetischen Erstling, welcher noch in seiner Zeit als Professor am Tübinger Collegium Illustre (1727/29–1733),[95] d. h. während einer Phase religiöser Selbstfindung als Pietist,[96] entstand und welcher heute möglicherweise allein in jenem Exemplar der Gesangbuchsammlung Wernigerode erhalten ist:[97]

Fünffzig Geistliche Lieder Johann Jacob Mosers / Herzoglich Würtembergischen Regierungs=Raths und Professoris Juris zu Tübingen | TÜBINGEN | Eintzeln[98] und zu der Seelen=Harpffe[99] gebunden zu haben bey Hieronymo Brunnen / Buchbinder / 1732[100]

Leider kann der aspektreiche dreizehnseitige Vorredentext an dieser Stelle nicht umfassend analysiert und hier weder auf biographisch-familiengeschichtlich Relevantes[101] oder für die Kirchlichkeit des württembergischen Pietismus Signifikantes noch auf darin zu findende Äußerungen von literatursoziologischer und poetologischer Bedeutung eingegangen werden. (Der im Quellenanhang in Gänze wiedergegebenen Text der »Vorrede« bietet jedoch drei der *Fünffzig Geistlichen Lieder*, die als Akrosticha[102] – und besonders das mittlere als Alexandriner-Gedicht – deutlich werden lassen, wie stark Moser selbst noch der von ihm mit den Begriffen »altfränckisch« und »pedantisch«[103] bezeichneten barocken Dichtungstradition verhaftet war.) Hier können nur zwei Textstellen wiedergegeben und kurz kommentiert werden, die im Blick auf ein künftig genauer zu zeichnendes Bild des Lieddichters und Hymnologen Moser von besonderem Belang sind.

Im ersten Textausschnitt nimmt der hier im poetischen Fach debütierende Moser Bezug auf die gegen Ende des 17. Jahrhunderts wesentlich vom Pietismus ausgelöste Liederflut, die er drei Jahrzehnte später schließlich selber so sehr verstärken sollte. Neben Mosers durchaus mit Kritik gepaarten Eintreten für die Schaffung »neuer«, von »wahrer« Frömmigkeit geprägter geistlicher Gesänge[104] verdient hier vor allem sein Hinweis auf eigene hymnologische Aktivitäten Beachtung. Dabei ist zu bedenken, dass Moser zur gleichen Zeit selbst das Projekt eines Gesangbuches verfolgte, welches evangelisches Liedgut zunächst mit 5000, dann mit 2500 Texten – und hier nicht zuletzt mit *neuen Kirchen=Liedern*[105] des Pietismus – möglichst umfassend präsentieren sollte. Dies geschah in Form einer auch in den *Fünffzig Geistlichen Liedern* praktizierten alphabetischen Anordnung der Texte (dies war hymnologisch damals noch ein ziemliches Novum) und mit eingehenden Kommentaren, für die Moser den gleichfalls pietistisch gesinnten Diakon Johann Christoph Bilhuber (1702–1762) aus Winnenden gewonnen hatte, während er selbst, auf Anonymität bedacht, hier als »Collector« auftrat. Von dieser außerordentlich ambitionierten, auf »Sechs Theile« berechneten Anthologie mit dem Titel

Evangelischer Lieder=Schatz Oder Glossirtes grosses Würtembergisches Gesang=Buch[106] sind immerhin drei Bände (»Erster Theil«: Tübingen 1730; »Zweyter Theil«: Tübingen 1731; »Dritter und letzter Theil«[107]: Tübingen 1734) mit insgesamt 1117 Liedern herausgekommen.

So bemerkt Moser denn gegen Ende der »Vorrede« zu seiner unmittelbar neben dem *Evangelischen Lieder=Schatz* erschienenen ersten Sammlung mit eigenen Lieddichtungen, von denen vier von ihm selbst[108] und zwei dann von Bilhuber in jene Anthologie aufgenommen wurden:[109]

»Endlich so muß ich auch noch etwas von der Publication dieser Lieder gedencken. Es ist wahr / daß wir bereits eine ohngemeine Menge teutscher geistlicher Lieder haben / und wo ich nicht jeden / der es verlangt / durch mein darüber selbst=verfertigtes Haupt=Register überweisen könnte / würde man es mir so wenig glauben / als ich es selbst vor etlichen Jahren geglaubt hätte / daß ich bereits gegen dreyßig tausend teutsche geistliche Lieder anzuzeigen weiß / auch / wo ich mehr Zeit hätte / dieses Haupt=Register fortzusetzen / es in weniger Zeit ohnfehlbar auff fünffzig tausend bringen *[S. 11]* wollte. Es ist ferner wahr / daß in vielen neuen Liedern nichts weiters enthalten ist / als was wir in vielen älteren schon haben und offt besser haben. Es ist weiter wahr / daß gar viele der neuen Lieder gefährliche / verdächtige / dunckele / harte etc. Lehren / Gedancken / Redens=Arten u. d. enthalten / oder sonst so wenig taugen / daß es besser oder doch kein Schade wäre / wann sie nie zum Vorschein gekommen wären. Es ist aber auch wahr / daß wir so vieles Recht haben / geistliche Lieder zu dichten / als unsere Vor=Eltern; es ist wahr / daß uns noch über vielerley Materien Lieder oder doch gute Lieder ermangeln; es ist wahr / daß offt einer durch ein Lied oder dessen Ausdrücke besonders gerühret und zum Guten beweget / oder darinn befestiget wird / welches durch ein anderes Lied nicht geschehen wäre / ob es gleich eben so Geist= und Krafft=reich ist / und was dergleichen Ursachen mehr seynd / welche die Dichtung noch weiterer neuen geistlichen Lieder sattsam rechtfertigen / und uns Mosis Wunsch auspressen: Ich wolte / daß sie alle weissageten.«[110]

Anzumerken bleibt dazu noch, dass der passionierte Sammler Moser jenes hier erwähnte Liederregister späterhin tatsächlich auf eines »über fast funfzig tausend gedruckte teutsche geistliche Lieder« gebracht hat, bezeugt durch ein von ihm am Ende seiner Hanauer Zeit (1749–1751) gedrucktes Verzeichnis von zum Verkauf angebotenen Druckschriften und Manuskripten, unter denen sich neben »250. Gesang=Bücher[n]« aller Couleur und »etliche[n] tausend geschiebene[n] geistliche[n] Lieder[n]« (!) eben auch ein zu solcher Zahl angewachsenes »selbstverfertigtes Haupt=Register« befand.[111]

Die zweite von mir ausgewählte Textstelle stammt aus der an den eben zitierten Abschnitt unmittelbar anschließenden Passage, in welcher Moser in ganz pietistischer Weise darüber reflektiert, ob er der Sammlung seinen Namen voransetzen solle oder nicht. Belangvoll sind hier vor allem Bemerkungen am Schluss der Passage, in denen der »Herzoglich Würtembergische Regierungs= Rath und Professor Juris zu Tübingen« – jener oben zitierten Fellerschen »Vorrede« korrespondierend – direkt auf seine »Standes«-Zugehörigkeit als einen für die Entscheidung ausschlaggebenden Umstand abhebt:

»Ich hatte mich aber kaum zu diesem letztern entschlossen / als ich einen neuen Anstand bekame: ob ich nemlich meinen Namen vorsetzen solle oder nicht? Warum ich Bedencken truge / meinen Namen beyzufügen / ware dieses die Ursach / weil ich besorgte / es möchte jemand glauben / als wolte ich damit prahlen / daß ich auch einige Zeit auff geistliche Sachen verwende. Nun bitte ich aber GOtt unaufhörlich / mich ja für aller Scheinheiligkeit / heuchlerischem Wesen / oder auch geistlichen Hochmuth in Gnaden zu bewahren / als welche ich ja so sehr als den Teufel selbsten hasse / und um ein Christenthum / wobey das Hertz nicht rechtschaffen vor GOtt ist / nicht die Hand umkehren möchte. Anderer Seits hingegen bedachte ich wiederum / daß kein rechtschaffener Christ (und um die andere bekümmere ich mich nichts /) von seinem Neben=Christen / der ihme / seines Wissens / zu einer so harten Vermuthung keinen Anlaß [S. 13] gegeben / dergleichen Gedancken hegen werde; daß hingegen andere fast mit besserem Grund dencken möchten / als schämete ich mich halben dabey / zu zeigen / daß ich auch von Zeit zu Zeit mit Göttlichen Dingen umgehe / und daß ich dergleichen meine Schrifften selbsten nicht so werth halte / als meine in anderen Materien an das Licht gestellte Sachen; daß ich so auch einige vielleicht ein oder anderem erbauliche Lieder auch mein und meiner Eh=Liebstin Namen etc. auslassen müßte; daß vielleicht ein und anderes bey diesem oder jenem desto eindringender ist / wann er weißt / daß der Autor aus der Fülle seines Hertzens und nicht um des Brods willen oder weil es sein Handwerck gewesen / so oder so geschrieben / wie dann mir selbsten um eben dieser

Ursach willen die Lieder ander Christlichen JCtorum gedoppelt lieb seynd;[112] daß andere meines Standes sich um so eher zur Nachfolge dörfften bewegen lassen u. d. Und diese letztere Gedancken haben bey beschehener Uberlegung mich viel erheblicher gedaucht / als die erstere / und in solcher Absicht also wagte ich es / meinen Namen voranzusetzen.«[113]

Hier im Schlussteil der »Vorrede« zeigt sich deutlich, wie der Lieddichter Moser bereits als Debütant auf breitere Wirkung bedacht war. Dabei kommt der Tatsache, dass sein erstes poetisches Opus auch »zu der Seelen=Harpffe gebunden zu haben« war, entscheidende Bedeutung zu, handelte es sich doch bei letzterer um ein wichtiges Tübinger Gesangbuch mit pietistischem Einschlag, welches mit seinen zahlreichen, offenbar teils recht hohen Auflagen ein größeres Publikum erreicht hat.[114] Indem Moser hier, ähnlich wie Joachim Feller Jahrzehnte zuvor, Juristenamt und Dichtertum unter dem Aspekt sozialer Achtbarkeit[115] verknüpft sieht, ist seine »Vorrede« zu den *Fünffzig Geistlichen Liedern* von 1732 ein Zeugnis dafür, wie eng sich in pietistischer Poesieauffassung die Vorstellung von Wortkunst als Ausdruck innersten religiösen Erlebens mit einem Verständnis von Dichten als »Dienst«[116] am »Neben=Christen« verbindet.

ANHANG

A) Text der »Vorrede« Mosers zu seinen *Fünffzig Geistlichen Liedern*

[S. 3] Lieber Leser.
DAs Dichten geistlicher Lieder ist mir von meinen Vor=Eltern angeerbt. Von meinem seel. Groß=Vatter Mütterlicher Linie melden die fortgesetzte Sammlung von alt= und neuen Theolog. Sachen An. 1729. im 5ten Beytrag p. 837. »Johann Hartmann Misler / S. S. Th. Lic. Consistorial-Rath und Superintendens in Verden / von dessen Leben und Absterben das Gelehrten=Lexicon nachzusehen / hat im Stadischen Gesang=Buch zwey fürtreffliche Lieder gemacht. Ein Morgen=Lied: Mein HErr und GOTT! wie hast du mich für Noth etc. und ein Abend=Lied: Der Tag ist hin; auf Arbeits=müder Sinn etc.« Und ich füge

diesem noch bey / daß er nicht nur diese / sondern auch noch mehrere geistliche Lieder gedichtet habe.

Von dessen seel. Vatter / und also meinem einen Ur=Groß=Vatter mütterlicher Seits wird eben daselbst auch gemeldet: »Joh. Ni-*[S. 4]*colaus Misler / ein hochverdienter Theologus unserer Kirchen und Vatter des vorhergehenden gehöret nicht weniger / als sein Sohn / unter die Lieder=Dichter wegen des Gesangs=weiß von ihme gesetzten 146sten Psalms: Halleluja singt der Hauff in des Himmels Throne etc. der in dem A. 1659. in fol. gedruckten Ehren=Gedächtnus der Durchl. Fürstin Magdalenen Sibyllen p. 107. s.. befindlich ist / und daselbst der Churfürstin letzter Danck= Trost= und Sterbe=Psalm genennet wird.«

Und von meinem 2ten Ur=Groß=Vatter Mütterlicher Linie / Johann Rühle / Stättmeistern / Raths=Seniorn und Scholarchen in der Reichs=Stadt Worms wird in seiner zu Darmstatt An. 1674. in 4. gedruckten Leich=Predigt p. 34. gemeldet / daß er zwey geistreiche Gesänge verferiget habe / deren eines anfange: Ich weiß wohl / daß mein Schöpffer werth etc. das andere aber: Wir müssen alle sterben etc. welche nicht allein zu Worms / sondern auch anderwärts und in offenem Druck bekant seyen.

Dieser mir also recht angestammte Trieb zur geistlichen Poesie ware so groß bey mir / daß ich schon ungefähr im 9ten Jahr meines Alters *[S. 5]* nach meinem damahligen Begriff Lieder über den Catechismum zu verfertigen anfienge / wie ich mich dessen noch wohl und so eigentlich biß jetzo zu erinnern weiß / daß ich noch würcklich gantze Gesetze dergleichen von mir damalen verfertigter Lieder im Gedächtnus behalten habe / obgleich der schrifftliche Auffsatz vorlängsten verlohren gegangen ist.

Nun gabe mir zwar nachmals einer meiner Herrn Informatorum und numehriger berühmter Professor auf allhiesiger Universitæt, den Rath / das Vers=machen bleiben zu lassen / weilen ich es in der Poesie nicht weit bringen würde; Alleine dieses ware so gar nicht fähig / mich davon abzuhalten / daß der Lust darzu vielmehr mit denen Jahren wuchse. Ich verfertigte also anfänglich einige derer nachstehenden Lieder zu Hause: als ich nachmals auf Wien reisete / dichtete ich deren so wohl in der Hinabreise auf dem Schiff und in der Heraufreise in der Gutsche / als auch währenden meinen Auffenthalts daselbst mehrere / sonderlich an Sonntagen und nach Anleitung derer gehaltenen Predigten / wie aus denen zerschiedenen Liedern beygefügten Noten zu ersehen ist. Das übrige habe ich theils zu Hause / *[S. 6]* fürnemlich wann ich etwa Sonntags Unpäßlichkeit halber dem offentlichen Gottesdienst nicht beywohnen können / aufgesetzet / theils unter währendem Spatzierengehen / oder auf Reisen zu Pferd oder in der Gutsche in meine Schreib=Tafel entworffen.

Endlich so habe ich auch vor einiger Zeit / als ein Mittel / mich in denen Predigten aller fremden und ausschweiffenden Gedancken zu erwehren / dieses ersonnen / daß ich getrachtet / gleich unter währender einer Predigt deren Innhalt in ein Lied zu bringen / und in der Eil in den Schreib=Calender zu verzeichnen / wie sich dann unter folgenden Liedern nicht gar wenige befinden / welche ich also gantz oder doch grösten Theils / wie sie nun da stehen / abgefaßt aus der Kirch mit nach Hauß gebracht habe / und wünsche ich / daß die / so eine bessere Gabe zur Poesie haben als ich / dieses Mittels sich in gleicher Absicht auch künfftighin bedienen möchten. Ich habe dergleichen Liedern die Namen derer Herrn Geistlichen beygesetzt / welcher Predigten das Lied veranlasset haben, nicht nur / weil der Innhalt derselben wo nicht völlig (indeme hin und wieder auch meine eigene Gedancken mit eingeflossen seynd /) *[S. 7]* doch grossen Theils in der That ihr und nicht mein eigen ist / sondern auch und hauptsächlich zu dieser Herrn Prediger eigenen Trost und Consolation, als welche hierauß ersehen können / daß ihre damalige Predigten nicht ohne Nutzen bey mir abgegangen / und durch diesen meinen Dienst hoffentlich auch noch weiters bey vielen anderen guten Hertzen / die grösten Theils die Predigt nicht einmal gehöret / reiche Frucht schaffen werden / wofür wir der Güte GOttes beederseits zu dancken Ursach haben.

Dieses also wäre die Historie dieser meiner Lieder; was nun deren innerlichen Werth oder den Geist und die Krafft derselben anbelangt / so finde ich solche selbsten sehr unterschiedlicher Gattung zu seyn. Doch da ich sie überhaupt keinesweges der Kirche Gottes zum allgemeinen Gebrauch aufdringe / sondern als eine Probe meiner Privat-Andacht und Frucht meiner GOTT gewidmeten Zeit an das Licht stelle / so wird ein Christlicher Leser auch die schlechte Stücke nach der Liebe beurtheilen / und mir nicht verargen / daß ich sie habe mit unterlauffen lassen.

Der Poesie oder der Rein= und Unreinigkeit der Verse nach gehen diese Lieder abermahlen offt weit *[S. 8]* von einander ab / welches ich selbsten zu gestehen um so weniger Bedenckens tragen darff / als ich mich weder durch diese Arbeit als einen Poeten zu legitimiren verlange / noch weniger aber solche anderen als ein Muster vorzustellen mir jemals habe einfallen lassen. Meine Haupt=Absicht ist allemal gewesen 1. so deutlich zu schreiben / daß mich jedermann verstehen möge / und 2. erbaulich zu seyn: Habe ich geglaubt / dieses erhalten zu haben / ist es mir gut gewesen / und obgleich die Reinigkeit der Poesie auch neben diesen beeden Stücken wohl bestehen kan / ferner die Reglen einer reinen Poesie mir eben nicht unbekannt seynd / und ich endlich auch einem / der nicht aus Eitelkeit und Ruhm=Sucht / sondern zur Ehre GOttes sich befleisset / die Kräfften seines Verstandes und die darzu erforderliche Zeit auf die Reinlichkeit des Verses zu verwenden / es gar nicht verarge; so habe doch ich meines Orts lieber einen nur passablen Vers lassen / und die zu dessen Umgiessung nach denen Reglen der Kunst erforderliche Zeit darzu anwenden wollen / einen oder etliche Verse weiter zu machen. Vielweniger habe ich einen guten Gedancken oder erbaulichen Ausdruck mögen fahren lassen oder wieder aus-[S. 9]streichen / um den Vers desto zierlicher zu machen. Weiter habe ich schon gemeldet / daß ich manchmalen ein Lied schnell währender Predigt u. d. auffgesetzt / da ich keine Zeit gehabt habe / lang daran zu künstlen. Schließlichen hat meine Gabe / Verse zu machen / grosse Intervalla: Zuweilen folgen die Gedancken und Verse so schnell auf einander, daß ich nur schreiben darff oder kaum genug schreiben kan; da muß ich nun dem Strohm den Lauff lassen / und würde durch allzusorgfältiges Nachsinnen auf die Ausbesserungen dieses poetische Glocken=Spiel gleichbalden in Unordnung bringen: Zuweilen gehet es hingegen mit dem Versmachen hart her / und es will nicht von der Ha[nd] / da mag ich dann noch weniger mit der Auskünstlung noch mehr Zeit zubringen. Wie manches anderes Lied anderer Autorum hat grossen Seegen in sich / ob gleich die Poesie in der That schlecht ist / und wie manches Lied ist künstlich genug / hat aber sonsten wenig Safft und Krafft.

Daß ich zerschiedene Lieder also eingerichtet habe / daß die Anfangs=-Buchstaben derer Gesetze einen gewissen Namen heraus bringen / wird manchem sehr altfränckisch / oder wohl gar pedantisch fürkom-[S. 10]men: ich kan oder mag mich auch dißfalls gegen solche Personen nicht verantworten; nur weiß ich / daß es auch ausser mir noch mehrere Leute gibt / welche ein unschuldiges Vergnügen hieran finden / und denen ein solches Lied / wann es auf ihren Namen gerichtet ist / um so viel lieber ist / welches / wo das Lied sonsten für eine solche Person tauget oder besonders tauget / abermalen seinen Nutzen haben kan. Wenigstens hoffe ich / es sollen alle dergleichen meine Lieder ungezwungen heraus kommen / und der Materie deßwegen nichts abgegangen seyn / daß ich dieselbe in diesen Model gedruckt habe.

Endlich so muß ich auch noch etwas von der Publication dieser Lieder gedencken. Es ist wahr / daß wir bereits eine ohngemeine Menge teutscher geistlicher Lieder haben / und wo ich nicht jeden / der es verlangt / durch mein darüber selbst=verfertigtes Haupt=Register überweisen könnte / würde man es mir so wenig glauben / als ich es selbst vor etlichen Jahren geglaubt hätte / daß ich bereits gegen dreyßig tausend teutsche geistliche Lieder anzuzeigen weiß / auch / wo ich mehr Zeit hätte / dieses Haupt=Register fortzusetzen / es in weniger Zeit ohnfehlbar auff fünffzig tausend bringen *[S. 11]* wollte. Es ist ferner wahr / daß in vielen neuen Liedern nichts weiters enthalten ist / als was wir in vielen älteren schon haben und offt besser haben. Es ist weiter wahr / daß gar viele der neuen Lieder gefährliche / verdächtige / dunckele / harte etc. Lehren / Gedancken / Redens=Arten u. d. enthalten / oder sonst so wenig taugen / daß es besser oder doch kein Schade wäre / wann sie nie zum Vorschein gekommen wären. Es ist aber auch wahr / daß wir so vieles Recht haben / geistliche Lieder zu dichten / als unsere Vor=Eltern; es ist wahr / daß uns noch über vielerley Materien Lieder oder doch gute Lieder ermanglen; es ist wahr / daß offt einer durch ein Lied oder dessen Ausdrücke besonders gerühret und zum Guten beweget / oder darinn befestiget wird / welches durch ein anderes Lied nicht geschehen wäre / ob es gleich eben so Geist= und Krafft=reich ist / und was dergleichen Ursachen mehr seynd / welche die Dichtung noch weiterer neuen geistlichen Lieder sattsam rechtfertigen / und uns Mosis Wunsch auspressen: Ich wolte / daß sie alle weissageten. Nur muß ein Autor dergleichen seine Geburten der Kirche GOttes nicht eigenmächtig zum offentlichen Gebrauch auffdringen / sondern ihro hierinn *[S. 12]* die Freyheit und Wahl lassen / ob und was ihr daraus anständig seyn möchte? Siehe / lieber Leser! dieses ist mein Grund / warum ich nicht unrecht daran zu seyn glaube / daß auch ich geistliche Lieder gedichtet habe / und solche nunmehro dem Druck übergebe.

Ich hatte mich aber kaum zu diesem letztern entschlossen / als ich einen neuen Anstand bekame: ob ich nemlich meinen Namen vorsetzen solle oder nicht? Warum ich Bedencken truge / meinen Namen beyzufügen / ware dieses die Ursach / weil ich besorgte / es möchte jemand glauben / als wolte ich damit prahlen / daß ich auch einige Zeit auff geistliche Sachen verwende. Nun bitte ich aber GOtt unaufhörlich / mich ja für aller Scheinheiligkeit / heuchlerischem Wesen / oder auch geistlichen Hochmuth in Gnaden zu bewahren / als welche ich ja so sehr als den Teufel selbsten hasse / und um ein Christenthum / wobey das Hertz nicht rechtschaffen vor GOtt ist / nicht die Hand umkehren möchte. Anderer Seits hingegen bedachte ich wiederum / daß kein rechtschaffener Christ (und um die andere bekümmere ich mich nichts /) von seinem Neben= Christen / der ihme / seines Wissens / zu einer so harten Vermuthung keinen Anlaß *[S. 13]* gegeben / dergleichen Gedancken hegen werde; daß hingegen andere fast mit besserem Grund dencken möchten / als schämete ich mich halben dabey / zu zeigen / daß ich auch von Zeit zu Zeit mit Göttlichen Dingen umgehe / und daß ich dergleichen meine Schrifften selbsten nicht so werth halte / als meine in anderen Materien an das Licht gestellte Sachen; daß ich so auch einige vielleicht ein oder anderem erbauliche Lieder auch mein und meiner Eh=Liebstin Namen etc. auslassen müßte; daß vielleicht ein und anderes bey diesem oder jenem desto eindringender ist / wann er weißt / daß der Autor aus der Fülle seines Hertzens und nicht um des Brods willen oder weil es sein Handwerck gewesen / so oder so geschrieben / wie dann mir selbsten um eben dieser Ursach willen die Lieder ander Christlichen JCtorum gedoppelt lieb seynd; daß andere meines Standes sich um so eher zur Nachfolge dörfften bewegen lassen u. d. Und diese letztere Gedancken haben bey beschehener Uberlegung mich viel erheblicher gedaucht / als die erstere / und in solcher Absicht also wagte ich es / meinen Namen voranzusetzen.

Endlich so hat mir beliebt / diese Lieder in dem Format eines allhier gar bekannt= und gewohnlichen *[S. 14]* Kirchen=Gesang=Buchs drucken zu lassen / keineswegs als ob ich dadurch sie auch in die Kirche eindringen wollte / sondern damit die / so diese Lieder der Durchlesung würdigen wollen / nicht nöthig hätten / diese wenige Bogen besonder einbinden zu lassen / sondern solche zu ermeldtem Gesang=Buch binden lassen könnten.

So viel habe ich mit dir / mein lieber Leser / zu reden gehabt; nun ist noch übrig / daß ich dir / dem Lamm GOttes / das da / wie für aller Welt / so auch für meine Sünden erwürget ist / nun aber lebet und regieret in Ewigkeit / Preis /

Ehre und Danck sage / meine Harffe / Feder und alles / was ich von Natur und Gnade bin und habe / fürnemlich auch / wann diese meine geringe Arbeit bey einigen guten Hertzen einen Seegen haben sollte / denselben in tieffester Demuth vor deinen Thron niederlege / mich von neuem mit allen meines Leibes= und Gemüths=Kräfften zu *deinem* Dienst (o welch ein süsser und angenehmer Dienst!) in Zeit und Ewigkeit von gantzem Hertzen verschreibe / und mich nebst allen denen Meinigen deiner ewigen Liebe und Treue innbrünstig anbefehle. Hat schließlichen vor einigen Jahren / da mir nur im Traum vorgekom-*[S. 15]*men / als ob ich das Lied : Wacht auff! rufft uns die Stimme etc. in Gesellschafft deiner Auserwählten mitgesungen / und damit in deine *ewige* Herrlichkeit eingegangen seye / solches mir eine unaussprechlich empfindliche Freude verursachet / also daß ich so gar nur mit dem Angedencken dieses Traumes mich noch jetzo von Hertzen vergnügen kan / O was wird es erst alsdann seyn? in was vor ein Meer von Seeligkeiten werde ich hienein sincken? wie wird mein Mund alsdann voll Jauchzens / und meine Zunge voll Rühmens seyn? wann ich dich dereinst von Angesicht zu Angesicht erkennen / und mit gantzen Millionen heiliger Engel und Menschen eine Ewigkeit nach der andern anstimmen werde: Heilig ist unser GOTT! Heilig ist unser GOTT! Heilig ist unser GOTT! und alle Lande seynd seiner Ehre voll!
AMEN!

B) Drei auf »Namen gerichtete« Dichtungen aus Mosers *Fünffzig Geistlichen Liedern*

S. 22f.:
5.) Denck=Lied auf meines ältern Sohns CARL Nahmen, über Ephes. III, v. 19. Christum lieb haben / ist besser / dann alles wissen.

In der Melodie: Alles ist an GOttes Seegen.

1. CHristum JEsum hertzlich lieben
Und hierinn sich fleißig üben /
Dieses ist die höchste kunst;
Seynd wir nicht hierauf beflissen /
Ist all unser andres wissen
Nichts als nur ein leerer dunst.

2. Ach! was hilfft es, viel verstehen
Und dabey doch untergehen!
Dann verflucht ist / wer da nicht
Von der liebe JEsu brennet. (*)
Wann ihn nur das hirn erkennet /
Tauget er nichts für gericht.

3. Redlichs hertz und liebe haben
Dieses seynd dieselbe gaben /
Welche GOtt am höchsten hält;
Diese folgen uns im sterben /
Wann das wissen muß verderben
Und im grab im staub zerfällt.

4. Lernst du JEsum lieb gewinnen /
Hast du gleich sonst nicht viel innen /
Bist du dannoch hochgelehrt.
Nur der / wer auf diese frage
Wohl besteht an jenem tage /
Ist in GOttes augen werth.

(*) 1. Cor. 16/22.

S. 71f.:
32.) Bett= und Denck=Lied auf meinen eigenen Namen.

In der Melodie: O GOtt du frommer GOtt etc.

1. MEin GOtt! gib das ich stets vor deinen augen wandle
Und jederzeit bedenck / daß alles / was ich handle /
Denck / rede oder thu / auch alsobald vor dir
So wohl sey offenbahr / ja besser noch als mir.

2. O lasse / was ich thu / mir in gedancken schweben /
Wie? könntest du auch wohl / wann GOtt anjetzt das leben
Von dir abforderte / vor seinem thron bestehn
Und freudig vors gericht mit diesem werck hingehn.

3. So lasse mich auch nur vor meine seele sorgen
Und vor das himmelreich / nicht aber wo ich morgen
Mein brodt hernehmen werd / dann dieses wirffest du /
Wann ich dir nur vertrau / mir nachmals selbsten zu.

4. Erforsch mein innerstes und prüff den grund der seele /
Ob es mir etwa nicht an redlichkeit noch fehle?
Ach nur ein redlichs hertz und daß die heucheley /
Der seelen ärgstes gifft / gantz ferne von mir sey!

5. Regier mich endlich auch / daß ich mir laß genügen /
Wie du's an leib und seel / in leid und freud wirst fügen /
Daß deiner vatter=treu ich mich gantz übergeb
Auch dir / und nicht der welt / so lang ich lebe / leb.

S. 75–77:
35.) Trost=Lied in Wiederwärtigkeiten.
Auf meiner Ehliebstin Namen gerichtet.

In der Melodie: JEsus meine Zuversicht. etc.

1. MEine seele! fasse dich /
Sey mit deinem GOtt zufrieden /
Es geht dir zwar hinderlich
Und dir ist viel creutz beschieden;
Aber schicke dich darein /
Wisse / es muß also seyn.

2. O wie vieles gutes hast
Du von deinem GOtt genossen /
Gegen welchem diese last
Nichts ist / drum sey ohnverdrossen /
Trage sie ja mit gedult /
Denck / ich hab noch mehr verschuldt.

3. Seine straffen / weist du doch /
Die gereichen nicht zum bösen /
Drum so harre / biß vom joch
Er dich selbsten will erlösen /
Er weißt schon die rechte zeit
Und vielleicht ist sie nicht weit.

4. Er will deine zuversicht
Gegen ihm dadurch probieren /
Ey / so lasse dich ja nicht
Zu der ungedult verführen /
Sonst ist schon die straff bestimmt /
Daß ers später von dir nimmt.

5. Richte deine augen hier
Da und dort auf andre plagen /
Welche um und neben dir
So viel tausend müssen tragen /
Du wirst / weiß ich werden froh /
Daß es dir nur geht also.

6. Ja ich weiß und sehe klar /
Daß GOtt meiner noch geschonet /
Ja ich finde offenbar /
Daß er mir nicht so gelohnet /
Wie wohl meine missethat
Gegen ihn verdienet hat.

7. Nun so will ich dann forthin
Gerne an dem creutzes=karren
Stille ziehen / biß ich ihn
Durch mein recht gedultig harren
Einst bewege / daß er mich
Endlich hohle gar zu sich.

IRIS GULDAN, NEULINGEN

JOHANN JACOB MOSER
ALS JOURNALIST

Johann Jacob Moser war von seinem 20. bis zu seinem 74. Lebensjahr als Herausgeber von Zeitschriften tätig. Insgesamt veröffentlichte er die stolze Zahl von 26 verschiedenen Journalen.[1] Sie lassen sich vier großen Themenbereichen zuordnen: den Rechtswissenschaften, dem Bereich der Religion und Kirchen, den Württembergica und den allgemeinen Nachrichten über gelehrte Fragen.[2] Neben Fachzeitschriften im engeren Sinne veröffentlichte Moser auf diesen Feldern allgemeine gelehrte Zeitschriften sowie religiöse Erbauungsjournale. Zeitschriften stellten somit einen wichtigen Teil von Mosers umfangreichem, auf etwa 600 Veröffentlichungen geschätzten Gesamtwerk dar.[3] Im Gegensatz zu seiner politischen und vor allem zu seiner juristischen Tätigkeit fand die journalistische Arbeit Mosers in der Forschung bisher allerdings wenig Interesse. Bis auf den Aufsatz *Johann Jacob Moser als Journalist* von Gottfried Mälzer[4] liegt zu dieser Seite von Mosers Wirksamkeit noch keine Studie vor, obwohl seine Tätigkeit als Zeitschriftenherausgeber und -autor für die Mediengeschichte des 18. Jahrhunderts viele interessante Aspekte bietet. So stellt sich die Frage nach den Motiven für Mosers unermüdliche Herausgebertätigkeit und nach der technischen Umsetzung dieses ausgedehnten Publikationsprogramms. War das Veröffentlichen von Zeitschriften finanziell lukrativ? Brachte es ›symbolisches Kapital‹ auf dem wissenschaftlichen oder sozialen Feld? Welches Interesse besaßen die Verlage daran? Was war überhaupt eine Zeitschrift? Im folgenden sollen einige dieser Fragen am Beispiel von Mosers Zeitschriftenproduktion aufgegriffen und seine Editorentätigkeit in diesem Bereich in einen breiteren mediengeschichtlichen Kontext eingeordnet werden.

Die Entwicklung des Zeitschriftenwesens

Im 17. Jahrhundert entstand die periodisch erscheinende gedruckte Presse, zunächst die Zeitungen, dann im letzten Drittel des Jahrhunderts auch die Zeitschriften bzw. Journale. Die Begriffe ›Zeitschrift‹ und ›Journal‹ für Periodika werden heute synonym verwendet, ersterer aber lässt sich erst im letzten Viertel des 18. Jahrhunderts nachweisen.[5] Es ist nicht einfach zu definieren, was im 17. oder auch noch im 18. Jahrhundert unter einer Zeitschrift bzw. einem Journal zu verstehen ist. Wie für die Zeitung waren Periodizität und ein im Prinzip auf Dauer hin angelegtes Erscheinen auch für die Zeitschrift charakteristisch. Jedoch waren nicht nur die Abstände zwischen dem Erscheinen der einzelnen Nummern größer als bei der Zeitung, sondern auch der Inhalt anders: »die Zeitschriften lieferten vertiefende Informationen und Diskussionen zum politisch-historischen Zeitgeschehen, sie boten Kenntnisse aus allen Wissenschaftsgebieten und allen Bereichen des praktischen und geistigen Lebens, daneben dienten sie der Belehrung, Unterhaltung und Erbauung.«[6]

Es entwickelte sich, das impliziert diese Funktionsbeschreibung, im ausgehenden 17. und frühen 18. Jahrhundert sehr rasch eine breite Palette verschiedener Zeitschriftentypen. Einen ganz wesentlichen Anteil an der Ausbildung des Zeitschriftenwesens überhaupt besaßen die wissenschaftlichen Zeitschriften. Sie entstanden aus der Korrespondenz von Gelehrten und wissenschaftlichen Gesellschaften. Die neue Ära begann hier mit dem *Journal des Sçavans* (etwa mit *Zeitschrift der Gelehrten Welt* zu übersetzen), das seit 1665 in Frankreich erschien und Berichte und Diskussionen aus allen Teilen der Wissenschaft bot.[7] Mit dem Druck des bisher in (halb-)privater handschriftlicher Korrespondenz geführten Austausches der Gelehrten stieg die Verbreitungsmöglichkeit von Neuigkeiten und Kritik. Die daraus entstandene neue Dimension der internationalen Vernetzung wissenschaftlicher Kommunikation bedeutete einen wichtigen Auftrieb für das europäische Wissenschaftssystem.[8] Das *Journal des Sçavans*, als wissenschaftliches Publikationsorgan mit Beiträgen prominenter Gelehrter wurde in ganz Europa gelesen und war schließlich Vorbild für die erste universalwissenschaftliche Zeitschrift in Deutschland, die *Acta eruditorum* (*Gelehrtenberichte*), die jedoch noch in der Gelehrtensprache Latein herausgegeben wurden. Von Otto Mencke 1682 in Leipzig gegründet, erschienen bis 1782 einhundertsiebzehn Bände.[9] Hatten sich die französischen, englischen und italienischen wissenschaftlichen Zeitschriften von Beginn an der Landessprache bedient, setzte sich diese Entwicklung bis zum zweiten Jahrzehnt des 18. Jahrhunderts auch in Deutschland für die Fachzeitschriften weitgehend durch.[10]

Aber nicht nur der Wunsch nach verstärktem wissenschaftlichen Austausch, sondern auch der Wunsch, eine Bibliothek des allgemeinen Wissens zu schaffen, also das bislang über die Erde verstreute Wissen zu sammeln und zugänglich zu machen, spielte für die Zunahme der Zeitschriften eine wichtige Rolle. Zeitschriften stehen daher in einem Kontext mit den Enyzklopädien, die kennzeichnend für das Zeitalter der Aufklärung wurden und vor allem in der zweiten Hälfte des 18. Jahrhunderts entstanden, wie z. B. die berühmte *Encyclopaedia Britannica* (1768–1771) von William Smelly, die *Encyclopédie* (1751–76) von Diderot und d'Alambert oder Johann Heinrich Zedlers *Universal-Lexikon* (1732–1754). Letzteres bestimmte den Begriff ›Journal‹ (auf die Gelehrten Zeitschriften bezogen) im übrigen als eine Schrift von wenigen Bogen, deren darin enthaltene Materien und Abhandlungen aus anderen weitläufigeren Schriften zusammengezogen seien und dem Leser dasjenige in beliebter Kürze vor Augen stellten und ihm damit Mühe und Zeit ersparten.[11] Zedler zielt damit also auch auf den praktischen Nutzen der kurz und bündig zur Verfügung gestellten Nachrichten in Zeitschriften ab.

Neben den universalwissenschaftlichen Zeitschriften spielten im frühen 18. Jahrhundert vor allem die historisch-politischen Journale eine Rolle, die unterhaltend, vielfach satirisch und belehrend zugleich, Tagesereignisse zusammen mit historischen Ereignissen behandelten und einen breiten Leserkreis ansprachen. Das wurde möglich durch die Abfassung in deutscher Sprache und den geringen Preis.[12] Ausgesprochene Fachzeitschriften dagegen gab es an der Wende vom 17. zum 18. Jahrhundert noch kaum. Lediglich die Theologie war als Wissenschaft bis 1720 mit 26 Zeitschriften in etwas breiterem Umfang vertreten.[13] Nach heutigen Kenntnissen wurde die erste rein juristische Fachzeitschrift, die *Europäische Staats-Cantzeley*, wohl von Christian Leonhard Leucht (1645–1716) 1697 in Nürnberg gegründet und seit 1716 von Johann Karl König, Professor in Marburg, später in Halle, bis 1760 fortgesetzt. Die zunächst unter dem Pseudonym »A. Faber« herausgegebene *Europäische Staats-Cantzeley* war jedoch keine kritische wissenschaftliche Zeitschrift im modernen Sinn, sondern enthielt vor allem Reichstagsakten, war also eher eine Quellen- und Rechtssammlung.[14]

Ein weiteres Journal, das bereits als Fachzeitschrift gelten kann, erschien in Jena: das *Neueröffnete historisch-politische Archiv* (1718–1728). Es lässt sich durch den Titel nicht von den populären historisch-politischen Zeitschriften unterscheiden, enthält aber ausschließlich geschichtliche und rechtswissenschaftliche Materien. Diese Zeitschrift wurde von dem Bibliothekar und späteren Professor für Staats- und Lehnrecht in Jena Burchard Gotthelf Struve (1671–1738) herausgegeben. Er hatte bereits durch seine Arbeiten zur juristischen Literaturgeschichte, vor allem durch seine *Bibliotheca juris selecta* (1703) – wohl die erste Schrift zur juristischen Literaturgeschichte, die eine systematisch gegliederte und kommentierte Darstellung der wesentlichen juristischen Bücher versuchte[15] – für die Rechtswissenschaft Bedeutung gewonnen.

Die Neuerung der wissenschaftlichen Zeitschriften bestand schließlich nicht nur in der Spezialisierung auf ein Fachgebiet, sondern auch in der Verwendung der deutschen Sprache. Dies war zwar ein wichtiges Thema im Diskurs der Frühaufklärung, aber bei wissenschaftlichen Publikationen keineswegs allgemein üblich. Durch das Medium der Zeitschrift erhielten diese Bestrebungen nun eine weitere Stütze. Der Kreis der Leser erweiterte sich damit über die gelehrte Welt hinaus, die Wissenschaft stellte sich der öffentlichen Kritik und man wurde so dem Anspruch der Aufklärung nach Unterricht und Bildung für viele gerecht. Andererseits wurde durch die Verwendung der Landessprache die Internationalität der Rezeption zumindest teilweise auch für die Wissenschaft eingeschränkt.

Moser als Herausgeber juristischer Fachzeitschriften

Wenn Moser ab Beginn der 1720er Jahre juristische Fachzeitschriften edierte, dann stieg er damit in einen rasch expandierenden Bereich des frühneuzeitlichen Medienmarktes ein, der zwar bereits gewisse Strukturen aufwies, aber gerade im Bereich der Fachzeitschriften noch deutlich in den Anfängen steckte. Mosers Programm für seine gelehrten Zeitschriften orientierte sich zum einen an den geschilderten traditionellen Kontexten des Sammelns und der Nützlichkeit, zum anderen verfolgte er aber durchaus auch kritische Ziele im Sinne der Frühaufklärung: Unpartheyisches Urteil, Orientierung an Wahrheit und Recht statt an Staatsraison, Macht oder gar an persönlichem Avancement sind Maximen, die Moser hochhielt und für sich in Anspruch nahm – auch wenn er sie selbst nicht immer einhalten konnte.[16] Diese Haltung besaß nach Moser eine besonders kritische Bedeutung gerade für Publizisten im juristischen Sinne des Wortes, also die Vertreter des öffentlichen Rechts, da hier »fast jeder Scribent, der etwas von des Teutschen Reiches Staatsverfassung herausgibt, sich nach den Maximen und Principiis seiner Oberen zu richten pflegt, auch an den meisten Orten nichts, so denselben zuwider wäre, schreiben darf [...], daher allemal zu hinterdenken ist, in wessen Diensten und in was Amt jeder Autor gestanden.«[17] Auch mit der Verwendung der deutschen Sprache in seinen Werken und seinen Zeitschriften plazierte Moser sich in diesen frühaufklärerischen Kontext und öffnete den politisch brisanten Bereich des öffentlichen Rechts für ein breiteres Publikum.

Diese Ziele wurden von Moser mehrfach in Vorworten beschrieben: Seine Zeitschriften sollten vor allem der Verbreitung von bisher ungedruckten oder schwer zugänglichen Informationen dienen, allerdings nicht nur neuen, sondern allen für die Materie wichtigen, also auch älteren Informationen, Abhandlungen, Nachrichten, Urkunden und Büchern.[18] Die Zeitschriften sollten so dem bisherigen Mangel an Information abhelfen; dabei spielte der relativ geringe Preis einer Zeitschrift eine nicht zu unterschätzende Rolle, weil, wie Moser selbst schildert, »die Correspondenzen, durch welche solche Sachen sonst zur Hand gebracht werden müßten, mehr Geld kosteten, als mancher sich leisten konnte oder wollte.«[19] Damit ist zugleich eine wesentliche Voraussetzung für die Herstellung solcher Fachzeitschriften angesprochen: das Vorhandensein eines Kommunikationsnetzes, das den Grundstock bildete für die Versorgung mit Informationen und Beiträgen. Moser muss über ein relativ breites Kommunikationsnetz verfügt haben, das sich allerdings aus der nur in geringem Umfang erhaltenen Korrespondenz noch nicht einmal in Ansätzen rekonstruieren lässt.

Die wichtigste juristische Fachzeitschrift zur Zeit des jungen Moser war das bereits erwähnte *Neueröffnete historisch-politische Archiv* Burchard Gotthelf Struves. Dass Moser mit Struve korrespondierte, beweist leider nur noch ein einziger erhaltener Brief aus dem Jahr 1719.[20] Ob Moser sich mit seinen Zeitschriften an Struve orientierte, lässt sich daraus nicht beurteilen. Dass Struves wissenschaftlicher Ansatz für Moser von großem Interesse war, ist allerdings mehr als wahrscheinlich. Denn Struve bemühte sich um die »methodische Unterscheidung zwischen Staatsrecht und politischer Geschichte«, indem er die beiden Disziplinen auch äußerlich geschieden in selbständigen Werken darstellte.[21] Moser folgte Struve darin, ging aber noch einen Schritt weiter. Struve begriff Staatsrecht und Rechtsgeschichte als Einheit, Moser dagegen wollte das Jus publicum von der Historie lösen. Sie sollte nur dann herangezogen werden, wenn die Quelleninterpretation von der Entstehungs- und Entwicklungsgeschichte abhängig war. Die Historie war für Moser nur eine Hilfswissenschaft für das Staatsrecht, das er zudem ausschließlich aus deutschen Rechtsquellen zu entwickeln suchte. Seine Darstellungen konzentrierte er nach Möglichkeit auf »lauter brauchbare Dinge und würckliche Fälle und Begebenheiten«.[22] Dies schlug sich auch in seinen juristischen Zeitschriften nieder. Die wohl wichtigste staatsrechtliche Fachzeitschrift Mosers war die *Reichs-Fama*, die von 1727 bis 1738 in 23 Teilen anonym in Frankfurt und Nürnberg erschien. Moser beschränkte sich darin vor allem auf das positive Staatsrecht.

Der von Moser ins Auge gefasste Leserkreis bestand, wie erwähnt, nicht nur aus Fachgelehrten, sondern er wandte sich mit seinen Zeitschriften, wie er im Vorwort zu seiner *Reichs-Fama* ausdrücklich formulierte, an den »vernünfftigen Leser«, also eine allgemeine Leserschaft, die sich für die Inhalte der Zeitschrift interessierte. Für sie waren auch die »Historischen Erläuterungen« und »Juridischen Reflexionen« gedacht, die Moser den Beiträgen gelegentlich doch beifügte. Schon im dritten Teil der *Reichs-Fama*, der vermutlich 1729 erschien, hielt Moser jedoch ein weiteres Vorwort für den Leser bereit. Er habe aus Rücksicht auf seine Ämter und Umstände bis auf wenige Ausnahmen davon Abstand nehmen müssen, juristische Reflexionen zu machen und seine eigenen Gedanken über die bekannt gemachten Materien zu entdecken. Er versicherte aber, dass es ihm an Materialien dazu nicht fehle und dass er selbiges nachholen wolle, sobald die Umstände sich ändern würden. Denn käme es nur auf *seinen* Geschmack an, so hätte er lieber juristische Urteile abgegeben, als nur einige historische Erläuterungen beigefügt.[23]

Was waren die angedeuteten Umstände für diese Zurückhaltung? Moser war seit 1726 wirklicher württembergischer Regierungsrat. Als der Hof 1729 nach Ludwigsburg zog und Moser sich entschied, in Stuttgart zu bleiben, ernannte man ihn zum Professor am Collegium Illustre in Tübingen, wohin er im

März 1729 umzog. Seit August dieses Jahres hatte er jedoch wegen Unstimmigkeiten mit seinem Kollegen Helfferich auch Schwierigkeiten mit der Zensurbehörde. Das ist wohl als Grund für Mosers Vorsicht zu sehen, auf diesen Konflikt zielte sicher auch das erwähnte Vorwort. Außerdem wollte Moser nach diesem Vorwort den bisher monatlichen Erscheinungstermin der Zeitschrift künftig vom Vorhandensein tauglicher Materialien abhängig machen – eine Maßnahme, die bei seinen Zeitschriftenunternehmen häufiger zu beobachten ist. Moser konnte den geplanten Umfang und die anvisierte Erscheinungsfrequenz seiner Zeitschriften selten lange durchhalten.

Über die württembergischen Landesgrenzen hinaus bekannt wurde Moser als Herausgeber juristischer Fachzeitschriften erstmals durch das Rezensionsjournal *Unpartheyische Urtheile von juridischen und historischen Büchern*, das er bereits mit 21 Jahren auf einer Reise nach Wien begonnen hatte. Die *Unparteyischen Urtheile* waren keine Zeitschrift im ganz strengen Sinn, wenn man außer auf Publizität, Periodizität und unbegrenzter Dauer auch auf Kollektivität des Inhalts als einem Definitionsmerkmal für eine Zeitschrift besteht, sondern ein reines Rezensionsorgan.[24] Dennoch sind die *Unpartheyischen Urtheile* interessant für Mosers Tätigkeit als Zeitschriftenherausgeber und wichtig für sein Selbstverständnis in diesem Metier. Besprochen wurden darin vor allem Bücher zum Staatsrecht. In den sechs Stücken der *Unpartheyischen Urtheile*, von denen jedes knappe 100 Seiten umfasste, legte Moser als alleiniger Autor in etwa fünf Jahren 169 Buchbesprechungen vor. Er versuchte sich von anderen Rezensionsjournalen, von denen es nicht wenige gab, abzugrenzen, was natürlich einer impliziten Kritik an diesen gleichkam: Zum einen wollte er sich im Gegensatz zu den bestehenden Journalen wieder ausschließlich der Literatur seiner Profession annehmen und vermerkte dies auch gleich auf dem Titel. Andere Bücher sollten nur dann aufgenommen werden, wenn Moser sich im Stande sah, ein begründetes Urteil darüber abzugeben. Zum anderen wollte Moser alte und neue Bücher besprechen, weil man beide nötig habe. Außerdem verzichtete er darauf, Extrakte aus den Büchern zu machen, wie es allgemein üblich und – wie er fand – auch nützlich sei, wenn diejenigen, die für die Extrakte verantwortlich zeichnen, dem Werk auch gewachsen wären. Moser wollte sich auf die Beurteilung der »innerlichen Güte der Wercke« beschränken, weil sich in anderen Zeitschriften entweder gar keine Beurteilungen fänden, um niemanden zu verärgern, oder Beurteilungen, die den besprochenen Werken nicht gerecht würden, weil die Verfasser derselben die Bücher nicht vollständig gelesen oder die Materie nicht verstanden hätten oder aber aus Rücksicht oder sonstigen Vorbehalten urteilten. Er dagegen wolle zunächst das Gute eines Buches zeigen, dann das, was ihm fehle, und am Ende eine Gesamtbeurteilung treffen, ohne sich beeinflussen zu lassen, auch nicht durch Freunde und Gönner, die diese Freiheit nicht als Freundschaftsbruch, sondern als Freundschaftsbeweis ansehen sollen, weil man von einem wahren Freund nur die Wahrheit erwarten könne. Moser nahm für sich als Autor und Rezensent immer »Unpartheylichkeit« in Anspruch. Dies war besonders in Reichssachen aber schon durch seine klar protestantische Position kaum möglich.[25] So urteilte er in vielen Fragen de facto durchaus »partheylich«. Seinen Anspruch auf Objektivität als Wissenschaftler führte Moser vollends ad absurdum, als er nicht davor zurückschreckte, in seiner Zeitschrift seine eigenen Schriften zu rezensieren.[26]

Schon im zweiten Teil der *Unpartheyischen Urtheile* wurde deutlich, wie viel Aufruhr Moser mit dieser Zeitschrift verursachte. Er beklagte sich hier heftig über die Kritik, die ihm wegen dieses Unternehmens entgegenschlug: »Wer die Wahrheit geigt, dem will man den Fidelbogen um den Kopf schlagen, wer sie schreibt, dem will man die Feder auf den Tisch stossen.« Und er fuhr fort, dass er sich von Anfang an gedacht habe, dass man mit ihm wohl nicht besser verfahren werde: »und ich sehe, daß ich kein falscher Prophet gewesen. Hin und her ist der Feuer-Fahne schon gerüstet, über mich herzufahren, und an Trohungen sich zu revengiren fehlt es auch nicht. Doch, ich förchte mir deßwegen noch nicht, und ich besorge, die, so sich am hefftigsten bemühen werden, mein Urtheil einer Kranckheit oder Übereilung anzuklagen, werden sich hiedurch mehr bey dir, unpartheyischer Leser, in einen grösseren Schimpf bringen, als aus einem kleinen retten.«[27] Es war aber wohl mehr die Härte seiner Urteile, nicht die Beurteilung selbst, die vielfach den Widerstand provozierte und oft, auch in späterer Zeit, der Grund für Mosers Schwierigkeiten mit der Zensur war. Im Falle der *Unpartheyischen Urtheile* förderte dieser Aufruhr jedoch den Absatz der Zeitschrift, wie aus der Korrespondenz Mosers mit seinem Verleger Johann Stein in Nürnberg hervorgeht.[28] Trotz des Drängens seitens des Verlegers, stellte Moser jedoch bereits im Jahr 1726 die Arbeit an der Zeitschrift ein. Der letzte Teil des 6. Stückes der *Unpartheyischen Urtheile* ging im April 1726 an den Verlag. Der Grund dafür mag Mosers neues Amt als Regierungsrat gewesen sein, das ihm vielleicht eine gewisse Zurückhaltung im öffentlichen Beurteilen juristisch-politischer Sachverhalte auferlegte.

Neben diesem Rezensionsorgan der *Unpartheyischen Urtheile* (dem er in den Jahren 1729-34 noch drei Bände einer ähnlich strukturierten Bibliotheca Juris Publici folgen ließ), veröffentlichte Moser noch neun weitere juristische Zeitschriften, die von Mälzer drei Gegenstandsbereichen zugeordnet werden: dem allgemeinen deutschen Staatsrecht, besonderen Gebieten des deutschen Staatsrechts, das sich mit den Rechten einzelner Stände befasst, und schließlich einem breiten Gebiet »verschiedener Rechtsmaterien«.[29] Auf all diesen Gebieten betätigte sich Moser sammelnd und systematisierend. Er muß mit einem erheblichen Zeit- und Kostenaufwand korrespondiert, aber aufgrund seiner Expertise bald auch Material zugesandt bekommen haben. Aufgrund der schlechten Quellenlage lassen sich für Mosers juristische Fachzeitschriften jedoch die Fragen der technischen Produktion kaum klären. Offen bleiben muss die Frage nach der Höhe der Kosten für Kopierarbeiten, Korrespondenz, Büchertransport und damit die Frage, ob man durch Zeitschriftenproduktion Geld verdienen konnte. Auch über die Mitarbeiter, die Auflagenhöhe und die Leserschaft der Zeitschriften können meist nur Vermutungen angestellt werden. Zumindest für einige dieser Bereiche ist die Überlieferung zu Mosers zweitem journalistischen Feld, die religiösen Zeitschriften, etwas besser, so dass man hier etwas mehr Einblick in seine Arbeitsweise bekommt.

Moser als Herausgeber religiöser Erbauungszeitschriften

Ließ sich Moser in seiner frühen Zeit und vor allem auch mit seinen ersten juristischen Fachzeitschriften dem Lager der Frühaufklärung zuordnen, so begann er 1728 sich dem Pietismus – und damit auch neuen literarischen Unternehmungen auf außerwissenschaftlichem Gebiet – zuzuwenden.[30] Zu dieser religiösen Wende wurde er durch Schriften Philipp Jakob Speners angeregt, aber auch durch seinen im Tübinger Stift logierenden Bruder Eberhard Friedrich, dem späteren Pfarrer zu Dürrmenz (1710–1743), mit dem Moser und seine Frau nach dem Umzug nach Tübingen engen Kontakt hatten. Nach und nach schlossen sich alle Geschwister Mosers und sein Schwager Hofmann der pietistischen Bewegung an. Seit 1729 wurden im Hause Moser Erbauungsstunden abgehalten. Im Jahr darauf begann Moser, religiöse Lieder zu dichten, und veröffentlichte seine *Erbaulichen Todesstunden*.[31] Die größte Zahl dieser *Todesstunden* druckte Moser gekürzt aus einer Schrift des August Hermann Francke nahestehenden Erdmann Heinrich Graf Henckel nach,[32] erweitert durch Auszüge aus Leichenpredigten.

Seit August 1733 gab Moser die erste erbauliche Zeitschrift Württembergs heraus. Auch für diese Erbauungszeitschrift gab es frühe Vorbilder, dennoch zählte Moser mit seinem Unternehmen immer noch zur Avantgarde auf diesem Feld: Seit 1730 erschien die *Geistliche Fama,* eine erbauliche Zeitschrift des Berleburger Separatisten Johann Samuel Carl, die bis 1742 fortgeführt wurde. Aus dem Halleschen Pietismus entstand 1732 die *Sammlung auserlesener Materien zum Bau des Reichs Gottes* unter der Herausgeberschaft von Johann Adam Steinmetz (1689–1762), die unter wechselnder Leitung bis 1761 bestand. Ein Jahr darauf also gründete Moser seine erbauliche Zeitschrift. Mosers Antrieb war wohl eine gewisse Bekehrsucht, der er, wie er im Rückblick schrieb, in dieser Zeit anheim gefallen war.[33] Die Zeitschrift erschien in Stuttgart, und Moser gab am Ende der Widmung in der ersten Nummer auch seinen Namen bekannt, um es denen, die zu dieser Zeitschrift beitragen wollten, leichter zu machen. Von der *Geistlichen Fama* und den Separationsbestrebungen Samuel Carls distanzierte er sich im Vorwort ausdrücklich.

Aus dem Titel *Altes und Neues aus dem Reich Gottes* kann das Programm abgeleitet werden: Moser wollte Nachrichten verbreiten aus dem Kreis der Pietisten, denn an ihnen wird laut Moser das Reich Gottes auf Erden sichtbar. Der Titel *Altes und Neues* zielte jedoch nicht primär auf Nachrichten aus dem Bereich der Kirchenpolitik, die Zeitschrift enthält vielmehr in der Hauptsache Berichte über Todesstunden und erbauliche Lebensläufe. Diese eigentümlich emotionslosen Schilderungen boten auch keine oder kaum Details zum Leben der beschriebenen Personen, sondern bestanden vor allem aus ausführlichen, schematisierten Schilderungen ihrer Bekehrung oder ihres erbaulichen Sterbens und trugen deutlich Exempelcharakter. Die Funktion als Nachrichtenorgan des

Pietismus darf allerdings auch nicht unterschätzt werden. In einer »Generalen Rubrik« sollte alles, was »zur Erkanntnuß des Reichs Gottes und des Teuffels, wie auch unseres eigenen bösen Hertzens, zu Beförderung der Ehre Gottes, zu Befestigung in dem guten und zur Verwahrung für dem bösen« dienen kann, eingefügt werden. Darunter fielen etwa Reise- oder Gemeindebeschreibungen und die Darstellung von Anstalten, die das »Werk Gottes« befördern helfen. Im Anhang wurden jeweils erbauliche Briefe, Lieder und Literaturhinweise abgedruckt, ohne Urteil, meist nur als Inhaltsangabe, aber die Aufnahme als erbauliches Buch stellte schon eine positive Vorauswahl dar. Dies alles sollte der Stärkung und Verbreitung des wahren Glaubens und damit des Reiches Gottes auf Erden dienen.

Die Entstehung dieser Zeitschrift fiel in eine Zeit intensiver Kontakte des Grafen Zinzendorfs zu Württemberg, als dieser nach der Abwendung von Halle den Anschluss an die Kirche in Württemberg suchte. Zinzendorf besuchte und sprach von Januar bis April 1733 alle wichtigen württembergischen Persönlichkeiten. Im Zusammenhang mit dem Besuch von Zinzendorf und seinen Mitarbeitern entstand in Württemberg offenbar eine Erweckungsbewegung erstaunlichen Ausmaßes. Auch Moser ließ sich von Zinzendorf in seinen Bann ziehen. In einem Brief erinnerte er diesen daran, was der »liebe Gott« durch ihn bei der Moserschen Familie bewirkt habe.[34] Aus den Herrnhuter Diarien geht hervor, dass vor allem die Kinder Mosers durch Zinzendorf bekehrt worden seien.[35] Bei einem seiner nächsten Besuche logierte Zinzendorf sogar im Moserschen Haus.[36]

Der Kontakt Mosers zu Zinzendorf führt auch zu der Frage, wie Moser an das Material für seine Erbauungszeitschrift kam. Waren Herrnhuter als Autoren beteiligt? Moser, der in dieser Zeitschrift nur mit ganz wenigen Beiträgen als Autor hervortrat, schöpfte sein Material – wie auch bei seinen anderen Zeitschriftenunternehmen – zum einen aus bereits gedruckten Schriften, die er in Auszügen nachdruckte. Meist wird bei diesen Auszügen die Quelle genannt. Voraussetzung für die Herausgabe einer Erbauungszeitschrift waren zunächst also eine umfangreiche Bibliothek oder die finanziellen Mittel, sich eine solche anzuschaffen. Zum anderen enthält *Altes und Neues aus dem Reich Gottes* aber auch Originalbeiträge. Ihre Verortung ist meist schwierig. Die Autoren können hier oft nur durch Zufallsfunde ermittelt werden. Es handelte sich vor allem um württembergische Pfarrer wie Martin Wieland aus Biberach, den Vater Christoph Martin Wielands. Sehr viele Beiträge stammten auch aus Herrnhut, einiges mit Sicherheit auch von Zinzendorf selbst. Die jeweiligen Versender können jedoch auch über die Herrnhuter Überlieferung nicht immer bestimmt werden, denn wie die Berichte über Bekehrungen oder erbauliche Todesstunden sind auch die abgedruckten Briefe von allem Persönlichen bereinigt und lassen keine Schlüsse auf die Schreiber zu. Einige Quellen sind aber auch eindeutig zuordenbar. So druckte Moser beispielsweise die von Zinzendorf verfasste *Neueste Nachricht zur Historie der Böhmischen Brüder und von Herrnhut* ab, die bisher nur in Abschriften verbreitet wurden, ebenso die Berichte der Herrnhuter Missionare Christian und Matthäus Stach über ihre Reisen nach Grönland und ihre Erlebnisse bei dem Versuch der dortigen Heidenbekehrung. Die einzigen wirklichen Auftragsarbeiten, die in *Altes und Neues* veröffentlicht wurden, stammen von dem württembergischen Bibelexegeten Johann Albrecht Bengel (1687–1752), der auf nachhaltiges schriftliches und mündliches Drängen Mosers[37] zwei Aufsätze zur Erklärung der Offenbarung beisteuerte, in denen er apokalyptische Berechnungen anstellte. Von den Liedern schließlich stammen einige von Moser, einige von seinem Freund und Kollegen Christoph Friedrich Harpprecht. Vom Spektrum der Autoren her lässt sich also feststellen, dass die Zeitschrift Mosers insgesamt vor allem dem württembergischen und herrnhutischen Pietismus zuzurechnen ist.

Noch schwieriger als die Frage nach den Autoren gestaltet sich die Frage nach der Rezeption der Zeitschrift. Die Zielgruppe Mosers waren Pietisten aller Stände. Abgesehen von der nicht vorhandenen Lesefähigkeit schloss jedoch auch der Preis von zwei Groschen bestimmte Bevölkerungsgruppen als Käufer weitgehend aus. Knechte und Mägde, Tagelöhner und kleine Handwerker konnten sich eine solche Zeitschrift kaum leisten: Ein Tagelöhner verdiente damals etwa 13 Kreuzer, das sind 2,6 Groschen pro Tag und musste somit fast einen Tageslohn aufwenden. Dennoch wäre es voreilig, daraus schon einen Rückschluss auf einen rein bürgerlichen Kreis von Abonnenten und Lesern zu ziehen. Bisweilen bietet sich über die in Bibliotheken vorhandenen Exemplare eine Möglichkeit, die Besitzer dieser Zeitschriften zu rekonstruieren, wie dies an einem in Herrnhut überlieferten Exemplar von *Altes und Neues* der Fall war. Diese Zeitschrift hatte einem Herrnhuter Kaminfeger gehört.

Weiter können auch private Bibliotheken herangezogen werden. Nur in dreien konnte das *Alte und Neue* jedoch bisher nachgewiesen werden. Das Exemplar von Mosers Bruder Eberhard Friedrich liegt heute im übrigen in einer Moskauer Bibliothek.[38]

In der Zeitschrift *Altes und Neues* selbst haben wir ein Beispiel ihrer kollektiven Nutzung überliefert.[39] Moser druckte dort den Bericht eines Pfarrer Kuhn ab, der versuchte, seine ziemlich rauhe Gemeinde in Zainingen auf der Schwäbischen Alb gegen deren erheblichen Widerstand zum wahren Glauben zu bekehren. Kuhn tat dies vor allem dadurch, dass er die Gemeindemitglieder zum Lesen erbaulicher Bücher anhielt, die er kostenlos oder auf Kredit verteilte. Er lehrte die Gemeindemitglieder – Frauen und Männer getrennt – das Schreiben, besonders das Briefeschreiben, das diese dann auch untereinander eifrig praktizierten und sich in ihren Briefen gegenseitig »bestrafen, warnen und ermahnen«. In der Schule drang Kuhn darauf, dass auch die »Mägdlein schreiben lernen«. Schließlich las Pfarrer Kuhn in den Konventikeln aus Mosers Zeitschrift vor. Das Vorlesen durch den Pfarrer bedeutete hier zum einen eine soziale Entgrenzung des durch den Kaufpreis limitierten Rezipientenkreises, zum andern eine zahlenmäßige Erweiterung der ›Leserschaft‹ pro gedrucktem Exemplar. Man geht bei Zeitungen und Zeitschriften davon aus, dass die Leserzahl um etwa das 10- bis 20-fache höher war als die Auflage. Ähnliches wird man auch für die Erbauungszeitschriften annehmen können, aus denen sicher auch in eher bürgerlich ausgerichteten Erbauungsstunden vorgelesen wurde.[40]

Moser brachte bis 1753 acht Zeitschriften zu religiösen Themen heraus, fünf davon können als erbauliche Zeitschriften eingestuft werden, zwei befassen sich mit Kirchenrecht, eine enthält beides. Von diesen Zeitschriften bestand *Altes und Neues aus dem Reich Gottes* am längsten, bis 1739. Von 1733 bis 1736, also über vier Jahre, wurde die Zeitschrift von Moser selbst herausgegeben. Alle anderen seiner religiösen Zeitschriften bestanden nicht länger als zwei Jahre – im Gegensatz zu manchen anderen Unternehmen auf diesem Gebiet wie der bereits erwähnten *Geistlichen Fama*, die über 14 Jahre erschien, und den *Auserlesenen Materien*, die es auf die ganz außergewöhnliche Erscheinungsdauer von 28 Jahren brachten. Teilweise ist diese ›Kurzatmigkeit‹ von Mosers journalistischen Unternehmungen seinen äußeren Umständen zuzuschreiben. Wenn möglich ließ Moser seine Zeitschriften, der besseren und einfacheren Kontrolle wegen, an seinem Wohnort drucken. Er selbst fungierte bei seinen Zeitschriften als Herausgeber, teilweise als Autor, Textsammler, Redakteur und Korrektor. Einen Schreiber beschäftigte er nur zeitweilig. Deshalb hatten die häufigen Umzüge Mosers in der Regel die Einstellung der Zeitschriften zur Folge. Ein Verlagswechsel, also die Suche nach einem neuen Verleger für seine religiösen Zeitschriften am neuen Wohnort, kam aus nicht mehr nachvollziehbaren Gründen für Moser anscheinend nicht in Frage oder war nie erfolgreich. Warum Moser allerdings ausgerechnet im pietistischen Ebersdorf, wo er eine eigene Druckerei und einen angestellten Verleger hatte,[41] keine Zeitschrift herausgab, kann nur vermutet werden. Material müsste genügend vorhanden gewesen sein, sicher auch Leser. Die Antwort könnte banaler sein, als man vermuten möchte, nämlich rein technischer Art. Aus einem Brief Mosers aus Ebersdorf, den er am 17. Januar 1746 an einen unbekannten Empfänger schrieb, geht hervor, dass in Ebersdorf zum einen nur schwer Papier zu bekommen war und dass zum anderen die beiden Pressen, die Moser angeschafft hatte, im Januar schon für das ganze Jahr ausgebucht waren,[42] wohl mit Mosers Monographien – Teile des *Teutschen Staats-Rechts* wurden in Ebersdorf gedruckt –, es finden sich allerdings auch einige kleinere Monographien mit religiösen Themen unter den Ebersdorfer Publikationen. Schließlich scheint Moser die zusätzliche Arbeitsbelastung der Buchherstellung rasch zu hoch gewesen zu sein. Er verkaufte die Druckerei schon bald an einen seiner Drucker und gab den Verlag, um den er sich zusätzlich kümmern musste, auf.

Nachdem er 1751 zum Landschaftskonsulenten ernannt worden war und nach Stuttgart zurückkehrte, stellte er 1753 die Herausgabe von erbaulichen Zeitschriften ganz ein. Dafür gab es wohl verschiedene Gründe. Es ist zu beobachten, dass Moser in den erbaulichen Zeitschriften, die auf *Altes und Neues aus dem Reich Gottes* folgten, immer mehr als Autor hervortrat und Beiträge auch wiederholte. Dies deutet auf einen Mangel an Material. Aus Herrnhut konnte er nach dem Bruch mit Zinzendorf in dieser Hinsicht nichts mehr erwarten, in Württemberg, wo man sich von Zinzendorf abgewandt hatte, wurde er jedoch den Verdacht, mit den Herrnhutern zu sympathisieren, nicht los. Moser war in jener Zeit sicher nicht voll in die pietistischen Kreise des Herzogtums integriert. Ob es ihm auch an Lesern gemangelt hätte, ist schwer zu sagen. Beim Metzler-Verlag, bei dem Moser seine erbaulichen Zeitschriften zunächst veröffentlichte, gab es 1754 einen Generationenwechsel. Johann Benedikt Metzler d.J. übernahm nach dem Tod des Vaters die Geschäfte.[43] Obwohl er zum Hauptverleger Mosers avancierte, verlegte er keine Moserschen Zeitschriften mehr, auch keine juristischen. Vielleicht waren ihm die Einnahmen durch die Zeitschriften zu gering geworden. Für die religiösen Zeitschriften ist mit zu berücksichtigen, dass die erste Blütezeit des Pietismus vorüber und der Absatz dieser Literatur, abgesehen von den Klassikern, sicher rückläufig war. Und ab 1759 saß Moser dann als Gefangener auf dem Hohentwiel, ohne die Möglichkeit, von dort aus weitere Veröffentlichungen oder gar Zeitschriftenprojekte zu betreuen. Nach seiner Freilassung dauerte es mehrere Jahre, bis Moser sich noch einmal dem Journalismus zuwandte. Nun konzentrierte er sich aber ganz auf juristische Fachzeitschriften.[44]

Von seinem 20. bis zu seinem 74. Lebensjahr war Moser als Herausgeber von Zeitschriften tätig. In vieler Hinsicht war er, besonders was die Fachzeitschriften anbelangt, durchaus stilbildend. Die oft kurze Laufzeit seiner Zeitschriften hing nicht nur mit dem durch vielfache Brüche gekennzeichnete Lebenslauf Mosers zusammen, sondern war gewissermaßen ein Kennzeichen des rasch expandierenden Medienmarktes der Zeit, auf dem sich nur wenige Unternehmen wirklich langfristig etablieren konnten. Wie sehr die Zeitgenossen von Mosers Veröffentlichungsfreudigkeit überfordert waren, zeigt ein Ausspruch seines Tübinger Kollegen, des Theologen Georg Bernhard Bilfinger (1693-1750), seit 1724 Professor für Moral und Mathematik am Collegium Illustre. Als Moser einmal seinem Zensor Bilfinger unberechtigte Einwürfe nachwies, sagte dieser »Ich will ihnen nur die Wahrheit gestehen: Sie schreiben so vil, daß ein anderer genug zu thun hat, es zu lesen; auch schreiben sie frey, und wann es zur Verantwortung kommt, beziehen sie sich darauf, sie hätten es in die Zensur gegeben; und doch hat man nichts von diser Censur: Man muß also nur suchen, es ihnen zu entleiden, daß sie nicht mehr so viel schreiben!«

ANDREAS GESTRICH, TRIER

DIE VERKLÄRUNG:
MOSER-REZEPTION IN WÜRTTEMBERG
IM 19. JAHRHUNDERT

»Ein Jahrhundert ist vorüber, seit dieses königliche Herz stillgestanden, diese fleißigste Hand erstarrt, dieser unbestechliche Zeugenmund geschlossen ist. Aber die hundert Jahr her hat er fortgezeugt, und er wird fortzeugen in alle Zeiten. Das Denkmal dieses grundverständigen, grundehrlichen, grunddeutschen und grundfrommen Bürgers, Beamten, Gelehrten und Patrioten stand und steht in Tausenden deutscher Herzen. Daß sein Bild auch leibhaftig vor aller Augen gestellt werde zur Feier seines Todestages, dieser Gedanke hat offene Herzen und Hände gefunden, vorweg auf und an unserem hohen Königsthrone.«[1]

Mit diesen Worten weihte Prälat Heinrich von Merz am 30. September 1885 ein Denkmal Johann Jacob Mosers in Stuttgart ein, das zu dessen 100. Todestag in der schon 1867 nach ihm benannten Moser-Straße errichtet wurde. Grunddeutsch, grundehrlich, grundfromm und gelehrt – so sei das Bild Mosers in die Herzen der Deutschen eingegangen. Aus dem politischen Gefangenen Karl Eugens war nach gut hundert Jahren eine auch von dessen Nachfolgern auf dem württembergischen Thron geehrte Persönlichkeit geworden. Moser galt nun als einer der großen Söhne des Landes, als ein »christlicher Patriot, [der] mit dem Stern erster Größe am nationalen Himmel des vorigen Jahrhunderts« geleuchtet habe, wie auch August Schmid, einer seiner frühen Biographen, meinte. Er bedürfe daher »keiner Einführung beim deutschen Volke«.[2]

Jede Gesellschaft besitzt Ereignisse und Personen, deren Andenken sie bewusst und öffentlich pflegt. Das Erinnern ist ein zentrales Element der Formung politischer und kultureller Identität. Die Auswahl der zu erinnernden Personen und Ereignisse allerdings ist ein hochpolitischer Akt. Die Erforschung der öffentlichen und privaten Erinnerungskultur stellt deshalb ein wichtiges Feld historischer Forschung dar.[3] Wer, wo, wie, wann und vor allem warum von einer Gesellschaft oder einer Gruppe öffentlich erinnert wird, ist meist umstritten. Der Kampf um die kollektive, öffentliche Erinnerung an Personen aus bestimmten innergesellschaftlichen Gruppen ist häufig auch ein Kampf um die Anerkennung dieser Gruppe oder des von ihr vertretenen Gedankenguts, ist ein Kampf um Benennungsmacht: »Wer sie geltend machen kann, wem es gelingt, eine bestimmte Erinnerung zu aktualisieren und dadurch andere abzudrängen oder dem Vergessen anheimfallen zu lassen, vermag offensichtlich Orientierung zu geben und die Wahrnehmung der Realität zu steuern.«[4] Die Diskussion um das Andenken und die Art und Weise des Gedenkens geben uns daher wichtige Aufschlüsse nicht nur über das Selbstverständnis, sondern auch über die Machtverhältnisse in einer Gesellschaft und die politischen Ziele verschiedener gesellschaftlicher Gruppen.

Die Rahmenbedingungen der gesellschaftlichen Erinnerungskultur unterliegen historisch-gesellschaftlichem Wandel. Über Denkmale können heute – zumal in Deutschland – hitzige öffentliche Auseinandersetzungen geführt werden.[5] Im 18. Jahrhundert wurden diese Fragen von oben entschieden. Das öffentliche Erinnern, auch das literarische, unterlag wie alle im Druck verbreiteten Äußerungen der Zensur und konnte damit unterbunden oder zumindest behindert werden. Das 19. Jahrhundert nimmt in dieser Hinsicht eine gewisse Zwischenstellung ein. Die Zensurregeln waren zumindest im letzten Drittel des Jahrhunderts in der Regel gelockert und der öffentliche Raum nicht mehr in der gleichen Weise obrigkeitlich dominiert. Es gab also Handlungsspielräume. Das macht das 19. Jahrhundert unter dem Aspekt der Erinnerungskultur über den engeren Bereich der Herrschaftseliten hinaus interessant.

Das öffentliche Erinnern an Moser war im 19. Jahrhundert de facto eine überwiegend württembergische Angelegenheit. Trotz gegenteiliger Beteuerungen seiner Biographen war der »grunddeutsche« Moser jenseits der Landesgrenzen einer breiteren, nichtwissenschaftlichen Öffentlichkeit kaum bekannt. Der Großteil der Publikationen über ihn erschien auch in württembergischen Verlagen. Der folgende Beitrag konzentriert sich deshalb – notgedrungen – auf die populäre Moser-Rezeption in Württemberg. Was faszinierte die Württemberger des 19. Jahrhunderts an Moser? Welche politische und soziale Bedeutung erfüllte die Erinnerung an seine Person? Wie wurde seine Biographie dabei stilisiert?

Die Person

Zu seinen Lebzeiten war Moser ein politisch unbequemer Mann. Als Rechtskonsulent der württembergischen Landstände war er von Herzog Karl Eugen und dessen Minister Monmartin – weitgehend irrtümlich – als Kopf der landständischen Opposition und Obstruktionspolitik gegen die Kriegspolitik und die Geldbedürfnisse des Herzogs im Siebenjährigen Krieg eingestuft worden. Für ein Protestschreiben des Ausschusses, das Moser entworfen haben soll, wurde er verhaftet. Seine Arbeitgeber, die Mitglieder des Engeren Ausschusses, zeigten sich zwar empört über die Art und Weise der Verhaftung und die Haftbedingungen Mosers, waren aber erleichtert, dass er fort war. Das zeigte sich besonders nach seiner Entlassung. In seiner Lebensgeschichte schrieb Moser bitter, dass er auf der Rückfahrt vom Hohentwiel überall bejubelt worden sei, nur nicht dort, wo er es eigentlich erwartet hätte: in Stuttgart, d.h. bei seinen ehemaligen Kollegen.[6]

Sie unternahmen in den Jahren nach seiner Rückkehr aus der Haft auch alles, um Moser von Dienstgeschäften und jeder Einmischung in die Auseinandersetzungen zwischen Ständen und Herzog fern zu halten. Moser hatte durch seinen Arrest im Lande zwar große Popularität erhalten, aber sowohl der Herzog wie die führenden Cliquen der bürgerlichen Ehrbarkeit hielten sich Moser nach der Haft deutlich auf Distanz.[7] Sie hofften, dass er erneut das Land verließ. Nachdem er nach seiner Entlassung erfolglos seine alte politische Stellung wieder für sich zu reklamieren suchte, zog Moser 1765 in der Tat vorübergehend zu seiner Tochter nach Karlsruhe, kehrte aber bald nach Württemberg zurück, musste sich jedoch gegen eine stattliche Pension ab 1770 definitiv von seiner Stelle als Landschaftskonsulent zurückziehen. Das war Teil eines politischen Kompromisses zwischen Herzog, Moser und den Ständen, aber keineswegs eine Anerkennung von Mosers Leistung und politischer Position.[8]

Diese Ausgangsposition ist wichtig. Denn ein Grundproblem der Rezeption Mosers im Württemberg des 19. Jahrhunderts ist die Frage, wie und warum aus einem von der württembergischen Elite seiner Zeit überwiegend äußerst kritisch betrachteten Mann ein denkmalwürdiger ›Held‹ wurde. Was waren die Bedingungen dieses posthumen Aufstiegs und wie veränderte sich das Bild von Moser im Rahmen dieser Rezeptionsprozesse?

Die Rezeption

Für eine Analyse des Rezeptionsvorganges ist es sinnvoll, sich zunächst einen Überblick über Umfang, zeitliche Schwerpunkte und Autoren des Schrifttums zu Moser im 19. Jahrhundert zu verschaffen. Berücksichtigt werden im Folgenden sowohl Arbeiten zu Moser als auch Neuauflagen von Mosers Schriften. Letztere sind im 19. Jahrhundert außerordentlich rar, konzentrieren sich mit einer Ausnahme auf das frühe 19. Jahrhundert und vor allem auf religiöse Schriften. Politische Texte gibt es nur zwei. Bei der Sekundärliteratur gibt es ebenfalls Schwerpunkte. Sie liegen vor allem auf biographischen Darstellungen und konzentrieren sich ganz besonders in den 1860er und 1880er Jahren.

1789 Moser, Friedrich Carl v.: Letzte Lebens-Jahr und Tag meines seeligen Vaters Herrn J. J. Moser, in: Patriotisches Archiv für Deutschland, Bd. 6 (1789), S. 437–450.

1806 Moser, Johann Jacob: De exercitio religionis domestico eiusdemque iure inter eos, qui diversosacra colunt, Francofurti: Gabriel 1806.

1810 Moser, Johann, Jacob: Ordnung für die Communen, auch deren Vorsteher und Bediente, in dem Königreich Württemberg, Stuttgart: Mäntler o. J. [circa 1810]

1816 Moser, Johann Jacob: Lieder in Kranckheiten, wie auch vom Tode, jüngstem Gerichte, Himmel, Hölle und der Ewigkeit. – 6. Aufl. Reutlingen: Grözinger 1816.

1816 Johann Jacob Mosers Pro Memoria an die Württembergische allgemeine Landtags-Versammlung vom 17. Mai 1770, Stuttgart, 1816.

1843 Ledderhose, Karl F.: Züge aus dem Leben Johann Jacob Mosers, Heidelberg: Winter 1843.

1846 Mohl, Robert v.: Die beiden Moser in ihrem Verhältnis zu deutschem Leben und Wissen, in: Mon. Erg.bl. z. Allg. Ztg. Augsburg 1846, S. 357–381.

1852 Ledderhose, Karl Friedrich: Das Leben Johann Jakob Mosers. 2. verm. Aufl. Heidelberg: Karl Winter 1852.

[1852 Ledderhose, Karl Friedrich: Aus dem Leben der Friedrike Rosine Moser, geb. Vischer, 2. verm. Aufl. Heidelberg: Karl Winter 1852]

1855 Johann Jakob Moser auf dem Hohentwiel, in: Lesebuch für die evangelischen Volksschulen Württembergs, Stuttgart: Hallberger 1855, S. 404ff. [Neuaufl. 1860]
1856 Mohl, Robert v.: Geschichte und Litteratur der Staatswissenschaften, Erlangen 1856, Bd. II, S. 401–424.
1861 Mosers Seelige letzte Stunden hingerichteter Personen / gesammelt von Johann Jakob Moser. Nach einem Jahrhundert im Auszug hrsg. und mit neueren vermehrt von F. M. Kapff, Stuttgart: Belser 1861.
1864 Beiträge zu J. J. Moser's Leben, in: Der Christen-Bote, 34. Jg (1864), Nr. 3-19.
1868 Schmid, August [Pfarrer]: Das Leben Johann Jakob Moser's. Aus seiner Selbstbiographie, den Archiven und Familienpapieren dagestellt von August Schmid, Pfarrer, Stuttgart: S. G. Liesching 1868.
1869 Schulze-Gävernitz, Hermann Johann Friedrich von: Johann Jacob Moser, der Vater des deutschen Staatsrechts : Ein Vortrag, gehalten im wissenschaftlichen Vereine zu Berlin ; Mit dem Bildniß J. J. Mosers. Leipzig : Breitkopf und Härtel, 1869
1869 Hermann, Christian Fr. [Pfarrer]: Johann Jakob Moser, der württembergische Patriot als Gefangener auf dem Hohentwiel. Ein Blumenstrauß zu des Edlen Gedächtnis mit seinem Portrait, Stuttgart : Carl Grüninger 1869.
[1871 Ledderhose, Karl Friedrich: Aus dem Leben und den Schriften des Ministers Freiherrn Friedrich Karl v. Moser, Heidelberg: Winter 1871 (Christliche Biographien, 11).]
1872 Glökler, J. P.: Der Patriot Johann Jakob Moser. Ein Lebensbild aus dem 18. Jahrhundert, Stuttgart J.F. Steinkopf 1872.
1885 [Merz, Heinrich von:] Festrede am hundertjährigen Todestage des Landschaftskonsulenten Johann Jakob Moser: zur Enthüllung seines Denkmals in der Moserstraße, Stuttgart den 30.September 1885 von Prälat Merz, Stuttgart: Steinkopf 1885.
1885 Wächter, Oskar: Johann Jakob Moser. Dargestellt von Oskar Wächter, Stuttgart: J. G. Cotta'sche Buchhandlung 1885.
1885 Schulze, Hermann: Johann Jakob Moser, in: ADB, Bd. 22, Leipzig 1885, S. 372.

1887 Adam, Albert Eugen: Johann Jakob Moser als Württembergischer Landschaftskonsulent 1751–1771, Stuttgart: Kohlhammer 1887.
1897 Lempp, J.: Moser, der württembergische Landschaftskonsulent (1759–65). Zur Aufführung für Vereine und Schulen, Gablenberg 1897.
1927 Ehwald, Karl: Johann Jacob Moser in Ebersdorf, Lobenstein o. J. [1927]
1929 Johann Jakob Moser, der unbestechliche Landschaftskonsulent, in: Unsere Heimat. Württembergische Monatsblätter für Heimat- und Volkskunde. Beilage zum Ulmer Tagblatt, 9. Jg., Nr. 2 Februar 1929.
1935 Bertsch, Albert: Johann Jakob Moser. Ein politischer Märtyrer. Zu seinem 150. Todestag am 30. September, in: Sonntagsbeilage zum Schwäbischen Merkur Stuttgart, Nr. 228 v. 29.9.1935
1937 Münch, Alo: Johann Jakob Moser. Der Gefangene vom Hohentwiel, Gießen / Basel: Brunnen-Verlag 1937 (Menschen, die den Ruf vernommen, Bd. 16).

Auffällig an der Moser-Rezeption ist zunächst das fast vollständige Aussetzen der Beschäftigung mit seiner Person und seinem Werk im ausgehenden 18. und frühen 19. Jahrhundert. Zu Mosers Lebzeiten gab es wenigstens noch manche polemische Schriften gegen ihn.[9] Nach seinem Tod im Jahr 1785 erschien zunächst nur ein 1787 veröffentlichter erweiterter Nekrolog aus der Feder seines Sohnes, Friedrich Carl von Moser. Dieser war in jener Zeit Minister in Hessen-Darmstdt und Herausgeber der Zeitschrift »Patriotisches Archiv für Deutschland«, in der dieser Nachruf auch publiziert wurde.[10] Die Zeitschrift wurde außerhalb Württembergs in einem in Mannheim und Leipzig ansässigen Verlag gedruckt. In Württemberg selbst war auch der tote Moser zu diesem Zeitpunkt noch immer eine persona non grata, öffentliches Erinnern an seine Leistungen wäre schwierig, wenn nicht gefährlich gewesen. Erst der Reformlandtag von 1797–99 – es war der erste Landtag seit 1770 – brachte eine Rehabilitierung Mosers und einen Umschwung in der württembergischen Ständepolitik. Der Engere Ausschuss wurde gestürzt, und der Landtag beschloss ganz offiziell, die Bildnisse Mosers und seines Verbündeten, des Tübinger Bürgermeisters Dann, wieder im Landtagshaus aufzuhängen, von wo sie unter Karl Eugen ebenso gezielt entfernt worden waren. Trotz dieser offiziellen Rehabilitierung Mosers findet man in der Folgezeit für annähernd fünfzig Jahre keine über die fachwissenschaftliche Rezeption hinaus gehende Würdigung seiner Leistungen als Politiker und Wissenschaftler. Einigermaßen überraschend ist, dass nicht einmal zum Andenken seines 100. Geburtstags im Jahr 1801 in Württemberg irgendwelche Drucke oder Artikel zu Moser erschienen. Selbst der Schwäbische Merkur, die wichtigste Zeitung der bürgerlichen Oberschicht des Landes, schwieg damals.

Von den landespolitischen Rahmenbedingungen her ist dieser Befund nicht weiter verwunderlich. Unter Herzog bzw. König Friedrichs spätabsolutistischem Regierungsstil war die Erinnerung an einen Verteidiger landständischer Rechte kaum opportun. Öffentliche Feiern oder Würdigungen Mosers wären sicher der Zensur zum Opfer gefallen, zumal ab 1800 auf Verlangen König Friedrichs auch der Sohn von Mosers ehemaligem Kontrahenten im Engeren Ausschuß, Amadeus Stockmayer, als Landschaftskonsulent eingesetzt wurde. Nun besaß die alte Gegenpartei wieder den größeren Einfluss auf die württembergische Politik. Dass Moser auch in dieser Zeit nicht ganz vergessen war, darauf deuten lediglich einige Neuausgaben seiner Werke. Der Neudruck der von ihm entworfenen Württembergischen Gemeindeordnung war gewissermaßen eine Geschäftsdrucksache, denn diese Ordnung war 1810 noch in Kraft – eines der wenigen Reformprojekte Mosers von einiger Dauer. Dass im Jahr 1816 jedoch sowohl sein Buch geistlicher Lieder »in Kranckheiten, wie auch vom Tode, jüngstem Gerichte, Himmel, Hölle und der Ewigkeit« sowie vor allem sein geharnischtes Promemoria an die Württembergischen Landstände anlässlich seiner endgültigen Entlassung 1770 neu aufgelegt wurden, war sicher nicht ganz zufällig. In diesem Jahr starb der im Lande wenig geschätzte spätabsolutistische Herrscher Friedrich, und mit dem Regierungsantritt König Wilhelms I. erhielt die schon seit dem Wiener Kongress intensiv geführte Verfassungsdebatte eine neue Qualität. Die Debatte um die Stellung und Kompetenzen der Landstände in der württembergischen Verfassung wurde offener, aber auch schärfer. Wer in dieser Situation Mosers Angriff auf den Engeren Ausschuß publizierte, ist nicht klar. Die Publikation kann, aber muss keineswegs von der bürgerlichen Opposition der sogenannten Altrechtler veranlasst worden sein. Diese zielte zwar auf eine Restauration der alten württembergischen Verfassung, für die auch Moser durchaus stand. Es ist aber auch denkbar, dass die Regierung den Neudruck des Promemoria lancierte, denn Mosers

Angriff auf die Korruption der im Landtag führenden Familien enthielt auch für die Auseinandersetzungen des Jahres 1816 durchaus brisantes Material.

Über diesen Neudruck seiner Schrift von 1770 hinaus spielte Mosers politisches und wissenschaftliches Werk in den württembergischen Verfassungskämpfen des frühen 19. Jahrhunderts aber keine bedeutsame Rolle mehr. Der Staatsrechtler Moser wurde aufgrund seines Rechtspositivismus und seiner Orientierung am inzwischen untergegangenen Reich von Politikern und Juristen zu Beginn des 19. Jahrhunderts nicht mehr besonders geschätzt. Sein juristisches Werk war zumindest bezüglich der Verfassungsfragen nur noch von historischem Interesse. Sein Urenkel Robert Mohl, der in den 1840er Jahren eine Würdigung Mosers verfasste, bemerkte zurecht, dass »in der Zeit der französischen Umgestaltung von Deutschland [...] die Leistungen des ›alten Mosers‹ gleich Plunder beiseite geworfen wurden, und man den Massstab für eine solche ängstlich-genaue Ordnung der staatlichen Verhältnisse nach positivem Recht ganz verloren hatte.« Und Mohl fügte hinzu: »Es macht dem jetzigen Geschlecht Ehr, dass es gerechter geworden ist.«

Robert von Mohl war der erste, der im 19. Jahrhundert eine eingehendere Würdigung von Mosers wissenschaftlicher und politischer Leistung versuchte. Er ließ allerdings auch keinen Zweifel daran, dass es weniger die wissenschaftliche Leistung war (die Mohl auch durchaus kritisch beurteilte), die das öffentliche Interesse jetzt wieder auf Moser lenkte, sondern dessen Bereitschaft zu prinzipieller politischer Opposition: »Theils bringt der schwere Entwicklungsgang des deutschen staatlichen Lebens häufiger Fälle des Zusammenstosses ehrenhafter und angesehener Männer mit den Staatsgewalten, was denn die Schicksale der beiden Moser, die zu ihrer Zeit unter ähnlichen Kämpfen Ähnliches duldeten, nothwendig in Erinnerung. Theils lenkt das wieder lebendige Bewusstsein eines deutschen Gesamtvaterlandes den Blick auf sie, welche so viel für dasselbe gewirkt haben, und in ihrer unermesslichen Thätigkeit durch und durch deutsch waren.«[11]

Mutig, oppositionsbereit und durch und durch deutsch – das sollte nun *ein* Strang der Moser-Rezeption im 19. Jahrhundert werden, und man zog dabei unbeschwert eine direkte Verbindung zwischen dem Reichspatriotismus Mosers, der dem Alten Reich und seiner komplizierten Verfassung galt, und dem neuen, auf einen gesamtdeutschen Nationalstaat ausgerichteten Patriotismus oder

Nationalismus des 19. Jahrhunderts. So wenig wie Moser aber aufgrund seiner Opposition gegen den Herzog ein Frühliberaler war, so wenig war er ein Anhänger eines modernen Nationalismus. Die Übergangsformen zwischen dem Nationsbegriff in der vorrevolutionären Patriotismusdiskussion, an der auch Johann Jacob Moser, vor allem aber sein Sohn Friedrich Carl einen gewissen Anteil nahm, und demjenigen des 19. Jahrhunderts sind zugegebenermaßen komplex und auch in der modernen Forschung umstritten.[12] Vielleicht floss im Rückblick gerade an diesem Punkt die Wahrnehmung des Vaters mit derjenigen des Sohnes zusammen. Friedrich Carl von Mosers Schrift »Von dem deutschen Nationalgeist« aus dem Jahr 1765 war eine auch im 19. Jahrhundert viel gelesene und zitierte Quelle für die Entwicklung des deutschen Nationalgefühls.[13] Den älteren Moser jedoch zu einem Vorläufer des bürgerlichen Nationalismus des 19. Jahrhunderts und implizit sogar zu einem Vertreter der preußisch-kleindeutschen Lösung dieses Problems zu stilisieren, hieß ihn gründlich und wohl auch ganz gezielt missverstehen.

Das Oppositionselement, das Robert von Mohl im Vormärz noch so in den Vordergrund seiner politischen Moser-Rezeption gerückt hatte, wurde jedenfalls in der zweiten Hälfte des 19. Jahrhunderts deutlich in den Hintergrund gedrängt bzw. auf spezifische Weise umgestaltet. Für diese Umgestaltung war vor allem ein zweiter Strang der Moser-Rezeption verantwortlich, der pietistisch-religiöse. Diesen Strang hatte Moser selbst in seiner Autobiographie sehr stark vorgeprägt.[14] Auf der Grundlage dieser Autobiographie gab bereits 1843 der bekannte Vielschreiber pietistischer Lebensläufe, Karl Friedrich Ledderhose, eine Biographie zunächst Johann Jacob Mosers, dann seiner Frau und schließlich seines ältesten Sohnes Friedrich Carl heraus.[15] Diese Biographie war die literarische Vorlage, der die meisten populären Schriften zu Moser in den 1860er Jahren folgten. Ledderhose stellte in seinem Vorwort zur ersten Auflage der Biographie den »deutschen Mann« Moser als einen »christlichen Kernmann« dar.[16] Das Leben Mosers wurde in dieser Darstellung weniger in seinem politisch-historischen als in seinem heilsgeschichtlichem Kontext begriffen und um Bekehrung und Zeichen Gottes herum organisiert. Mosers Leben war nun reich an Zeichen Gottes von Kindheit an: »So bewahrte ihn der Herr«, die »Hand Gottes schützte ihn offenbarlich« sind wiederkehrende Topoi dieser Biographie; der Student Moser mied »schlechte und wollüstige Gesellschaft«

und »suchte dagegen fleißige und gesittete Studenten auf«, so dass die schließliche Bekehrung fast zwangsläufig war; von der Festungshaft kehrte Moser »reich gesegnet an seinem inneren Menschen« nach Stuttgart zurück.[17] Damit war Moser schon weit entfernt vom Vorbild der frühliberalen Opposition Robert von Mohls. Ledderhose machte aus Moser bereits in der Zeit des Vormärz nicht nur den »Mann in Christo«, sondern ein trotz aller Anfechtungen letztlich treu monarchistisches Vorbild für eine »religiös und politisch so aufregende[n] Zeit, die auf den Wogen unsteter Meinungen den Fels nicht findet, auf dem man einer reichen Zukunft so sicher und geborgen entgegenschaut«.[18]

Dieser pietistische Strang wurde langfristig der wirksamste in der populären württembergischen Moser-Rezeption. Er fand einen ersten Höhepunkt in den 1860er Jahren, zog sich aber bis weit ins 20. Jahrhundert hinein hin. Ein nach Ledderhose adaptierter Lebenslauf Mosers wurde 1855 in das *Lesebuch für evangelische Schulen Württembergs* aufgenommen und auch in der Ausgabe 1860 beibehalten, 1864 erschien ein langer, mehrteiliger Beitrag zu Moser im *Christenboten*, 1867 wurde in Stuttgart eine Straße nach ihm benannt, 1868 legte der Pfarrer August Schmid seine nach der Autobiographie geschriebene, aber um weitere Quellen angereicherte Biographie Mosers vor, usw.

Was war der Grund für diese intensive Beschäftigung mit Moser in den 1860er Jahren? Schaut man sich die Texte genauer an, dann fallen bestimmte Strukturelemente des Moser-Bildes auf. Im Zentrum der pietistischen Moser-Verehrung stand natürlich seine christliche Bekehrungsbiographie. Die Tatsache seiner Bekehrung und seines exemplarischen christlich-pietistischen Lebenslaufs war die Grundlage seiner Anerkennung als einer verehrungswürdigen Gestalt im Württemberg der 1860er Jahre. Damit verbunden war Mosers Leiden auf dem Hohentwiel, die Kreuzes-Schule, durch die er dort gehen musste, die er nur durch seinen Glauben mehr oder weniger unbeschadet überstehen konnte und in der er viele Zeichen Gottes erfahren durfte. Ein deutlicher Beleg für diese Moser-Rezeption ist die Biographie im *Christenboten*, die nicht zu einem Geburts- oder Todestag Mosers erschien, sondern zum 100. Jahrestag seiner wundersamen Heilung von der Gicht im Kerker auf dem Hohentwiel: »Kürzlich wäre es hundert Jahre seit der wunderbaren Genesung Moser's von seinem Gichtleiden, welche für ihn einen besonders hellen

Lichtpunkt während [...] seiner Gefangenschaft auf dem Hohentwiel bildete«.[19] Auch die Moser Darstellung in dem *Lesebuch für die evangelischen Volksschulen Württembergs* war ganz auf diese wundersame Heilungsgeschichte hin komponiert. Die einzige Neuauflage Moserscher Schriften in den 1860er Jahren galt seiner Sammlung von Bekehrungsgeschichten zum Tode verurteilter Personen vor ihrer Hinrichtung. Sie wurde durch ein Mitglied einer der führenden pietistischen Familien des Landes, F. M. Kapff, um neuere Beispiele vermehrt.[20]

Man muss allerdings sehen, dass im Kontext der pietistischen Rezeption Mosers Lebenslauf nie ausschließlich in das Schema der pietistischen Bekehrungs- und Heiligenviten eingepasst wurde. Bei aller Bewunderung für den bekehrten Christen Moser, seine Glaubensstärke und sein umfangreiches religiöses Werk rückte Moser nie in die erste Reihe pietistischer Glaubensväter auf. Darauf deutet die insgesamt doch eher dürftige Verbreitung seiner religiösen Schriften im 19. Jahrhundert, die sich nicht nur in der geringen Zahl von Neudrucken zeigte, sondern auch in dem äußerst seltenen Nachweis von Moseriana in Untersuchungen zur Verbreitung religiöser Literatur in württembergischen Nachlassinventaren.[21] Die Funktion der intensivierten biographischen Beschäftigung von Pietisten mit Moser in den 1860er Jahren muss daher auf einem anderen Gebiet gesucht werden. Sie erkennt man aus einem weiteren Strukturmerkmal pietistischer Moser-Texte: Ein zentrales Element stellt in ihnen auch die Versöhnung Mosers mit dem Herzog bzw. die Versöhnung des Herzogs mit Moser dar. Die Moser-Biographie im *Lesebuch für die evangelischen Volksschulen Württembergs* stellt zunächst, historisch nicht korrekt, dar, dass Moser »auf anhaltendes Bestreben der Landschaft« freigelassen worden sei und beendet die Freilassungsepisode mit dem Satz:»Der Herzog ließ ihn selbst zu sich kommen, lud ihn zur Tafel und erklärte, dass er nun wüsste, er habe an ihm einen ehrlichen Mann, guten Patrioten (Vaterlandsfreund) und getreuen Unterthanen«.[22] Der Rest der Biographie war dann im wesentlichen religiöse Biographie in der Form pietistischer Exempelliteratur.

Die Versöhnung mit dem Herzog, die in Wirklichkeit nicht nach der Freilassung vom Hohentwiel, sondern erst etwa 5 Jahre später stattfand und auch im Kontext einer erneuten Funktionalisierung Mosers in den Auseinandersetzungen zwischen Herzog und Ständen zu sehen ist,[23] ist ein zentrales Element dieser vom Pietismus beeinflussten Darstellungen. Durch diese Versöhnung, so kann man mutmaßen, wird Moser in gewisser Weise zur verkörperten Geschichte des Pietismus in Württemberg selbst, zumindest zur Projektionsfläche für die eigene Entwicklung. Nachdem der zunächst durchaus absolutismus- und regierungskritische Pietismus und auch die Erweckungsbewegung des frühen 19. Jahrhundert in einer deutlichen Distanz zum Staat und auch zum König gestanden hatten, vollzog sich teils vor, vor allem aber während und nach der Revolution von 1848 eine deutliche konservative Wende des Pietismus. Der Monarch von Gottes Gnaden wurde gerade für die Pietisten zu einem wichtigen Symbol einer christlichen Gesellschaftsordnung und zu einem Bollwerk gegen den Unglauben der Zeit. Um 1860 war der Pietismus in Württemberg zur herrschenden kirchlichen Partei geworden. Er hatte die oppositionelle Rolle ganz abgelegt und den Weg ins Establishment und an die Schaltstellen kirchlicher und weltlicher Macht in Württemberg angetreten.[24]

Der letzte Ausläufer der populären Moser-Darstellungen der 1860er Jahre war Paul Glöklers *Der Patriot Johann Jakob Moser* aus dem Jahr 1872. In dieser sehr deutlich pietistisch inspirierten Schrift wurde Moser schließlich noch für das neu gegründete kleindeutsch-preußische Reich vereinnahmt, das auch seine Vision gewesen sein soll. Nachdem, so Glökler,»das deutsche Land erlöst [ist] von seinem ländergierigen welschen Nachbar[n], von seinem schnöden Dränger, dem sein frevelhaftes Spiel, so Gott will, für alle Zeiten gelegt« sei, jetzt, wo es wieder »eine Lust [sei], ein Deutscher zu sein«, sei es auch Zeit eines Mannes zu gedenken: »Und dieser Eine – er hieß Johan Jakob Moser. Glänzt er doch lichthell als evangelischer Christ, als feuriger Patriot, als furchtloser Held im Frieden, als unbeugsamer Kämpfer für Wahrheit und Recht! Möge sein Bild und sein Wort den Leser erquicken und stärken!«[25] Auch diese kleindeutsch-national Wende passt noch in den württembergisch-pietistischen Kontext. Der württembergische Pietismus hat sich an die politische Entwicklung von 1870/71 rasch und gerne akkomodiert und versuchte dafür Moser noch einmal als Gewährsmann zu benutzen.[26]

Die intensivere öffentliche Mosererinnerung in Württemberg in den 1860er Jahren ist in ihrer spezifischen und selektiven Stilisierung dieses Lebenslaufs wohl nur vor dem Hintergrund der veränderten Stellung des Pietismus zu erklären. Öffentliche Erinnerung braucht Symbole, und Mosers Lebenslauf trug das Potential in sich, seine Person zu einem Symbol werden zu lassen. Wie kein anderer politischer Lebenslauf eines Pietisten war Mosers Biographie dazu geeignet, das ambivalente Verhältnis von Pietismus und Obrigkeit, die prinzipientreue Opposition gegen Machtmissbrauch und Weltsinn der Herrscher, aber auch die Versöhnung mit dem einsichtigen Monarchen als dem Garanten einer gottgewollten Ordnung zum Ausdruck zu bringen. In Mosers Leben lässt sich die Entwicklung des Pietismus im 19. Jahrhundert verdichtet darstellen. Dies geht nicht ohne gravierende Verkürzung der Tatsachen und eine weitgehende Ausklammerung seiner politischen Ansichten, aber genau dies war ja eingetreten.

Dieser Zusammenhang zwischen historischen Persönlichkeiten und den Projektionsbedürfnissen bestimmter Gruppen läßt sich natürlich nicht schlüssig in Form eines kausalen Beweises fassen. Aber im Falle Mosers ist die Stilisierung seiner Biographie und ihre weitgehende Besetzung durch die pietistische Hausgeschichtsschreibung in den 1860er Jahren doch ein gravierender Hinweis auf solche Verbindungen. In den Gedenkschriften um 1885 läuft diese Tradition dann aus. Zugleich setzte mit der Arbeit von Adam eine kritische- re und wissenschaftliche Aufarbeitung der Biographie und der politischen Stellung Mosers ein, die sich dieser Funktionalisierung nicht mehr so ohne weiteres fügte. Es ist deshalb kein Zufall, dass die jüngste Neuauflage der pietistischen Beschäftigung mit Moser, ein Artikel von Winrich Scheffbuch im Württembergischen Gemeindeblatt zu Ehren seines 300. Geburtstages, sich vor allem wieder auf Ledderhoses Destillat der Moserschen religiösen Selbststilisierung zurückzog und dies unter großzügiger Umgehung aller Kenntnisse landeshistorischer Forschung der letzten hundert Jahre mit einer neuen Variante der Verklärung der Haft des »Demokraten und Christen« Moser zum stellvertretenden und rettenden Leiden für das Land verband: »Die eindrückliche gewaltlose Demonstration gegen den eigensinnigen Herrscher im Ludwigsburger Schloss trug mit dazu bei, dass Karl Eugen sich später wirklich änderte und ein guter Landesvater wurde.«[27]

ANHANG

ANMERKUNGEN
LITERATURVERZEICHNIS
AUTORENVERZEICHNIS

Anmerkungen zu Wilson, Moser und die württembergische Politik

1. Englischsprachiger Originalbeitrag. Die Übersetzung besorgte Andreas Gestrich.
2. Das nützlichste und umfassendste Beispiel für diese Interpretation ist Schmid (1868). Dieses Werk ist für Datailinformationen immer noch wertvoll. Andere Standardinterpretationen für die Politik der württembergischen Stände finden sich bei Grube (1957) u. Carsten (1959), S.134–46.
3. Vgl. z.B. Münch (1937); Borst (1980), S. 33–50, 383–385.
4. Bader (1960), S. 92–121.
5. Vgl. dazu Adam (1887) sowie ders. (1907–09), Bd. I, S. 193–310.
6. Rürup (1965). Obwohl kritisch gegenüber Rürups Interpretation porträtiert auch die jüngste Moser-Biographie die württembergische Politik mit Hilfe dieses dualistischen Modells: Walker (1981).
7. Moser, Lebensgeschichte (1777–83).
8. Haug-Moritz (1992); Wilson (1995); Pelizaeus (2000).
9. So v.a. Rürup (1965), S. Ixf.; Zum Pietismus als einer Quelle der Opposition gegen Absolutismus in Württemberg vgl. Fulbrook (1983).
10. Walker (1981), bes. S. 3–5, 131, 186.
11. Vgl. z.B. sein Schreiben vom 25. Aug. 1764 an Herzog Karl Eugen aus seiner Haft auf dem Hohentwiel, in dem er sich weigerte, das für seine Haftentlassung geforderte Dokument zu unterschreiben, da es von ihm verlangte, »schwere Verbrechen« zu bekennen, die »meiner sauer und wohl erworbenen Ehre« zuwiderlaufen würden. Hauptstaatsarchiv Stuttgart (in Zukunft HSAS), A8 Bü.389.
12. Zu Mosers Sicht vgl. v.a. seinen Brief vom 21. Nov. 1765 an Karl Eugen, abgedruckt bei Rürup (1965), S. 245–8, und ganz allgemein Moser, *Neues Teutsches Staatsrecht* (1766–75), Bde. XIV–XVI: *Von der Landes-Hoheit*.
13. Walker (1981), S. 118–52, 290–329.
14. Wunder (1971), S. 145–220.
15. Walker (1981), S. 78. Seine Verwandten waren jedoch nicht besonders bedeutsam, ein Gottlob Friedrich Moser von Filseck diente in den 1730er Jahren als Offizier bei den Württembergischen Kreis Dragonern; vgl. HSAS, A6 Bü.23; A202 Bü.2257.
16. Es gibt keine spezielle Studie zur Ehrbarkeit. Als Überblick vgl. Decker-Hauff (1972), S.51–80.

[17] Vgl. v. Aretin (1993–7); Neuhaus (1997); Wilson (1999).
[18] Wilson (1998) sowie Wilson (1996).
[19] Vgl. zusätzlich zu den Hinweisen in Anm. 7 auch Fimpel (1999); v. Neipperg (1991); Gebauer (1969); Wunder (1971).
[20] Die traditionelle Sicht wird am besten dargestellt bei v. Spittler (1837). Für die Neueinschätzung vgl. Oßwald-Bargende (2000), v.a. S. 40–79 sowie Wilson (1995), S. 130–5.
[21] Vgl. Walker (1981), S. 30–61; Rürup (1965), S. 61–5, 120–5.
[22] Dass Moser daran doch beteiligt gewesen sei behauptet Hasselhorn (1958), S. 66. Zu den Verhandlungen über die Reversalien vgl. Tüchle (1939), S. 33–44 und HSAS, L5 Tom.141.
[23] Wilson (2002); Haasis (1998).
[24] Zum Folgenden vgl. Walker (1981), S. 84–186; Rürup (1965), S. 65–95.
[25] Diese Interpretation leitet sich von Dizinger (1834) und Pfaff (1850), Bd. IV, S. 227–48 her. Zum Folgenden vgl. Wilson (1995), S. 184–98 und die dort zitierten Quellen.
[26] HSAS, L5 Tom.147, 158.
[27] Rürup (1965), S. 130–1.
[28] Für die Schwierigkeiten mit Preußen vgl. HSAS, A202 Bü. 1206, 1207, 1210, 2299; C14 Bü. 68, 69, 597; Geheimes Staatsarchiv Preußische Kulturbesitz, I HA, Rep.11, Nr.305, Fasz.149.
[29] Storz (1981); Walter (1987).
[30] So wurde argumentiert von Bader (1960), S. 111–12.
[31] Zu den Verhandlungen und für Exemplare des Vertrages vom 4. Feb. 1752 vgl. HSAS, A202 Bü. 2218, 2219; Landesbibliothek Stuttgart, cod.hist. fol.647. Die Subsidien wurden für das Militär ausgegeben; vgl. Wilson (1995), S. 205–7.
[32] Die Verschlechterung der Beziehungen kann verfolgt werden in HSAS, L5 Tom. 154–65. Als Überblick aus der Sicht der Stände vgl. Grube (1957), S. 424–9.
[33] Vgl. Wilson (1995), S. 209–26 und die dort zitierten Quellen.
[34] Als Beispiel vgl. die Diskussion von Mosers Einbeziehung in den Kommerzienrat bei Wintterlin (1911), S. 310–27; Söll (1934), S. 99–116.
[35] Reyscher (Hg.) (1828–51), Bd. XIV, S. 537–77.
[36] Rürup (1965), S. 169–88 sieht ihn als progressiven Reformer, während Walker (1981), S. 199–205 ihn als eher konservativ interpretiert. Für ein typisches Beispiel von Mosers Gutachten vgl. Adam (1903), S. 205–26.
[37] Moser, Neues Teutsches Staatsrecht, Bd. XVI/III: Militar-Sachen (1773), bes. S. 2–29, 104–13.
[38] Moser, Neues Teutsches Staatsrecht, Bd. XIII/I: Reichs-Stände (1769),S. 841. Weitere Diskussion bei Dreitzel (1991), S. 277–85.
[39] HSAS, A8 Bü. 389, Moser an Karl Eugen 19. Mai 1763.
[40] Zu Stockmayer vgl. Haug-Moritz (1992), S. 302; Adam (1887), S. 4–5, 15–52.

[41] Walker (1981) S. 194–6, 199–200, 205.
[42] Haug-Moritz (1992), S. 79.
[43] Rürup (1965), S. 173–9.
[44] HSAS, L5 Tom. 165–7, L6.22.8.1.
[45] Wilson (1994).
[46] Haug-Moritz (1992), S. 296.
[47] HSAS, A8 Bü. 389 Franz I an Karl Eugen 20. Aug. 1759. Im gleichen Brief gratulierte der Kaiser dem Herzog dazu, dass er Moser festgenommen hatte.
[48] Schmid (1868), S. 260–3; Adam (1887), S. 62f.
[49] Vgl. die Berichte in HSAS, A8 Bü. 389 und die Papiere in Bü.390. Vgl. auch *Stuttgarter Wochentliche Nachrichten*, Nr.1137 vom 17. Juli 1759.
[50] HSAS, A8 Bü.389 Moser an Karl Eugen vom 19. Mai 1763. Vgl. auch Adam (1887), S. 57–9.
[51] V.a. Bader (1960), S. 112. Ein Beispiel für die Standardkritik an Montmartin bei Storz (1981), S. 85–92.
[52] Haug-Moritz (1994) und der kurze Artikel von Haug-Moritz (1997).
[53] Zu Rieger vgl. HSAS, A30z Bd.7 fol. 276; Schneider (1888); Hoch (1824).
[54] Haug-Moritz (1992), S. 188f.
[55] Brockliss / Elliott (eds.) (1999).
[56] HSAS, L6.22.8.1.
[57] Weitere Einzelheiten bei Haug-Moritz (1992), S. 298–365; Schulenburg (Hg.) (1842). Der Erbvergleich ist abgedruckt bei Reyscher (Hg.), *Bd.* II, S. 550–609.
[58] HSAS, A8 Bü.389; Rürup (1965), S. 166–8; Walker (1981), S. 246–52.
[59] Rürup (1965), S. 189f. tendiert dazu, Mosers Einfluss nach seiner Freilassung zu überschätzen. Vgl. die Ergebnisse von Haug-Moritz (1992), S. 407f., 430f., 447.
[60] Das Promemoria ist abgedruckt bei Schmid (1868), S. 416–38. Es wurde erstmals im Jahr 1816 publiziert. Wie Moser wurde Dann später rehabilitiert und sein Porträt wieder im Versammlungsraum der Stände aufgehängt. Allerdings wurden ähnliche Vorwürfe des Nepotismus und der Vorteilsnahme im Jahr 1770 gegen Dann selbst von seiner eigenen Stadt- und Amtsversammlung erhoben. Vgl. dazu Baur (1863),S. 98–100.
[61] Adam (1887), S. 96–154.
[62] Es gibt keine neuere Arbeit zu den Beziehungen zwischen Herzog und Ständen in der Zeit zwischen 1770 und 1797. Als Überblick vgl. Grube (1957), S. 447–9.
[63] Walker (1981), S. 283–346 bietet die beste Darstellung dieses Teils von Mosers Leben.

Anmerkungen zu Haug-Moritz; Öffentlichkeit und »gute Policey«

1. Zu Mosers Konsulententätigkeit vgl. Adam (1887); Haug-Moritz (1992)
2. Schömbs (1968), S. 281–295 (chronologisch geordnetes Schriftenverzeichnis Mosers).
3. Zitiert nach Rürup (1965), S. 98/Anm. 8.
4. Stolleis, Bd. 1 (1988), S. 258.
5. Vgl. den Beitrag von Andreas Gestrich in diesem Band.
6. Das Mosersche Manifest anläßlich seines Ausscheidens aus landschaftlichen Diensten ist abgedruckt bei Schmid (1868), S. 41, das Zitat auf S. 431 f.
7. Vgl. zum Folgenden, insoweit nicht anders angegeben Adam (1887); Rürup (1965); Walker (1981); Haug-Moritz (1992).
8. Bibliographischer Nachweis bei Schömbs (1968), S. 284 (Nr. 73).
9. Teutsches Staats-Archiv, Bd. 8, (1756), »Von den Landständen des Herzogtums Wirtemberg«, S. 336.
10. So etwa bei Rürup (1965), S. 177 f.
11. Ausführlich Haug-Moritz (1992), S. 295–298.
12. Zitiert nach Rürup, (1965), S. 6.
13. Vgl. die Nachweise bei Haug-Moritz (1992).
14. Moser, Neues Teutsches Staatsrecht, Bd. 4 (1769).
15. Schömbs (1968), S. 288–291.
16. Zu diesem Forschungsschwerpunkt des Max-Planck-Instituts für europäische Rechtsgeschichte in Frankfurt vgl. die Sammelbände Stolleis (1996); Härter (2000) und immer noch die grundlegende Untersuchung von Maier (1966/1986).
17. Landwehr (2000), S. 65.
18. Zu den Verhältnissen in Württemberg vgl. Gestrich (1994); vgl. jetzt auch den Forschungsüberblick bei North (2000) Bd. 59, S. 2–5, 45–52, sowie bei Stollberg-Rilinger, in: ZHF 27 (2000) und zum Begriff der »politischen Öffentlichkeit« im hier verwandten Sinn Repgen (1997), v.a. S. 39–50.
19. Vgl. Maier (1986), S. 105–190: Landwehr (2000) S. 75–80.
20. Grundlegend bis heute Grube (1954).
21. Stollberg-Rilinger (1999), S. 46–56.
22. Dreitzel (1991), S. 84–89.
23. Abgedruckt bei Faber [= Christian Leonhard Leucht], (1766), S. 48.
24. Neues teutsches Staatsrecht, Bde 16/1–9, (1772/73).
25. Stollberg-Rilinger (1999), S. 81–91.
26. Reyscher, Bd. 2, (1829), S. 517–536; vgl. auch ebd., S. 557 (Erbvergleich von 1770).
27. Willoweit (1978), S. 17.
28. Stollberg-Rilinger (1999), S. 299.
29. Hierzu grundsätzlich Mohnhaupt, in: Stolleis (1991) S. 249–264.

30 Haus-, Hof- und Staatsarchiv Wien (HHSTAW), Würtembergica 13a, 311f. (Reichshofratsgutachten zum Vergleich über die Gravamina Classe I des Erbvergleichs, 10.5.1768).
31 Hauptstaatsarchiv Stuttgart (HSTAS) L6.2.41.6, Gutachten Mosers zum Corpus Privilegiorum, 18.4.1766 (o.F.).
32 Wie Anm. 30.
22 Maier (1986), S. 87–91.
34 Landwehr (2000), S. 61–66.
35 Überblick bei Rürup (1965), S. 174–198.
36 Moser, Einige Grund-Sätze einer vernünftigen Regierungs-Kunst, Stuttgart 1753 (auch anonym: Franckfurt/M. 1761).
37 Moser, Neues teutsches Staatsrecht, Bd. 16/6, S. 8.
38 Ebd., S. 9.
39 HHSTAW, Würtembergica 13a, f. 311.
40 Vgl. ebd., 311f. und Reyscher, Bd. 2, S. 562f. und zu der mit dieser Regelung verknüpften kaiserlichen Intention ebd., f. 314 und Haug-Moritz (1993).
41 Landwehr (2001), Nr. 2936 bis Nr. 3974; Reyscher, Bd. 14, (1843).
42 Moser, Neues teutsches Staatsrecht, Bd. 16/6, S. 9.

Anmerkungen zu Gestrich, Moser als politischer Gefangener

1 Dieser Beitrag wurde unter dem gleichen Titel erstmals veröffentlicht in: Haus der Geschichte Baden-Württemberg / Landeshauptstadt Stuttgart (Hg.): Politische Gefangene in Südwestdeutschland (Stuttgarter Symposion Schriftenreihe, Bd. 9), Tübingen: Silberburg Verlag 2001, S. 53–73. Für den Wiederabdruck wurde der Text geringfügig stilistisch überarbeitet.
2 Schmid (1868), S. 363.
3 Zur politischen Karriere Mosers vgl. v.a. die beiden Biographien von Rürup (1965) u. Walker (1981); zu seiner Tätigkeit als Landschaftskonsulent außerdem Adam (1887); zum landesgeschichtlichen Zusammenhang Vann (1986), S. 237ff.; Wilson (1995), S. 209ff. sowie seinen Beitrag zu diesem Band; zum größeren Kontext auch Haug-Moritz (1992) sowie ihren Beitrag zu diesem Band.
4 Zum Zusammenhang von Legitimität monarchischer Herrschaft und Öffentlichkeit sowie der Rolle des Rechts vgl. Gestrich (1994), S. 63ff., 120ff.
5 Eine zentrale Frage war die Autorschaft eines Dokuments, in dem der Landschaftsausschuss den leitenden Minister Karl Eugens, den Grafen von Monmartin, scharf angegriffen hatten. Die besonders belastenden Passagen stammten nicht von Moser, der als Landschaftskonsulent und Widersacher der herzoglichen Politik im Siebenjährigen Krieg

bekannt war. Vgl. dazu Walker (1981), S. 233ff.; Adam (1887), S. 60; Rürup (1965), S. 245; zu Monmartin auch Vann (1986), S. 251ff. sowie Haug-Moritz (1994).
6   Schmid (1868), S. 371
7   Schmid (1868), S 364.
8   Schmid (1868), S. 364.
9   Internetseite der PDS unter dem Stichwort »politische Justiz«. Eine weitere, an einem entscheidenden Punkt allerdings auch eingeengte Definition des politischen Gefangenen bietet die UN Menschenrechtskonvention und die sich darauf stützenden Hilfsorganisationen wie Amnesty International. Politische Gefangene sind für sie nicht-militante Personen oder Gruppen, die wegen ihrer Überzeugung oder anderer Kriterien inhaftiert wurden. Ihrer nimmt sich Amnesty International besonders an. Als gewaltlose politische Gefangene bezeichnet Amnesty International alle Menschen, die »wegen ihrer Überzeugung, Hautfarbe, ethnischer Herkunft, Sprache, wegen ihres Glaubens oder ihres Geschlechts inhaftiert sind und die bei der Vertretung ihrer Überzeugung keine Gewalt angewandt oder befürwortet haben. Für diese gewaltlosen politischen Gefangenen fordert Amnesty International die sofortige Freilassung.«
10 Vgl. zu diesem Problemkontext auch Schröder / Wilke (1999).
11 Moser selbst hat durch die Veröffentlichung von Teilen seiner Autobiographie, die durch seine Neigung zum Pietismus schon im 19. Jahrhundert von der pietistischen Traktatliteratur intensiv rezipiert wurde, stark zur Präsenz seiner Person in der ‚kollektiven Erinnerung' Württembergs beigetragen. Vgl. Moser, Lebens-Geschichte (1777–83). Ein großer Teil der Autobiographie Mosers wurde zusammen mit weiteren Dokumenten bei Schmid (1868) abgedruckt.
12 Zit. nach Rürup (1965), S. 153. Vgl. dazu v.a. Walker (1981), S. 189ff.; zur Würdigung des Juristen Moser vgl. v.a. Stolleis (1988), S. 258ff.
13 Zu Stockmayer vgl. z.B. Adam (1987), S. 16ff.; zur Rolle Mosers als Landschaftskonsulent vgl. v.a. Walker (1981), S. 189ff.;
14 So gab Moser in dieser Zeit eine an kameralistischen Reformen orientierte Zeitschrift heraus: Moser, Schwäbische Nachrichten (1756–1757). Vgl. zu diesem Aspekt der Tätigkeit Mosers Walker (1981), S. 200ff.
15 Walker (1981), S. 213f., mit etwas anderer, positiverer Gewichtung der Rolle Mosers Rürup (1965), S. 182.
16 Zur komplizierten Geschichte der württembergischen Politik in jener Zeit und von Mosers Verhalten in diesem Zusammenhang vgl. v.a. Walker (1981), S. 226ff.; Haug-Moritz (1992), S. 55ff.; Wilson (1995), S. 209ff., der die schwierige Position Württembergs nach dem Koalitionswechsel Frankreichs genau analysiert und aufzeigen kann, dass der Herzog keineswegs voreilig ein Kriegsengagement eingegangen war (ebd., S. 211).

ANMERKUNGEN **173**

17 Zu Monmartins Politik und Rolle bei Mosers Festnahme Haug-Moritz (1994) sowie Wilson in diesem Band.
18 Moser, Abhandlung (1765).
19 Moser, Landeshoheit (1773), S. 321.
20 Walker (1981), S. 232ff.
21 Zur Haltung Wiens vgl. Schmid (1868), S. 260ff. 305f.; Walker (1981), S. 229ff.; Wilson (1995), S. 219.
22 Dazu trugen auch einige Schriften bei, in denen er die habsburgische Rekatholisierungspolitik nach dem Dreißigjährigen Krieg kritisierte; vgl. v.a. Moser, Hanauische Berichte (1750/1751), Auszüge daraus bei Schmid (1868), S. 545ff..
23 Es ist deshalb auch gar nicht sicher, wie ein Prozess Mosers vor dem Reichskammergericht ausgegangen wäre.
24 Vgl. Wilson in diesem Band.
25 Zit. nach Schmid (1868), S. 281f.
26 Schmid (1868), S. 284.
27 Schmid (1868), S. 286.
28 Schmid (1868), S. 371.
29 Zit. nach Schmid (1868), S. 300. Auch Walker war befremdet von der religiösen Formelhaftigkeit und geringen Intimität, mit der Moser in der Zeit seiner Haft an seine Familie schrieb. Vgl. Walker (1981), S. 243; allerdings sind im wesentlichen nur die von Moser selbst veröffentlichten Briefe an seine Familie überliefert. Er mag hier selbst eine gewisse Auswahl getroffen haben,
30 Zit. nach Schmid (1868), S. 370.
31 Zit. nach Schmid (1868), 584f.
32 Vgl. dazu Schmid (1868), S. 311ff. Moser gab diese geistlichen Lieder nach seiner Haft als Sammlung heraus. Vgl. Moser, Lieder in Kranckheiten (1765).
33 Schmid (1868), S. 313.
34 Moser, Grund-Säze (1765); Moser, Muntere Stunden, teilweiser Abdruck in Schmid (1868).
35 Schmid (1868), S. 582.
36 Schmid (1868), S. 314.
37 Schmid (1868), S. 371.
38 Diese Mächte waren die Garantiemächte der zum Amtsantritt des katholischen Herzog Karl Alexander (1733–1737) im Jahr 1727 geschlossenen Religionsreversalien. Vgl. dazu z.B. Vann (1986), S. 195f.; Wilson (1995), S. 159f.
39 Walker (1981), S. 247ff,
40 Vgl. z.B. Ledderhose (1843); Beiträge (1864); Hermann (1869).
41 Moser, Lebensgeschichte (1777–1783), Teil 2, S. 154–158, vgl. Walker (1981), S. 252.
42 Vgl. Walker (1981), S. 252ff.

Anmerkungen zu Stolleis, Erzpublizist des Alten Reichs

1. Zum folgenden vgl. Stolleis (1988), v.a. S. 93ff. u. 141ff.
2. Bodin (1576), I, 8; vgl. Stolleis (1988), S. 181ff.
3. Heckel (1983), S. 111ff.
4. Zur Entwicklung der Reichspublizistik an der Universität Tübingen vgl. Stolleis (1988), 243.
5. Zum folgenden vgl. Stolleis (1988) 258ff.; Rürup (1965); Walker (1981); Schömbs (1968); Laufs (1995).
6. Zu Mosers Zeit als Landschaftskonsulent, den Konflikten, der Gefangenschaft und Rückkehr vgl. Adam (1887) sowie die Beiträge von Wilson, Haug-Moritz und Gestrich in diesem Band.
7. Werkverzeichnisse finden sich bei Rürup (1965) u. Schömbs (1968).
8. Dies und das folgende nach Stolleis (1988), S. 260ff.
9. Häberlin (1794), S. 23.
10. Moser, Neueste Geschichte (1770), S. 116.
11. Moser, Einleitung (1731-1737); Moser, Historisch-und rechtliche Betrachtungen (1737); [Moser], Reichs-Hof-Raths-Conclusa (1740); Mynsinger v. Frundeck (1563); Gail (1578); vgl. dazu Stolleis (1988), S. 134ff.
12. Moser, Grund-Säze (1750); Moser, Grund-Säze (1752); Moser, Versuch (1777-1780) sowie ergänzend Moser, Beiträge (1778-1780) u. Moser, Beiträge (1779-1781).
13. [Moser], Unpartheiische Urtheile (1722-1725); Moser, Bibliotheca (1729-1734); Moser, Lexicon (1738).
14. Vgl. dazu mit weiteren Literaturnachweisen Stolleis (1988), S. 265.
15. Moser, Compendium (1731), Vorrede.
16. Mohl (1856), S. 402.

Anmerkungen zu Walker, Neue Welten

1. Dieser Beitrag wurde mit freundlicher Genehmigung des Autors und des Verlags dem Werk Mack Walker: Johann Jakob Moser and the Holy Roman Empire of the German Nation, Chapel Hill: The University of North Carolina Press 1981, S. 337–346 entnommen. Die Herausgeber danken Autor und Verlag für ihr Entgegenkommen. Die Übersetzung aus dem Amerikanischen besorgte Andreas Gestrich. Für die Übersetzung wurden die ins Amerikanische übersetzten Originalzitate Mosers, so weit dies ging, wieder rekonstruiert. Durch die spezifischen Nachweise hat sich die Zahl der Fußnoten gegenüber der ame-

ANMERKUNGEN **175**

rikanischen Fassung leicht verschoben. Für die Mithilfe bei der Verifizierung der Zitate dankt der Übersetzer Herrn PD Dr. Rainer Lächele und Frau PD Dr. Gabriele Haug-Moritz.

2 Moser, Anti-Mirabeau (1771); Moser, Betrachtungen (1776).

3 Moser, Völker-Recht (1777-80). Rürup diskutiert über Mosers Völkerrecht in ders. (1965), S. 99–103. Valjavec (1951) benutzt Moser sehr oft, um über die Bedeutung der Reichsinstitutionen und der Einstellung zum Reich für den Übergang von der Aufklärung zum Liberalismus zu diskutieren (besonders S. 39–51), aber seine Einordnung Mosers in eine »altfränkische Gedankenwelt« mit feudalistischen Obertönen ist nachlässig und irreführend, sowohl bezüglich Mosers eigener geistiger Haltung als auch im Hinblick auf seine Beziehung zu den Einstellungen anderer.

4 Moser, Lebensgeschichte (1777–83), Teil III, S. 96–97; Moser, Anfangs-Gründe (1732), Einleitung § 4, und S. 56–60; Verdross (1922); Holzendorff, Bd. I (1885), S. 456–62.

5 Moser, Völker-Rechts, 1 (1777), S. 11, 13, 17–18.

6 Daher die ungewöhnliche eindeutige Zustimmung Mosers 1779 zu einer gültigen »Lehre und Theorie des natürlichen Völkerrechts«, in Moser, Teschenische Friedensschluss (1779), S. 231f.; Rürup (1965), S. 102f., n. 28. Hier zog Moser einen positiven Vergleich zwischen den natürlichen Völkerrechten und den theoretischen Prämissen, die der experimentellen Physik und der empirischen Medizin zugrunde liegen. Seine hauptsächliche Botschaft schien dabei jedoch zu sein, dass ein vorheriges Studium des natürlichen Völkerrechts niemand davon abbringen sollte, auch Mosers Darstellung zu lesen.

7 Meine Angabe verbindet Formulierungen in zwei parallelen Erklärungen in Moser, Völker-Recht, I (1777), S. 18 u. 28. [Das Zitat konnte nicht genau verifiziert werden und ist eine Rückübersetzung aus dem Amerikanischen, A.G.]

8 Moser, Völker-Recht, I (1777), S. 18.

9 Moser, Völker-Recht, I (1777), S. 19.

10 Moser, Völker-Recht, I (1777), S. 19.

11 Moser, Völker-Recht, I (1777), S. 20.

12 Moser, Völker-Recht, I (1777), S. 17–20.

13 Moser, Völker-Recht, I (1777), S. 21–35; Moser, Grundlehren (1778) S. 3–4; Becher (1927), S. 50–52 u. passim. Moser ordnete seine Zitate von Friedrich dem Großen den *Mémoires pour servir à l'Histoire de Brandenbourg* zu; falls das korrekt sein sollte, habe ich die von Moser benützte Ausgabe nicht gefunden. [Die Zitate konnten auch für die Übersetzung nicht verifiziert werden und stellen Rückübersetzungen aus dem Amerikanischen dar, A.G.]

14 Moser, Völker-Recht, I (1777), S. 37–66; Bd. IV passim.

15 Moser, Völker-Recht, I (1777), S. 16.

16 Moser, Lebensgeschichte, IV, (1783), S. 160–63; Moser, Völker-Recht, I (1777), S. 35f.; Überblick in Schott, Bd. IX (1778–81), S. 232–39 u. Bd. X (1781–82), S. 339; Nicolai, Bd. XXXVII (1779), S. 124 u. Bd. XLV (1781), S. 294f.; Pütter, Bd. II (1798), S. 382.

Mosers Behauptung, dass zukünftige Generationen sein Völkerrecht höher schätzen würden, stellte sich als wahr heraus; vgl. dazu oben die Verweise auf Rürup, Verdross, Holzendorff und Becher in Anmerkungen 1, 2 u.7 sowie Stintzing / Landsberg, Bd. III (1910) S. 327f. (»Moser der Vater des positiven Völkerrechts«). Aber das posthume Lob scheint, wie die Kritiken von Mosers Zeitgenossen, mehr an Mosers erklärte Absichten ausgerichtet zu sein als an den Inhalt seiner Arbeit.

[17] Johann Jacob Moser: Die Rechte der Menschheit in Religions-Sachen, sowohl im Stande der Natur, als auch in einer bürgerlichen Gesellschaft. Stuttgart: Metzler, 1782.

[18] Moser, Religions-Sachen (1782), S. 5, 7, 9-11, 34.

[19] Moser, Religions-Sachen (1782), S. 12f., 17, 25, 31-33.

[20] Mosers späterer Schwiegersohn in Göttingen hat bereits fünfzehn Jahre zuvor ein Buch über die nordamerikanischen Angelegenheiten veröffentlicht, das auf Gesprächen mit dem sehr entgegenkommenden Benjamin Franklin basierte und weit verbreitet war, übersetzt und neu aufgelegt wurde. Vgl. Achenwall (1769). In anderer Beziehung fühlte sich Moser geschmeichelt, war aber auch darüber amüsiert, sich in der Liste eines Autors zu Amerika zusammen mit Haller, Pufendorf und Pütter als in Amerika besonders einflussreiche deutsche Schriftsteller (das bedeutet offensichtlich unter der deutsch sprechenden Bevölkerung) aufgeführt zu sehen. Vgl. Moser, Lebensgeschichte, Bd. IV (1783); S. 232-35.

[21] Moser, Nord-America, Bd.1 (1784), S. 109.

[22] Moser, Nord-America, Bd.1 (1784), S. 142.

[23] Moser, Nord-America, Bd.1 (1784), S. 109-147.

[24] Moser, Nord-America, Bd.1 (1784), S. 267-696 (das Zitat S. 346). Die Eskimos von Labrador lebten in kleinen, lockeren Gruppen »ohne bürgerliche Verfassung«, ebd. S. 409.

[25] Moser, Nord-America, Bd.1 (1784), S. III-IV, 697f., 734-45. Moser war besonders an der Frage des Schmuggels interessiert, im Hinblick auf dessen Bedeutung für das Völkerrecht und die Stellung der amerikanischen Kolonien im Reich. Vgl. Moser, Nord-America, Bd.III (1785), S. 374-434. Das war ein zunehmendes Problem in den Beziehungen im deutschen Reich.

[26] Moser, Völker-Recht (1777-89), Bd. VI., S. 122-47 u. Bd. IX, S. 6-15.

[27] Moser, Nord-America, Bd.1 (1784), S. 728f.; Bd. III. (1785), S. 496-542, 567-70 u. passim.

[28] Moser, Lebensgeschichte, Bd. IV (1783), S. 237f.; Rürup (1965), S. X; Mohl, Bd. I (1902), S. 10.

ANMERKUNGEN 177

Anmerkungen zu Lächele, Moser und die Herrnhuter

[1] Rürup (1965), S. 32. Das Gegenüber von Moser und Zinzendorf wurde bereits von August Schmid thematisiert. Schmid lässt die Beziehung Mosers zu Zinzendorf erst 1744 beginnen und betont die angebliche durchgängige Gegnerschaft Mosers zu den Herrnhutern. Schmid (1868), 169. Fröhlich verkennt in ihrer Arbeit, ausgehend von den Wertungen der »Lebens-Geschichte« Mosers, die lang anhaltenden Sympathien Mosers für Zinzendorf und apostrophiert letzteren als »ehrgeizig« und »rücksichtslos«. Fröhlich (1925) S. 86. Genauer beschreibt Rürup das Verhältnis. Rürup (1965), S. 38 f.
[2] Moser, Lebensgeschichte (1777–83). 3.T., S. 42.
[3] Moser, Lebensgeschichte (1777–83). 2.T., S. 57.
[4] Zum folgenden siehe Greschat (1982), S. 26–30.
[5] Spener (ND 1964) S. 60 f.
[6] Goethe (ND 1998), S. 569.
[7] Zum folgenden siehe Wallmann (1990), S. 108–123. Vgl. ebenfalls Schneider (1982), S. 347–372.
[8] Ich folge: Moser, Lebensgeschichte (1777–83).
[9] Moser, Lebensgeschichte (1777–83), Vorrede S. 4.
[11] Rürup (1965), S. 35 f.
[11] Moser, Lebensgeschichte (1777–83), 1.T., S. 106.
[12] Moser, Lebensgeschichte (1777–83), 1.T., S. 105 f.
[13] Moser erwähnt die »Erweckung« und »Herumholung« schon früh in seiner Autobiographie, und zwar im Zusammenhang mit seiner Ehefrau Helena Catharina geb. Misler (+ 1741). Moser, Lebensgeschichte (1777–83), 1. T., S. 4.
[14] Näheres zu Mosers Konventikel in Fritz (1953), S. 99 f.
[15] Moser, Lebensgeschichte (1777–83), 1.T., S. 112. Moser schrieb über das Tübinger Konventikel an Zinzendorf.: »Gegen die Versammlungen hat sich das Consistorium geregt, und ist schon der 2te Befehl deßwegen hirher gekommen, doch noch in gar bedencklichen Terminis, außer daß man nicht gestatten will, daß Stipendiarii denselben beywohnen.« Moser an Zinzendorf vom 6. März 1733. (Tübingen). Archiv der Brüder-Unität Herrnhut R. 18.A.Nr. 15. Weiteres zum Tübinger Konventikel in Moser, Lebensgeschichte (1777–83), 3. T. 2. Anhang, S. 205.
[16] Moser, Lebensgeschichte (1777–83), 1.T., S. 120 f.
[17] Moser, Lebensgeschichte (1777–83), 1.T., S. 144 ff.
[18] Beyreuther (1975), S. 95.
[19] Es handelte sich um die »Fortgesetzten Sammlungen von Theologischen Sachen«. Dies nach: Einige die Zinzendorffische Sache betreffende Nachrichten. In: Hanauische Nachrichten von Religionssachen, 7. Teil 1750, 559–593. Zum folgenden S. 560–563.
[20] Moser, Lebensgeschichte (1777–83), 3. T. 2.Anhang, S. 204.

[21] Moser an Zinzendorf vom 6.März 1733. (Tübingen). Archiv der Brüder-Unität Herrnhut R.18.A.Nr. 15.

[22] Rest der neuesten Nachricht zur Historie der Böhmischen Brüder und von Herrenhuth. In: Altes und Neues aus dem Reich Gottes, 3. Teil 1733, S. 3–33. Vorgänger dieses Artikels war die »Neueste Nachricht zur Historie der Böhmischen Brüder und von Herrenhuth. Wie solche aus authentischen Nachrichten abgefaßt worden und mir zu Handen gekommen.« ANRG 2. Teil, 1733, S. 3–40.

[23] Moser an Zinzendorf vom 25. Januar 1734. (Tübingen). Archiv der Brüder-Unität Herrnhut R.18.A.Nr.15.

[24] Zinzendorffische Sache (wie Anm.19), S. 562 f. Vgl. ebenfalls Beyeuther (1988), S. 84–87.

[25] Moser, Lebensgeschichte (1777–83), S. 156.

[26] Moser, Lebensgeschichte (1777–83), 1.T., S. 185.

[27] Moser an Polykarp Müller vom 3.März 1738. Archiv der Brüder-Unität Herrnhut R.18.A. Nr.15.

[28] Moser, Lebensgeschichte (1777–83), 1.T., S. 197 f.

[29] Moser, Lebensgeschichte (1777–83), 1.T., S. 199. »So bedrängt übrigens dieser Franckfurtische Zeitlauff für den äußern Menschen ware, so, daß ich zulezt fast mehr einem Gerippe, als einem Menschen, ähnlich ware; so gesegnet ware es für meinen Geist, und ich gelangte endlich An. 1737. zu einem bleibenden Zeugniß der Vergebung meiner Sünden, des Gnadenstandes bey Gott und der Kindschafft Gottes; welches mir der HErr auch biß hieher erhalten hat.« Moser, Lebensgeschichte (1777–83), 1.T., S. 198. Siehe dazu auch die Darstellung bei Walker (1982), S. 105–112, S. 162–172. Walker folgt hauptsächlich den gedruckten Quellen.

[30] Erbe (1928), S. 158 f.

[31] Moser, Lebensgeschichte (1777–83), 2.T., S. 3.

[32] Moser, Lebensgeschichte (1777–83), 2.T., S. 4.

[33] Moser; Lebens-Geschichte, 3.T., 2.Anhang, S. 212.

[34] Moser an Polycarp Müller vom 15.Juni 1739. Archiv der Brüder-Unität Herrnhut R.18.A. Nr.15.

[35] Schreiben Müllers an Moser vom 19.1.1745. In: Schmid (1868), S. 179–181.

[36] Moser, Lebensgeschichte (1777–83), 2.T., S. 34 ff. Überliefert in Form von 49 Fragen in Landesbibliothek Stuttgart, Hist. 4° 363, II, 5.

[37] Moser, Lebensgeschichte (1777–83), 2.T., S. 36f. Vgl. dazu den Brief Zinzendorfs an Moser vom 2.2.1745. Abdruck bei Schmid (1868), S. 174 f. Daraus geht Zinzendorfs berechtigter Ärger über die Anmaßung des »politicus« Mosers, vom »theologus« Zinzendorf Rechenschaft zu fordern und hinter seinem Rücken Informationen über die Brüdergemeine zu verbreiten.

[38] Zu Steinhofers Rolle in Ebersdorf informiert ausführlich Erbe (1928), S. 168–209.

[39] Moser, Lebensgeschichte (1777–83), 2.T., S. 49.

ANMERKUNGEN **179**

40 Zitiert ohne Quellenangabe bei Erbe (1928), S. 194.
41 Erbe (1928), S. 196.
42 Schmid (1868), S. 193.
43 Siehe dazu auch Zinzendorffische Sache (wie Anm.19), S. 565 f.: »Der Herr Graf von Zinzendorff kame nach seiner ersten Retour aus Pensylvanien auch nach Ebersdorff; ich fande aber das nicht mehr in Seinem Umgang, worüber ich Ihne Anfangs liebgewonnen hatte, sondern ein eckelhafftes unaufhörliches erzählen Seiner und der Seinigen Thaten und ich bekame bey seinem Herrn Schwager Sachen von Seiner Hand zu lesen, worüber ich erstaunen mußte und Ihn unmöglich mehr für einen aufrichtigen Lutheraner halten konnte.«
44 Moser, Lebensgeschichte (1777–83), 2.T., S. 57.
45 Moser, Lebensgeschichte (1777–83), 2.T., S. 58.
46 Moser, Lebensgeschichte (1777–83), 2.T., S. 60.
47 Moser, Lebensgeschichte (1777–83), 2.T., S. 65.
48 »Ich fand allda alles proper, artig, und daß, wer Geld hatte, daselbst vergnügt leben und sich einen guten Tag machen konnte; zumalen da die Freyheit im Umgang allda viel größer als in Ebersdorf ware: Für mein Herz aber fande ich, weder in dem Umgang, noch in dem öffentlichen Vortrag das geringste; wohl aber das Gegentheil.« Moser, Lebensgeschichte (1777–83), 2.T., S. 85.
49 Moser, Lebensgeschichte (1777–83), 2. T. S. 86.
50 Moser, Lebensgeschichte (1777–83), 2.T., S. 93.
51 Moser, Lebensgeschichte (1777–83), 2.T., S. 94.
52 Mälzer (1967), S. 471–505.
53 Copia Schreibens eines rechtschaffenen Cavaliers, von denen Ursachen, warum er von der Zinzendorffischen Secta ausgegangen seye. d.d. 1750. 1. Maji. In: Hanauische Nachrichten von Religionssachen 1.Teil, S. 35–44.
54 Ebd., S. 39.
55 Eine Anmerckung über die Waffen gegen das neue Zinzendorffische Pabsthum, In: Hanauische Berichte von Religions-Sachen 12. Teil, 1751, S. 363–370, das folgende Zitat auf S. 363.
56 Ebd., S. 364.
57 Moser, Lebensgeschichte (1777–83), 3.T., S. 41 f. Das Bibelzitat lautet: Wenn nur Christus verkündigt wird auf alle Weise, es geschehe zum Vorwand oder in Wahrheit, so freue ich mich darüber und will mich auch fernerhin freuen.
58 Moser, Lebensgeschichte (1777–83), 3.T., S. 42.
59 Buchholz (1989), S. 203–220, insbesondere S. 204.
60 Nicht zuletzt ließ sich Moser auch gegenüber anderen als Pietist erkennen. Beispielsweise wurde Moser 1735 auf einer Reise in Franken von einem gräflich-schönbornischen

Hofrat, einem Katholiken also, der die Imitatio Christi Kempens gerne las, als Pietist angesprochen. Moser, Lebensgeschichte (1777–83), 1. T. S. 130.
[61] Moser, Lebensgeschichte (1777–83), 3.T., S. 44.
[62] Moser, Lebensgeschichte (1777–83), 3. T. 2.Anhang, S. 220.
[63] Moser, Lebensgeschichte (1777–83), 3.T., S. 37.

Anmerkungen zu Miersemann, Mosers Liedschaffen

[1] Als einen der neuesten Beiträge zu diesem Thema vgl. den entsprechenden Teil des Aufsatzes von Rößler (1996), S. 13–61. Als hier besonders wichtige Publikation vgl. ferner den anläßlich der 300. Wiederkehr des Geburtstages von Philipp Friedrich Hiller erschienenen Sammelband Brecht (1999).
[2] Vgl. Koch (1866) (Ndr. 1973), Titelblatt.
[3] Vgl. Koch (1868) (Ndr. 1973), Bd. 5, S. III.
[4] Koch (1868) (Ndr. 1973), Bd. 5., S. 1–209.
[5] Koch (1868) (Ndr. 1973), Bd. 5., S. 152–171.
[6] Koch (1868) (Ndr. 1973), Bd. 5., S. 169.
[7] Koch (1868) (Ndr. 1973), Bd. 5., S. 171.
[8] Vgl. hierzu die letzte der von Koch (1868) seinem Artikel beigefügten Quellenangaben, ebd., S. 152:»Casp. Wezel, Anal. hymn. 2. Bd. Gotha. 1756. S. 343–349.« Der Titel des hier in Rede stehenden zweiten Bandes lautet: Johann Caspar Wetzels, ANALECTA HYMNICA, Das ist: Merkwürdige Nachlesen zur Lieder=Historie, Zweyter Band Vom ersten bis zum sechsten Stück nebst einem Register I Gotha, verlegts Christian Mevius, 1756.
[9] Heerwagen (1797), S. 205–209.
[10] Richter (1804), S. 244f.
[11] Oehler (1991), S. 349–357.
[12] Fischer (1990), S. 240f., hier S. 240. – Im übrigen ist die Angabe »zwölf Bände mit religiösen Gedichten«, welche offenbar auf Reinhard Rürups Verzeichnis der geistlichen Dichtungen Mosers basiert (vgl. Anm. 22, 29 u. 68), keineswegs korrekt. Wie aus der im folgenden versuchten genaueren Verzeichnung der Poesien Mosers zu ersehen, ist dessen dichterisches Œuvre in neun einzelnen Liedsammlungen (mit zum Teil mehreren Auflagen bzw. Ausgaben) und zwei – nur bedingt als Gesamtausgabe zu bezeichnenden – Bänden »Gesammlete Lieder« (s. Anm. 19) erschienen.
[13] Vgl. Killy, Bd. 7 (1999), S. 240.: »Das wichtigste Werk in literar[ischer] Hinsicht ist die *Lebensgeschichte J. J. Mosers, von ihme selbst beschrieben* [...].«
[14] Biesterfeld (1866), S. 237–239, hier S. 237.

[15] Schmidt, [Art.] Moser, 1. Friedrich Karl (1960), Sp. 1150.
[16] Schmidt, [Art.] Moser, Johann Jakob (1960), Sp. 1151.
[17] v. Aretin (1997), S. 177.
[18] So hat Moser nur einige Texte aus seiner ersten Liedsammlung von 1732 (s. zu diesem poetischen Erstling den dritten Teil dieses Beitrags) in die »Gesammleten Lieder« aufgenommen. Deren Bezeichnung als »Gesammt-Ausgabe«, wie sie sich bei Koch (1868), S. 170, findet, ist daher nicht ganz zutreffend, wie auch die dort angegebene Zahl von »1190« in dieser Sammlung enthaltenen Liedern zu korrigieren ist (vgl. zum Problem der Zählung der Liedtexte dieser Edition Anm. 54).
[19] In diesem Zusammenhang ist besonders eine Passage am Anfang der im Quellenanhang unter A) wiedergegebenen »Vorrede« Mosers zu seinem ersten dichterischen Werk von Bedeutung: »Dieser mir also recht angestammte Trieb zur geistlichen Poesie ware so groß bey mir / daß ich schon ungefähr im 9ten Jahr meines Alters nach meinem damaligen Begriff Lieder über den Catechismum zu verfertigen anfienge / wie ich mich dessen noch wohl und so eigentlich biß jetzo zu erinnern weiß / daß ich noch würcklich gantze Gesetze dergleichen von mir damalen verfertigter Lieder im Gedächtnus behalten habe / obgleich der schrifftliche Auffsatz vorlängsten verlohren gegangen ist.«
[20] Heerwagen (1797), S. 206.
[21] Vgl. Rürup (1965), S. 33.
[22] Rürup (1965), S. 33.
[23] Moser, Kirchen=Recht (1772), S. 136.
[24] Vgl. dazu Miersemann, Pietismus (2001).
[25] Gerhard (1692), Vorrede, Bl. [b8b].
[26] Gerhard (1692), Bl. c1a [Hervorhebung W.M.].
[27] Zu denken ist hier an die in der folgenden Auflistung unter 7. und 8. verzeichneten Titel. Vgl. dazu Anm. 40 u. 42.
[28] Die um Chronologie bemühte Verzeichnung der Titel beruht auf entsprechenden Angaben, die von Moser selbst stammen, jedoch kaum mit der Aufzählung seiner »Geistlichen Gedichte« korrespondieren, welche unter »XX.« im »Verzeichniß meiner Schrifften« am Schluss jener erstmals 1768 herausgekommenen Autobiographie erscheint. Vgl. Moser, Lebens=Geschichte (1768), S. 195 (= Nr. 159–168). Diese Aufzählung seiner »Geistlichen Gedichte« hat Moser nur etwas ergänzt, doch nun mit separater Numerierung in das vervollständigte Schriftenverzeichnis im »Dritten und letzten Theil« der »Dritten, stark vermehrten und fortgesetzten Auflage« seiner »Lebens=Geschichte«, »Frankfurt und Leipzig. 1777«, S. 164f. (= Nr. 1–10), übernommen. Grundlage für die hier versuchte möglichst chronologische Anordnung sind insbesondere Mosers Vorworte zu den im weiteren unter 2. und 4. aufgeführten Sammlungen (s. Anm. 35 u. 37). – Neben der betreffenden Nummer in Mosers eigener Auflistung, wobei wir hier der Zählung des Schriftenverzeichnisses im dritten Teil jener dritten Auflage seiner »Lebens=-

Geschichte« folgen, werden im weiteren zu jedem Titel die entsprechenden Nummern der beiden grundlegenden Moser-Bibliographien angegeben, wie sie sich finden sind bei Rürup (Quellen- und Literaturverzeichnis. 1. Verzeichnis der Schriften Johann Jacob Mosers [S. 255–268]. XIII. Geistliche Lieder [S. 268 = 12 Nummern]) sowie bei Schömbs (1968) (Quellen- und Literaturverzeichnis. 1. Die Schriften J.J. Mosers [S. 281–295]). – Koch (1868), S. 170f., verzeichnet diese Einzelausgaben in kaum motivierter Reihenfolge und unter Verzicht auf genauere bibliographische Angaben. Im übrigen sind die von Koch (1868) vermerkten Zahlen der Lieder der einzelnen Sammlungen (bzw. von Rubriken jener »Gesammleten Lieder« [s. weiter unten]) fast durchweg nicht korrekt (vgl. auch Anm. 19).

29 Moser, Lebens=Geschichte (1777,) Nr. 7; Rürup (1965), Nr. 7; Schömbs (1968), Nr. 111.

30 Vgl. die entsprechenden Angaben Mosers unter jener Nr. 7 (s. vorige Anm.):»Lieder in Kranckheiten, wie auch vom Tode, jüngsten Gericht, Himmel, Hölle und Ewigkeit. (Offenbach,) 1765. 8. Stuttgart, 1765. 8.«, woran sich hier im ergänzten Schriftenverzeichnis von 1777 (s. Anm. 29) noch der Vermerk zweier weiterer Auflagen anschließt: »Franckfurt, 176= [d.h. Ausfall der letzten Zahl im Druck, so dass das genaue Publikationsjahr noch zu ermitteln bleibt] 8. Stuttgart, 1776. 8.« – Bei Rürup und Schömbs (s. vorige Anm.) ist übrigens nur die Offenbacher Ausgabe, neben einer späteren Reutlinger Auflage (s. im Text weiter oben), verzeichnet (vgl. auch Anm. 53). Ein Exemplar jener Erstausgabe war mir leider nicht zugänglich.

31 Moser, Lebens=Geschichte (1777); Rürup (1965), Nr. 24 unter »XII. Theologie, Kirchengeschichte und Erbauungsliteratur« (S. 266f., hier S. 267); Schömbs (1968), Nr. 189.

32 Bei diesen anderen Verfassern handelt es sich zumeist ebenfalls um pietistische Autoren, so etwa um Christian Friedrich Richter (1676–1711), Johann Jakob Rambach (1693–1735) oder Karl Heinrich von Bogatzky (1690–1774).

33 Ein Exemplar dieser Vorgängeranthologie findet sich unter der Signatur Il 2675 n in der Bibliothek des Interdisziplinären Zentrums zur Erforschung der Europäischen Aufklärung an der Martin-Luther-Universität Halle-Wittenberg.

34 Moser, Lebens=Geschichte (1777,) Nr. 3; Rürup (1965), Nr. 3; Schömbs (1968), Nr. 212. – Im Vorwort dieser Sammlung bemerkt Moser zur thematischen Gliederung seines lieddichterischen Werkes und dessen Publikation: »Gegenwärtige Sammlung enthält einen Theil der von mir in meinem Hohentwielischen Vestungs=Arrest gedichteten Lieder [...]. Die bereits gedruckte[n] [Lieder] handlen von Kranckheiten, vom Tode, Himmel, Hölle und Ewigkeit; die, so nach dem Willen Gottes noch nachfolgen werden, aber: von dem wahren Christenthum; über die Confirmations=Fragen und Antworten; von Gott, Jesu, dem Menschen, auch anderen Geschöpfen; von der Heils=Ordnung, oder des Menschen natürlichen Zustand, Erweckung, Bekehrung und Begnadigung; von Leiden und Trübsalen; auf allerley Stände, Zufälle und Zeiten; über die zehen Gebote, das Vater

unser und das Apostolische Glaubens=Bekenntniß; über die Beicht=Formul; und über die Steinhoferische Sonn= Fest= und Feyertags=Predigten.«

35 Moser, Lebens=Geschichte (1777,), Nr. 2; Rürup (1965), Nr. 2; Schömbs (1968), Nr. 214.

36 Moser, Lebens=Geschichte (1777,) Nr. 6; Rürup (1965), Nr. 6; Schömbs (1968), oo. – In der Vorbemerkung zu dieser Sammlung schreibt Moser: »Gegenwärtige Sammlung enthält lauter Lieder, welche ich während meines eigenen Hohentwielischen Leidens gedichtet habe. [...] Die theils gedruckte, theils bereits unter der Presse befindliche, seynd 1. vom falschen und 2. wahren Christenthum; 3. von Krankheiten, Tod, Himmel, Hölle und Ewigkeit; so dann 4. über die Beichtformul. Die noch rückständige handlen 1. von GOtt, JEsu, dem Menschen und andern Geschöpfen. Noch andere gehen 2. über die Heilsordnung; 3. die zehen Gebote, das Vater Unser und das apostolische Glaubens=Bekenntnis; 4. über die Confirmations=Fragen und Antworten; 5. über die Steinhoferische Sonn= Fest= und Feyertags=Predigten; oder gehen 6. auf besondere Stände, Zeiten und Zufälle.«

37 Moser, Lebens=Geschichte (1777,) Nr. 4; Rürup (1965), Nr. 4; Schömbs (1968), Nr. 215. – Zu diesem Liederzyklus vgl. Oehler (1991), S. 354f.

38 Moser, Lebens=Geschichte (1777,) Nr. 5; Rürup (1965), Nr. 5; Schömbs (1968), Nr. 213.

39 Moser, Lebens=Geschichte (1777,) Nr. 8; Rürup (1965), Nr. 8; Schömbs (1968), Nr. 219. Im Unterschied zu Mosers eigenem Verzeichnis seiner »Geistlichen Gedichte« und Rürups offenbar diesem folgender Aufzählung der Moserschen »Geistlichen Lieder« ist dieser Titel in Schömbs ausdrücklich auf Chronologie bedachter Bibliographie (vgl. Schömbs [1968], S. 281) erst nach den »Gesammelten Liedern« aufgeführt (vgl. Anm. 43 mit der Angabe der entsprechenden Nummer in Schömbs Auflistung). Die Frage, ob zuerst diese Einzel- oder die im folgenden bibliographisch genauer verzeichnete Sammelausgabe (mit der korrespondierenden Rubrik Nr. 8) erschienen ist, bleibt also offen. – Zu dieser Sammlung vgl. Oehler (1991), S. 355f.

40 Vgl. das in der UB Tübingen nachgewiesene Exemplar mit der Signatur Gi 4799 a.

41 Moser, Lebens=Geschichte (1777,), Nr. 9; Rürup (1965), Nr. 9; Schömbs (1968), Nr. 220. – Auch für diesen Titel gilt das in Fußnote 40 Angemerkte (nur dass es sich bei der entsprechenden Rubrik der Sammelausgabe hier um die Nr. 1 handelt).

42 Moser, Lebens=Geschichte (1777,) Nr. 10; Rürup (1965), Nr. 10; Schömbs (1968), Nr. 218.

43 8°; [1 S.] Dedikation; [3 S.] »Vorrede«; [1 S.] »Innhalt dieses ersten Theils«; S. 1–917 586 Lieder (Heerwagen, S. 207, gibt fälschlicherweise »550 Lieder« an); [15 S.] »Erstes Register. Ueber die Materien«; [11 S.] »Zweytes Register. Ueber den Anfang der Lieder«.

44 Vgl. Anm. 40 u. 42.

⁴⁵ Dieser Zyklus war wie die fünf weiteren ursprünglich ebenfalls zur Einzelpublikation vorgesehen (vgl. Anm. 33 u. 35).
⁴⁶ Vgl. zur Angabe der Liednummern dieser Rubrik wie auch der folgenden Anm. 54.
⁴⁷ Vgl. Anm. 40.
⁴⁸ 8°; [1 S.] »Innhalt dieses zweyten Theils«; S. 1–858 573 Lieder (Heerwagen (1797), S. 207, nennt irrtümlicherweise »568 Lieder«); [15 S.] »Erstes Register. Ueber die Materien«, [11 S.] »Zweytes Register. Ueber den Anfang der Lieder«.
⁴⁹ Vgl. das gleichnamige Teilkapitel der Untersuchung von Busch (1997), S. 287–312, hier S. 292–300.
⁵⁰ Vgl. hierzu Nawroth (1991), S. 329–338.
⁵¹ Hier einzeln oder zusammengebunden unter den Signaturen Hb 1206 (Nr. 8, 3, 5, 2, 6, 4), Hb 1207 (Nr. 3), Hb 1208 (Nr. 7) und Hb 1210 (Nr. 2, 4, 5).
⁵² Ein Exemplar jener Zweitauflage der »Lieder in Kranckheiten« ist vorhanden in der UB Tübingen unter der Signatur DK XI 124 a.
⁵³ Signatur Hb 1209 (TOM. I u. TOM. II). Wie dem Exlibris und dem Erwerbvermerk auf dem Spiegel beider Bände zu entnehmen, handelt es sich hierbei um ein 1888 aus der »Hymnologischen Sammlung« des Berliner Geistlichen und namhaften Gesangbuchforschers Johann Friedrich Bachmann für die »Gräflich Stolbergische Bibliothek zu Wernigerode« (zurück)erworbenes Exemplar dieser Sammelausgabe, das sich ursprünglich im Besitz des Grafen Christian Ernst von Stolberg-Wernigerode (1691–1771), eines gleichfalls passionierten Hymnologen (vgl. wiederum Busch [1997], besonders S. 293 u. 298f.), befunden hat. Vermutlich geht die hier ab der zweiten Rubrik vorgenommene handschriftliche Numerierung der Lieder in durchgehender Zählung – nur die Liedtexte der ersten Rubrik haben entsprechend der Separatausgabe (vgl. oben die unter 8. aufgeführte Sammlung) gedruckte Nummern – auf Christian Ernst selbst zurück. In der obigen Verzeichnung der Rubriken erscheinen die entsprechenden Nummern-Angaben deshalb in eckigen Klammern. – Übrigens bilden die im Exemplar des zweiten Bandes mit den Nr. 1026 und 1027 versehenen Texte im Grunde ein Lied (»Ach grosser GOtt! ich habe iezt« [vgl. auch das betreffende »Zweyte Register. Ueber den Anfang der Lieder«]), wonach sich die Gesamtzahl der Lieder auf 1158 beliefe.
⁵⁴ Signatur Hb 1205.
⁵⁵ Bisher ist mir überhaupt nur dieses eine Exemplar bekannt.
⁵⁶ Vgl. neben dem folgenden Zitat auch den letzten Abschnitt des in Anm. 90 nachgewiesenen »Vorreden«-Auszugs.
⁵⁷ Heerwagen (1797), S. 207.
⁵⁸ Vgl. hierzu außer Koch (1868) , S. 171, Wetzel (s. Anm. 8), S. 349, Heerwagen (1797), S. 209, sowie Oehler (1991), S. 349f., auch Fischer (1879) (Ndr. 1967). Hier sind im ersten Band, S. 136, Mosers Lied »Du bist allein nur liebenswerth«, und im zweiten Band, S. 133, dessen Dichtung »Nur treu nur treu so wird der Herr beistehen« verzeichnet.

59 Hier im Regionalteil unter »III. Psalmen, Bitt- und Lobgesänge für jede Zeit – Die Kirche / die Gemeinschaft der Heiligen«. – Dieses Lied entstammt dem 1766 publizierten »Ersten Band« der »Gesammleten Lieder«, und zwar hier der zweiten Rubrik »Von GOTT und JESU Christo«, S. S. 354f. [= Nr. 210], wo es unter der Überschrift steht »Gebet um die Ausbreitung des Reiches JEsu« mit der Angabe »Mel. Treuer Vater! deine Liebe«.

60 Nr. 469: »Ich glaube, daß die Heiligen«.

61 Mit dem Vermerk »Text: Johann Jakob von Moser 1766« hier im »Regionalteil Gottesdienst« nunmehr unter »Sammlung und Sendung« neben einem Text von Ewald Rudolf Stier.

62 Vgl. den Titel des Sammelbandes von Brecht (1999) zu Hiller.

63 Dieses Lied ist ebenfalls im »Ersten Band« der »Gesammleten Lieder« erschienen, und zwar hier unter der fünften Rubrik »Ueber die Heils=Ordnung [...]«, S. 735f. [= Nr. 479], mit der Überschrift »Kinder GOttes wagen alles allein auf das Wort JEsu« und der Angabe »Mel. Wer weißt, wie nahe mir mein«.

64 Im folgenden zit nach dem Teilabdruck jener »ersten Vorrede« in: Moser, gesammlete Lieder (1767), Bd. 2, S. 715–718.

65 Moser, gesammlete Lieder (1767), Bd. 2,., S. 716–718.

66 Vgl. Rürup (1965), Nr. 7 sowie Schömbs (1968), Nr. 111. Vgl. hierzu auch die folgende Anm.

67 In diesem Zusammenhang verdienen schließlich jene beiden Titel Erwähnung, die den Schluss von Rürups (1965) Verzeichnis der »Geistlichen Lieder« Mosers bilden, nämlich hier Nr. 11: *Ausgewählte geistliche Lieder, nebst einem Lebensabriß des Verfassers [d.h. Mosers] und einigen Briefen seiner frommen Gattin, hrsg. v. O. SCHÖNHUTH, Nagold 1854*, sowie Nr. 12: *Krankentrost, das ist Sammlung von Liedern und Gebeten für Kranke und Sterbende, aus J.J. Mosers geistlichen Liedern hrsg. v. O. SCHÖNHUTH, Nagold 1854*. Beide Titel sind übrigens auch in Schömbs (1968) Verzeichnis der Schriften Mosers aufgeführt, und zwar hier ganz am Ende unter den Nr. 330 und 331.

68 Zu Olearius' ausnehmend repräsentativer Liedsammlung vgl. den zweiten Teil von Miersemann, Wandlungen (2001).

69 Mit dem interessanten Vermerk: »In eigener Melodie«. Dieser – hier noch bei einem weiteren Liedtext (S. 104f.: »Selig, ja selig, sind unsere Zeiten«) wie auch bei Dichtungen in anderen der erwähnten Sammlungen zu findende – Vermerk verweist nämlich darauf, dass in den in Mosers Haus abgehaltenen Erbauungsversammlungen offenbar auch die musikalisch-schöpferische Seite von Liedkultur eine erhebliche Rolle gespielt hat, hier also wohl eifrig im Stile der Zeit musiziert worden ist. Die Vorstellung eines Lieder komponierenden Moser – dies ein Gedanke, der, soweit ich sehe, überhaupt noch nicht erwogen worden ist, der aber demnach keineswegs abwegig erscheint.

70 Gerhard (1692), Vorrede, Bl. [b8bf.].

[71] Gerhard (1692), Bl. c2a.
[72] Gerhard (1692.
[73] Tettelbach (o.J.), S. 12.
[74] Tettelbach (o.J.), S. 13.
[75] Tettelbach (o.J.), S. 10.
[76] Vgl. dazu auch Cunz (1855) (Ndr. 1969), S. 43–46 (= »§. 16. Die frommen Juristen. Beschluß des Spenerthums«), hier besonders S. 44f. die Erwähnung Mosers. – Überdies gilt es in dem Zusammenhang zu bedenken, dass bereits auffällig viele Vertreter deutscher Dichtung des Barock, aus der denn die des Pietismus erwachsen ist, – so z.b. ein Andreas Gryphius (1616–1664), Christian Hoffmann von Hoffmannswaldau (1617–1679) oder ein Daniel Casper von Lohenstein (1635–1683), um nur drei Große der schlesischen Barockpoesie zu nennen – Juristen von Beruf gewesen sind.
[77] Vgl. die in unserem Kontext interessanten Angaben zu J.J. Schütz bei Wallmann (1990), S. 81: »Sein Tübinger Jurastudium schloss er mit einer Licentiatendissertation ‚De falso procuratore' (Tübingen 1665) ab. Aus Vorlesungsnachschriften seines Lehrers Wolfgang Adam Lauterbach gab er ein ‚Compendium Juris' (Tübingen 1679) heraus, das bis ins frühe 18. Jahrhundert häufig neu gedruckt wurde.«
[78] Wallmann (1990), S. 82.
[79] Sein neunstrophiges »Danck=Lied« »SEy Lob und Ehr dem höchsten Gut« (1675)ist noch in der Stammausgabe des *Evangelischen Gesangbuches* von 1993 (Nr. 326) enthalten. Erschienen in der von Schütz herausgegebenen Erbauungsschrift: Christliches Gedenck=Büchlein / Zu Beförderung eines anfangenden neuen Lebens [...]. Franckfurt am Mayn / Bey Johann David Zunner. MDC.LXXV., S. 133–136.
[80] Vgl. hierzu das zum Freylinghausenschen Gesangbuch erstellte Verfasserverzeichnis: Kurzgefasste Nachricht von ältern und neuern Liederverfassern. Anfangs von Johann Heinrich Grischow im Druck ertheilet, nunmehro aber verbessert und vermehrter herausgegeben von Johann George Kirchner, Archidiacono bey der Hauptkirche zu U. L. Fr. in Halle. Halle, im Verlag des Waisenhauses, 1771, S. 54, Nr. 270. Genauer gesagt sind J.G. Wolf hier 19 Lieder sowie ein von ihm nicht direkt bezeugtes zugeschrieben.
[81] Diese von Freylinghausen im Verlag des Halleschen Waisenhauses herausgegebene, für pietistische Liedkultur zentrale Anthologie erschien in zwei Teilen 1704 und 1714 unter dem Titel »Geist=reiches Gesang=Buch« bzw. »Neues Geist=reiches Gesang=Buch«. – Zu Mosers Rezeption dieser Liedsammlung vgl. unten Anm. 112.
[82] Gemeint ist hier die Tatsache, dass es Moser als Regierungsrat unter dem seit 1734 regierenden, scharf absolutistisch waltenden Herzog Karl Alexander »nicht ungelegen (kam), als er im Frühjahr 1736 durch Vermittlung des bekannten Kirchenrechtlers J.H. Böhmer in Halle einen Ruf als Universitätsdirektor und Professor an die preußische Universität Frankfurt an der Oder erhielt« (Rürup, S. 65).

[83] In Korrespondenz zu dem unter Anm. 58 nachgewiesene Heerwagen-Zitat gilt es in diesem Kontext endlich darauf hinzuweisen, dass Moser seine Liedsammlungen selbst verlegt und mit der Festsetzung – wie gesehen meist schon auf dem Titelblatt angegebener – Niedrigpreise eine entsprechende Verbreitung entschieden gefördert hat.

[84] Koch (1868), S. 169. – Wesentlich harscher, ja geradezu vernichtend war das Urteil über Mosers »Gesammlete Lieder« im führenden Rezensionsorgan der Aufklärung ausgefallen: Allgemeine deutsche Bibliothek. Des sechsten Bandes zweytes Stück. Berlin und Stettin, verlegts Friedrich Nicolai, 1768, S. 221f.: »Diese höchst schlechten und undeutschen Lieder sind in der einzigen Absicht merkwürdig, daß der H. V. die mehresten davon während seiner sechsjährigen Gefangenschaft auf der Vestung Hohentweil [sic] gemacht [...]. Die Lieder zeugen immer, von den guten religiösen Gedanken, womit der unglückliche ehrwürdige Greis sich in seinem Leiden beschäftiget hat. Aber des Druks waren sie nicht werth, denn man kann in Ansehung des Ausdruks und der Versification keine elenderen Gesänge als diese lesen.« Vgl auch den Kommentar hierzu bei Rürup, S. 40, Anm. 137: »Dieses Urteil ist für die meisten Lieder zweifellos richtig; es darf aber nicht übersehen werden, daß einzelne Lieder nicht nur bis heute einen Platz in den Gesangbüchern der Evangelischen Kirche behauptet haben, sondern auch durch ihren warmen, persönlichen Ton durchaus zu überzeugen vermögen.«

[85] So die wohl zutreffende Angabe des Moser-Artikels im »Verzeichnis der Dichter« (S. 30), wie es dem »Gesangbuch der Evangelischen Brüdergemeine« von 1967 angehängt ist.

[86] Vgl. hierzu Anm. 34 u. 36.

[87] Lebens=Geschichte (s. Anm. 29), S. 138–149.

[88] Heerwagen (1797), S. 207. Im Anschluss daran ist hier, S. 207f., denn auch diese Entstehungsgeschichte nach ebenjener »Vorrede« zitiert.

[89] Moser, gesammlete Lieder, Bd. 1 (1766), Vorrede (unpag.).

[90] Freundliche Mitteilung von Frau Iris Guldan.

[91] Vgl. hierzu speziell den Beitrag von de Boor (1997). Bezeichnend ist in diesem Zusammenhang eine Äußerung Mosers aus jener anderen Schilderung seines »Hohentwielischen« Liedschaffens in besagter »Lebens=Geschichte«, S. 140: »Ich bate Ihro Durchlaucht (d. h. Herzog Karl Eugen), daß ich die von mir gedichtete Lieder auf pergamentene Blätter oder eine Schifer=Tafel schreiben, und selbige so dann dem Herrn Commendanten zustellen dörffte, um sie abschreiben zu lassen. Ich erhielte aber keine Resolution.«

[92] Vgl. bei Heerwagen (1797), S. 208f., das Fazit nach jenem Zitat der Entstehungsgeschichte des Moserschen »Hohentwielischen« Liedwerkes (s. Anm. 879: »In dieser Ansicht sind also diese Lieder merkwürdig, und zeugen von den guten religiösen Gesinnungen, womit der unglückliche ehrwürdige Mann sich in seinen Leiden beschäftiget hatte.«

[93] Vgl. etwa den bereits erwähnten kurzen »Seufzer eines unschuldig Gefangenen«, dessen erste der beiden Strophen lautet: »Gott! ich muß gefangen sizen, Und im Trübsals=Kasten schwizen, Wie du wohl weißst, ohne Schuld: Aber nicht ohn deinen Willen, Drum wirst du mein Herze stillen, Daß ichs trage mit Geduld.«

[94] Vgl. dazu die ebenfalls aus den »Liedern auf allerley Personen, Umstände und Zeiten« (S. 81f.) stammende siebenstrophige »Fürbitte für die, so um des Wortes Gottes willen Verfolgung leiden«, welche da anhebt: »Ach! wie vile mögen jezt Da und dort in Banden sizen, Auf Galeeren, oder sonst In vil Not und Trübsal schwizen, Um des Wortes Gottes willen, Weil sie andere gelehrt, Oder es nur selbst gelesen, Oder es nur angehört!«

[95] Schon im Februar 1727 zum Titularprofessor an diesem lutherischen Adelskolleg ernannt, »zog« Moser jedoch erst »im Merz 1729. nach Tübingen« (»Lebens=Geschichte«, S. 41). Vgl. hierzu Rürup (1965), S. 61–64.

[96] Vgl. dazu die beiden jenem Lebensabschnitt gewidmeten Paragraphen in Mosers »Lebens=Geschichte«, so den »§. 14. Professur bey dem Collegio illustri zu Tübingen« (wo es auf S. 39f. heißt: »Uebrigens kame ich in diesem Zeitlauff [d.h. hier unmittelbar vor dem eigentlichen Antritt jener Professur, also noch vor 1729] in Religions=Sachen zu einem mehreren Besinnen [...]. Nachhero machte in Ansehung der Wahrheit der christlichen Religion eine von den seel. Spener einem Naturalisten ertheilte und in seinen theologischen Bedencken befindliche Antwort einen starcken Eindruck bey mir [...].«) wie auch den bereits in der vorigen Anm. zitierten »§. 15. Professur zu Tübingen« (in dem Moser auf S. 55 quasi den Zielpunkt eines solchen mehrjährigen religiösen Wandlungsprozesses benennt: »Anno 1733. fienge ich an, mir mein Christenthum einen wahren Ernst werden zu lassen, und meine seel. Ehegattin wurde zu gleicher Zeit von GOtt ergriffen, ohne daß eines von dem andern etwas wußte, biß es sich einige Zeit hernach offenbarte; [...]. Sonntags nach vollendetem öffentlichen Gottesdienst sammlete sich unvermuthet von selbsten nach und nach ein Häuflein redlicher Seelen in meinem Haus; da wir dann unsere fernere Andacht mit singen, beten und Betrachtung des Wortes GOttes hatten.«). – Vgl. hierzu ferner bei Rürup, im Abschnitt »Religiöse Entwicklung und theologisches Denken« (S. 32–51), die Worte Mosers einbeziehende Bemerkung (S. 36): »Am Pfingstfest 1728 verspürte er [Moser] – ohne äußeren Anlaß – ‚eine innerliche starke Erschütterung, Bewegung und Erweckung meines Herzens', die er als Anfang seines ‚neuen Lebens' betrachtete.«

[97] Vgl. Anm. 55 u. 56.

[98] Bei jenem dünnen, erst unlängst mit einem roten Kunstledereinband versehenen Bändchen der Gesangbuchsammlung Wernigerode (s. Anm. 55) handelte es sich offenbar um eines solcher »eintzeln« vertriebenen Exemplare der Sammlung.

[99] Zu diesem Tübinger Gesangbuch vgl. weiter unten.

[100] Moser Nr. 1; Rürup (1965), Nr. 1; Schömbs (1968), Nr. 58. – Im übrigen ist diese Sammlung mit näheren Angaben aufgeführt in: Verzeichniß derer Schrifften Johann Jacob Mosers, Königlich Preußischen Geheimen Raths. Auf mehrmalige Nachfrage von neuem mitgetheilt. Ebersdorff im Vogtland, bey Bernhard Ehrenfrid Vollrath. 1742, S. 11: »Fünfzig geistliche Lieder. Tübingen, eod. 12. Theils seynd auch eintzeln gedruckt, theils in dem glossirten grossen Würtembergischen Gesang=Buch [vgl. zu dieser Liedsammlung weiter unten], theils in Herrn Prof. Pregizers geistlichen Poesien zu befinden.«

[101] Erwähnenswert in diesem Kontext die Dedikation der »Gesammleten Lieder« Mosers: »Meinen samtlichen noch lebenden herzlich=geliebtesten Kindern, Derselbigen und der Verstorbenen Ehegatten, auch bereits habenden und künftigen Nachkommen, hinterlasse ich dieses Denkmal meines Sinnes zu einem so gesegneten Gebrauch, daß ich mit Ihnen viele Frucht davon vor dem Thron GOttes in der seligen Ewigkeit antreffen möge, und keines von allen dahinten geblieben seye«. – Zu dem bereits seit dem 17. Jahrhundert zu beobachtenden Phänomen des Umgangs mit einer geistlichen Liedsammlung als einer »Reliquie der Familie« vgl. Veit (1992), S. 435–454, hier besonders S. 453.

[102] Insgesamt hat Moser in seine »Füffzig Geistlichen Lieder« (vorbehaltlich dessen, dass das im Berliner Exemplar fehlende letzte Lied nicht in dieser Form gedichtet ist) fünf Akrosticha aufgenommen, nämlich außer den im Anhang abgedruckten noch das »Denck=Lied auf meiner 2ten Tochter: Friderica / Nahmen« (S. 38–40 = Nr. 15) sowie das »Denck=Lied auf meiner ältern Tochter Louysä Namen« (S. 69–71 = Nr. 31).

[103] Fünffzig Geistliche Lieder, Vorrede, S. 9 (vgl. auch Anhang, S. 124).

[104] Ohne hier direkt auf die entsprechende antipietistische Propaganda zu verweisen, wendet sich Moser an dieser Stelle doch klar gegen die massive Bekämpfung derartigen »neuen« geistlichen Liedgutes, wie sie von lutherisch-orthodoxer Seite bis weit ins 18. Jahrhundert hinein betrieben wurde. – Locus classicus des Plädoyers für eine ungehinderte Entfaltung pietistischer Liedkultur ist die »Vorrede« zum »Geistreichen Gesang=Buch / Vormahls in Halle gedruckt [...]« (Darmstadt 1698), in der (Bl.)(3af.) der Darmstädter Geistliche Eberhard Philipp Züehl (1662–1730) streitbar fragt, »ob denn der Canon und die Summa der geistreichen Lieder nunmehro geschlossen und versiegelt seye / daß keinem vergönnet werden könne / dergleichen mehr aufzusetzen«, um darauf ebenso streitbar zu antworten: »[...] wer solches wolte statuiren und behaubten / der brächte gewißlich etwas neues vor / welches weder unsere Vorfahren haben können / noch die Nachkömmlinge werden glauben / sie müsten denn gantz von Verstand gekommen seyn. Oder solten nur die Vorfahren ihre Lieder aus der Krafft und Andacht des Geistes / andere aber aus unheiligem sinn aufgesetzet haben? welches ja allzupartheyisch heraus käme [...].«

[105] Vgl. die folgende Anm.

[106] Der volle Titel der Sammlung lautet: Evangelischer Lieder=Schatz, Oder Glossirtes grosses Würtembergisches Gesang=Buch, Darinnen Grossen Theils alle bekannte / so wohl alte als neue Kirchen=Lieder aus den meisten Evangelischen Gesang=Büchern mit Bemerckung des darinn vorkommenden Unterscheids zusammen getragen / Hernach mit einigen Stellen Heil. Schrifft beleuchtet, so dann die darinn befindliche dunckele oder anstößige Redens=Arten erkläret und gerettet, und endlich Zu Erweckung mehrerer Andacht einige Nutz=Anwendungen, Darinn vornehmlich auf den Zustand des singenden Hertzen vor GOtt getrungen wird, beygefüget werden (im folgenden abgekürzt zit. mit EL). Zu dieser Liedanthologie vgl. Koch (1868), S. 22.

[107] Dieser dritte Teil stammt, da sich Moser nach dem vorigen von dem Projekt zurückgezogen hatte (vgl. dazu Anm. 111), allein von Bilhuber, der als »Ausfertiger« jenes letzten Bandes der Sammlung nun auf dem Titelblatt mit Namen und Amtsbezeichnung erscheint (s. Anm. 111).

[108] Es handelt sich hier um die Lieder »1.) ACh grosser GOtt! ich habe jetzt« (EL, 1. Tl., S. 725f. = Nr. 254), »2.) ACh Vatter schau von deinem thron« (EL. 1. Tl., S. 340–343 = Nr. 304), »9.) DIe welt erfreuet sich« (EL, 2. Tl., S. 68–71 = Nr. 410) und »18.) GRosser GOTT! du hast das leben« (EL, 2. Tl., S. 1010–1012 = Nr. 768).

[109] Vgl. hierzu: Evangelischer Lieder=Schatz [...] Dritter und letzter Theil, [...] ausgefertiget von M. Johann Christoph Bilhubern, Diacono der Kirche zu Winneden. TUBINGEN, Verlegts Carl Gottlieb Ebertus sel. Wittib, 1734. Vorrede, Bl. *5a: »Von neuen oder solchen Liedern aber, die sonsten noch nicht bekannt gewesen, sind [..] keine [in diesen Teil] mit hinein gekommen, ausser des berühmten Gießischen Professoris Primarii Herrn D. Rambachs bewegliches Lied von den Thränen JEsu Num. 996. auch Herrn Professor Mosers 2 Lieder aus desselben 50. geistlichen Liedern Tüb. 1732. edirt, Num. 954. [S. 488–490] von der Ewigkeit, und N. 1011. [S. 670–672] von der Reinigkeit des Hertzes.« Gemeint sind hier die Lieder »39.) O Ewigkeit! o ewigkeit!« und »43.) SElig sind die reine hertzen«. – Der enge Zusammenhang zwischen dem »Evangelischem Lieder=Schatz« jenen »Fünffzig Geistlichen Liedern« wird übrigens auch von Wetzel, (s. Anm. 8), S. 349, angedeutet, indem er in seinem Moser-Artikel beide Werke in einem Atemzug erwähnt: »So hat derselbe [Moser] auch funfzig geistliche Lieder gedichtet, die zu Tübingen 1732. in duodez in Druck gekommen, und vorgehabt ein Gesangbuch von fünftausend Liedern drucken zulassen, es sind aber nur drey Bände davon heraus.«

[110] Fünffzig Geistliche Lieder, Vorrede, S. 10f. (vgl. auch Anhang, S. 124f.).

[111] Vgl. Wetzel, (s. Anm. 8), S. 346f.

[112] Ganz unabhängig von der Frage des Wissens um die Autorschaft der in Rede stehenden Lieder ist in diesem Kontext bemerkenswert, daß Moser (und im Fall des vierten Liedes Bilhuber) mehrere Dichtungen J.G. Wolfs (»EJn hertz / das GOtt erkennen lernet« [EL, 2. Tl.; S. 285–289 = Nr. 486]; »ES ist gewiß ein köstlich ding« [EL, 2. Tl. S. 451–453 =

Nr. 540]; »EY / mein hertz / sey unverzaget!« [EL, 2. Tl., S. 500–504 = Nr. 558]; »WAchet / wachet / ihr jungfrauen« [EL, 3. Tl., S. 774–776 = Nr. 1051]) und eine von J.H. Böhmer (»BRich durch / mein angefochtnes hertz« [EL, 1. Tl., S. 760–764 = Nr. 278]) in jenen »Evangelischen Lieder=Schatz« aufgenommen hat, was zugleich als ein Hinweis darauf gelten kann, wie intensiv Moser aus Freylinghausens »Hallischem« Gesangbuch für seine Tübinger Anthologie geschöpft hat.

[113] Fünffzig Geistliche Lieder, Vorrede, S. 12f. (vgl. auch Anhang, S. 125f.).

[114] Vgl. die Ausführungen zu dieser außerordentlich erfolgreichen Liedsammlung bei Rößler (1996), S. 35f., wo übrigens auf S. 36 unter Angaben verschiedener Auflagen des Buches auch eine aus dem Erscheinungsjahr der »Fünffzig Geistlichen Lieder« vermerkt ist.

[115] Vgl. hierzu Mosers in ebendieser »Vorrede«, S. 7 (s. Anhang, S. ?), zum Ausdruck gebrachte Hoffnung, dass die von ihm zu Liedern verarbeiteten und auf solche Weise hier vermittelten Predigten »auch noch weiters bey vielen anderen guten Hertzen [...] reiche Frucht schaffen werden«.

[116] Vgl. Mosers Verwendung dieses Begriffs ebd.

Anmerkungen zu Guldan, Moser als Journalist

[1] Gehring argumentiert schlüssig, dass der Katalog der Württembergischen Landesbibliothek in Stuttgart die Zeitschrift *Württembergische Nebenstunden* (Stuttgart 1718) zwar Moser zuschreibt, die Zeitschrift jedoch in der von Moser schon 1731 und dann noch einmal 1777 im dritten Teil seiner *Lebensgeschichte* veröffentlichten Liste aller seiner Werke - auch der anonymen – nicht auftaucht. Auch Rürup und Schömbs gehen davon aus, dass die *Vitae Professorum Tubingiensium Ordinis Theologici* die erste und einzige Veröffentlichung Mosers in diesem Jahre war. Unterstützend kann man feststellen, dass alle weiteren Werke Mosers bis einschließlich 1721 in Tübingen, wo Moser lebt und arbeitet, veröffentlicht wurden. Als erste Zeitschrift Mosers haben somit die *Wochentlichen Relationes von Schwäbischen Gelehrten Neuigkeiten* (Tübingen 1721) zu gelten. Die *Württembergischen Nebenstunden* werden hier in die Zählung nicht aufgenommen. Mälzer (1966), Sp. 1373 u. 1380 folgt dieser Argumentation nicht.
Die eindeutig Moser zuzuordnenden Zeitschriften *Geistliche Korrespondenz* (Erster Theil. Leipzig 1739. 126 Seiten.) und *Erbauliche Nachrichten und Brieffe* (Erste Sammlung. Auf Kosten guter Freunde. 1739. 96 Seiten.). Beide Zeitschriften erschienen im Verlag Samuel Benjamin Walther und wurden in Halle gedruckt, erscheinen bei Mälzer nicht, dagegen bei Rürup (1965) und Schömbs(1968). Die Anzahl an von Moser herausgegebenen Zeitschriften erhöht sich damit auf 26 (Mälzer: 25). Vgl. Gehring (1938), S. 4;

Mälzer (1968), S. 476 u. 500ff.; Rürup (1965), S. 255ff.; Schömbs (1968), S. 281. Vgl. auch Kirchner (1928).
2 Vgl. dazu Mälzer (1966), S. 1379ff.
3 Nachgewiesen sind 331 Veröffentlichungen.
4 Mälzer (1967), S. 1369–1438.
5 Ausführlich dazu: Kirchner (1928), S. 93ff.
6 Böning / Moepps (1996), S. XXIf.
7 Morgan (1929).
8 Vgl. zum Zusammenhang von Medienrevolution und Wissenschaftsentwicklung in der Frühen Neuzeit allgemein Giesecke (1998) sowie Giesecke (1992), bes. S. 89ff.
9 Acta eruditorum (1732/33 – 1776/82).
10 Kirchner (1928), S. 22. Zu den «Acta eruditorum vgl. Laeven (1990).
11 Zedler (1739), Bd.41, Sp. 1474.
12 Vgl. zu dieser Literaturgattung Böning (1996), S. XXIIff.; Gestrich (1994), S. 183ff.
12 Kirchner (1958), S. 34.
14 Kirchner (1958), S. 33f.
15 Schömbs (1968), S. 47.
16 Zur Bedeutung von »Unpartheylichkeit« im Kontext der Medienproduktion der Frühaufklärung vgl. v.a. Berns (1976).
17 Moser, Compendium juris (1731), S. 10f.; zit. bei Gestrich (1994), S. 106; vgl. zum Kontext auch Stolleis (1988), 256.
18 Moser, Unpartheyische Urtheile (1722–25), Vorrede (unpag.); Moser, Altes und Neues (1733–36).
19 Moser, Reichs-Fama (1727–38), Vorrede (unpag.); Moser, Hanauische Berichte (1750 / 51), Vorrede (unpag.).
20 Schreiben Struves vom 03.10.1719 aus Jena an Moser. *Supellex epistolica Uffenbachii et Wolffiorum.* Vol, 20. Ad Jo. Jac. Moserum. Staats- und Universitätsbibliothek Hamburg.
21 Schömbs(1968), S. 47.
22 Schömbs (1968), S. 196ff. Schon auf der Universität hatte sich Moser ausschließlich auf das Staatsrecht verlegt, weil er ein Arbeitsgebiet suchte, bei dem er die Möglichkeit praktischen Arbeitens, die Beschäftigung mit »lauter brauchbare[n] Dinge[n] und würckliche[n] Fälle[n] und Begebenheiten« vorhanden sah.
23 Vgl. dazu auch Mälzer (1966), Sp. 1387.
24 Die Diskussion des Zeitschriften- bzw. Journal-Begriffs kann hier nur ansatzweise erfolgen. Mehr lässt der vorgegebene Zeitrahmen nicht zu. Dieses Thema wird an anderer Stelle behandelt werden.
25 Vgl. dazu auch oben den Beitrag von Peter Wilson.

ANMERKUNGEN **193**

26 Unpartheyische Urtheile von juridischen und historischen Büchern, Frankfurt und Leipzig 1722–25 (anonym). Erstes Stück 1722, S. 50f.: Moser (Jo. Jac.): Diss. iuris publici inauguralis de nexu studii critici, cum prudentia iuris publici. Tübingen. 1720. Zweytes Stück 1722, S. 93ff.: Wochentliche Relationes von Schwäbischen gelehrten Neuigkeiten (Zeitschrift). Tübingen. 1721 (anonym).
27 Moser, Unpartheyische Urtheile (1722–25).
28 Briefe Johann Steins an Johann Jacob Moser (1722–1728). Supellex epistolica Uffenbachii et Wolffiorum. Vol, 20. Ad Jo. Jac. Moserum. Staats- und Universitätsbibliothek Hamburg.
29 Mälzer (1967), Sp. 1383ff.
30 Moser, Lebensgeschichte I, S. 82.
31 Johann Jacob Moser: Nachricht von meinem natürlichen, bürgerlichen und geistlichen Leben, für meine Kinder und Nachkommen (Manuskript in Familienbesitz); Moser: Todes-Stunden. (1730) (u.d. Pseud.: Christian Gottlieb Erdmann)
32 Witt 1995, Bd. 21, S. 184–217.
33 Moser, Lebensgeschichte, III, 202ff.; Moser, Nachricht (s. Anm. 31) .
34 Moser an Zinzendorf am 19. Juli 1736. Archiv der Brüder-Unität Herrnhut R.18.A.15.a
35 Diarium von Zinzendorfs Reise nach Tübingen 1733. Archiv der Brüder-Unität Herrnhut R. 20. A. 17. a. 1. a., Diarium von Zinzendorfs Reise nach Tübingen 1733.
36 Vgl. Moser an Zinzendorf vom 29.Juni 1733. A. a. O.
37 Moser: Altes und Neues, Zehender Theil. (1734), S. 3.
38 Für diese Informationen danke ich Rainer Lächele.
39 Moser, Altes und Neues, Zwölfter Theil (1735). S. 3–35.
40 Fratzke-Weiß, Birgit: Europäische und nationale Konzeptionen im Rheinbund. Politische Zeitschriften als Medien der politischen Öffentlichkeit. Frankfurt/Main u.a. 1997. S. 154f. (=Europäische Hochschulschriften III, Bd. 756.) Zitiert nach: Lächele (2001).
41 Moser, *Nachricht*. (s. Anm. 31).
42 Stadtbibliothek Trier, Autographensammlung.
43 Wittmann (1982), S. 212.
44 Vgl. dazu den Überblick bei Mälzer (1966), Sp. 1378.

Anmerkungen zu Gestrich, Die Verklärung

1 H.v. Merz (1885).
2 Schmid (1868) Vorwort.
3 Vgl. dazu v.a. Assmann (1993), Wolfrum (2001); epochemachend Nora (1984–92); für Deutschland jetzt François, Etienne / Schulze, Hagen (2001).

[4] Wolfrum (2001), S. 6.
[5] Die heftigen Auseinandersetzungen um ein Denkmal für Deserteure der Wehrmacht in Bremen oder der Kampf der Sinti und Roma und anderer verfolgter Gruppen um den Einschluss in die öffentliche Erinnerung des Holocaust sind nur die spektakulärsten Beispiele der bundesdeutschen Gegenwart auf diesem Feld.
[6] Moser Lebensgeschichte, Bd. II (1777), S. 154–58; vgl. Walker (1981), S. 252.
[7] Vgl. dazu ausführlich den Beitrag von Wilson in diesem Band.
[8] Vgl. dazu v.a. die Beiträge von Wilson und Haug-Moritz in diesem Band.
[9] Vgl. z.B. Aloys Merz (1769) u. (1774).
[10] Friedrich Carl von Moser, Patriotisches Archiv, Bd. 6 (1787), S. 437–450; zu dem jüngeren Moser vgl. auch Eckstein (1973); Stirken (1984); Kaufmann (1931).
[11] V. Mohl
[12] Einen guten Überblick bieten Schönemann / Koselleck (1992), S. 302ff.; Birtsch (1991); Vierhaus (1982).
[13] Moser, National-Geist (1765).
[14] Moser, Lebens-Geschichte (1777–1783).
[15] Ledderhose, Johann Jacob Moser (1843); Ledderhose, Friederike Rosine Moser (1852); Ledderhose, Friedrich Karl v.Moser (1871).
[16] Ledderhose, Johann Jacob Moser (1852), Vorwort zur ersten Auflage.
[17] Zitate nach Ledderhose, Johann Jacob Moser (1852), S. 3–5, 84.
[18] Ledderhose, Johann Jacob Moser (1852), Vorwort zur ersten Auflage.
[19] Beiträge zu J.J. Moser's Leben (1864).
[20] Moser, Seelige letzte Stunden (1861).
[21] In Laichingen, wo sich nach der Untersuchung Hans Medicks praktisch das gesamte Spektrum pietistischer Literatur findet, fehlen Werke Mosers bezeichnender Weise ganz. Vgl. Medick (1996), S. 447ff.
[22] Lesebuch (1855), S. 407.
[23] Vgl. dazu oben den Text von Wilson.
[24] Vgl. dazu v.a. Lehmann (1969), S. 211ff. u. 225ff.
[25] Glökler (1872), S. 3f.
[26] Vgl. dazu z.B. Lehmann (1969), S. 250: »Nur wenige Pietisten setzten in ihrer Freude nicht das neue deutsche Kaiserreich mit einem Sieg Gottes in Deutschland gleich und bezweifelten, daß Gott die besseren religiösen und sittlichen Zustände in Deutschland mit dem nationalen Triumph über das gottlose Frankreich belohnt habe.«
[24] Scheffbuch (2001).

Literatur und gedruckte Quellen

Achenwall, Gottfried: Anmerkungen über Nordamerika und über dasige grosbritannische Colonien, aus mündlichen Nachrichten des Herrn Dr. Franklins, Frankfurt/Main 1769.

Acta eruditorum anno [...] publicata, Leipzig Grosse & Gleditsch, 1682–1731 (Repr.: New York 1966–69); Nova acta eruditorum, Leipzig 1732/33–1776/82; (Repr.: New York 1966–69).

Adam, Albert Eugen: Johann Jacob Moser als Württembergischer Landschaftskonsulent 1751–1771, Stuttgart 1887.

Adam, Albert E.: Württemberg vor dem Siebenjährigen Krieg geschildert in einem Gutachten Johann Jakob Mosers von 9. November 1752, in: Württembergische Vierteljahreshefte für Landesgeschichte, NF 12 (1903), S. 205–26.

Adam, Albert E.: Herzog Karl Eugen und die Landschaft, in: Herzog Karl Eugen und seine Zeit, hg. v. Württembergischen Geschichts- und Altertumsverein, 2 Bde., Esslingen, 1907–9), S. 193–310.

Aretin, Karl Otmar Frhr. von: [Art.] Johann Jakob Moser. In: NDB, Bd. 18, Berlin 1997, S. 175–178.

Aretin, Karl Otmar Frhr. von: Das alte Reich, 3 Bde., Stuttgart 1993–1997.

Assmann, Aleida: Arbeit am nationalen Gedächtnis. Eine kurze Geschichte der deutschen Bildungsidee, Frankfurt a.M. 1993.

Assmann, Aleida / Frevert, Ute: Geschichtsvergessenheit, Geschichtsversessenheit. Vom Umgang mit deutschen Vergangenheiten nach 1945, Stuttgart 1999.

Bachmann, Johann Friedrich: »Hymnologische Sammlung«, Wernigerode 1888.

Bader, Karl Siegfried: 'Johann Jakob Moser', Lebensbilder aus Schwaben und Franken, 7 (1960), S. 92–121.

Baur, Louis: Der städtische Haushalt Tübingens vom Jahre 1750 bis auf unsere Zeit, Tübingen 1863.

Becher, Ludwig: Johann Jakob Moser und seine Bedeutung für das Völkerrecht, Würzburg 1927.

Beiträge zu J.J. Moser's Leben, in: Der Christen-Bote, 34. Jg (1864), Nr. 3, 7 u. 19.

Berns, Jörg Jochen: 'Parteylichkeit' und Zeitungswesen. Zur Rekonstruktion einer medienpolitischen Diskussion an der Wende vom 17. zum 18. Jahrhundert, in: Massen / Medien / Politik, Berlin 1976 (=Argument–Sonderband, AS 10), S. 202–233.

Bertsch, Albert: Johann Jakob Moser. Ein politischer Märtyrer. Zu seinem 150. Todestag am 30. September, in: Sonntagsbeilage zum Schwäbischen Merkur Stuttgart, Nr. 228 v. 29.9.1935

Beyreuther, Erich: Nikolaus Ludwig von Zinzendorf in Selbstzeugnissen und Bilddokumenten, 2. Aufl. Stuttgart 1975.

Beyeuther, Erich: Die große Zinzendorf-Trilogie. Bd. 3: Zinzendorf und die Christenheit, Marburg 1988.

Biesterfeld, Wolfgang: [Art.] Moser, Friedrich Carl von, in: Literaturlexikon. Autoren und Werke deutscher Sprache. Hrsg. von Walther Killy unter Mitarbeit von Hans Fromm u.a. Bd. 8. Gütersloh/München 1990, S. 237–239.

Bilhubern, M. Johann Christoph: Evangelischer Lieder=Schatz [...] Dritter und letzter Theil, [...] Tübingen 1734.

Birtsch, Günter (Hg.): Patriotismus (=Aufklärung 4,2) Hamburg 1991.

Bodin, Jean: Les six livres de la République, Paris 1583.

Böning, Holger / Moepps, Emmy: Hamburg. Kommentierte Bibliographie der Zeitungen, Zeitschriften, Intelligenzblätter, Kalender und Almanache sowie biographische Hinweise zu Herausgebern, Verlegern und Druckern periodischer Schriften. Von den Anfängen bis 1765, Stuttgart-Bad-Cannstatt 1996 (=Deutsche Presse. Biobibliographische Handbücher zur Geschichte der deutschsprachigen periodischen Presse von den Anfängen bis 1815, Bd. 1.1).

Borst, Otto: Die heimlichen Rebellen. Schwabenköpfe aus fünf Jahrhunderten, Stuttgart 1980.

Brecht, Martin (Hrsg.): Sammelband zur 300. Wiederkehr des Geburtstages von Philipp Friedrich Hiller: Gott ist mein Lobgesang. Philipp Friedrich Hiller (1699–1769). Der Liederdichter des württembergischen Pietismus, Metzingen 1999.

Brockliss, Laurence W.B (Hrsg.): The world of the favourite, New Haven 1999.

Buchholz, Stefan: Pietismus und Aufklärung. Beiträge Johann Jacob Mosers zu den Religionsstreitigkeiten des 18. Jahrhunderts. In: Staat, Kirche, Wissenschaft in einer pluralistischen Gesellschaft. FS Paul Mikat. Hg. von D. Schwab u. a. Berlin 1989, S. 203–220.

Busch, Gudrun: *Melodeien zu der Wernigerödischen Neuen Samlung geistlicher Lieder* (Halle 1767) – ein pietistischer Hof und sein Choralbuch, in: »Geist=reicher« Gesang. Halle und das pietistische Lied. Hrsg. von Gudrun Busch und Wolfgang Miersemann. Tübingen 1997 (= Hallesche Forschungen 3), S. 287–312.

Carsten, Francis Ludwig: Princes and parliaments in Germany from the fifteenth to the eighteenth century, Oxford 1959.

Cunz, Franz August: Geschichte des deutschen Kirchenliedes vom 16. Jahrhundert bis auf unsere Zeit. Tl. 2. o.O. [Leipzig] 1855 (Ndr. Wiesbaden 1969).

de Boor, Friedrich: Das Auftreten der »pietistischen Sängerin« Anna Maria Schuchart in Halle 1692, in: »Geist=reicher« Gesang. Halle und das pietistische Lied. Hrsg. von Gudrun Busch und Wolfgang Miersemann. Tübingen 1997 (= Hallesche Forschungen 3), S. 81–121.

Decker-Hauff, Hans Martin: 'Die geistige Führungsschicht Württembergs', in: G. Franz (ed.), Beamtentum und Pfarrerstand 1400–1800. Büdinger Vorträge 1967, Limburg 1972, S. 51–80.

Dizinger, Karl Friedrich: Beiträge zur Geschichte Württembergs und seines Regentenhauses zur Zeit der Regierung Herzogs Karl Alexander und während der Minderjährigkeit seines Erstgeboren 2 Bde., Tübingen 1834.

Dreitzel, Horst: Monarchiebegriff in der Fürstengesellschaft. Semantik und Theorie der Einherrschaft in Deutschland von der Reformation bis zum Vormärz, 2 Teilbände., Köln u.a. 1991.

Eckstein, Karlfriedrich: Friedrich Carl von Moser (1723–1798). Rechts- und staatstheoretisches Denken zwischen Naturrecht und Positivismus, Giessen, Univ., Diss., 1973.

Ehwald, Karl: Johann Jacob Moser in Ebersdorf, Lobenstein o. J. [1927]

Erbe, Hans-Walter: Zinzendorf und der fromme hohe Adel seiner Zeit. Diss. phil. Leipzig 1928.

Faber, Anton [= Christian Leonhard Leucht]: Neue europäische Staatscanzley, Bd. 16, Ulm u.a. 1766.

Fimpel, Martin: Reichsjustiz und Territorialstaat. Württemberg als Kommissar von Kaiser und Reich im Schwäbischen Kreis (1648–1806), Tübingen 1999.

Fischer, Albert Friedrich Wilhelm: Kirchenlieder-Lexikon. Hymnologisch-literarische Nachweisungen über etwa 4500 der wichtigsten und verbreitetsten Kirchenlieder aller Zeiten in alphabetischer Folge nebst einer Übersicht der Liederdichter. Bd. I A–J, Gotha 1878; Bd. II, K–Z, Gotha 1879 (Ndr. Hildesheim 1967).

Fischer, Peter: [Art.] Moser, Johann Jacob. In: Literaturlexikon. Autoren und Werke deutscher Sprache. Hrsg. von Walther Killy unter Mitarbeit von Hans Fromm u.a. Bd. 8. Gütersloh/München 1990.

Fleischhauer, Günther (Hrsg.): Musik als Spiegel der Lebenswirklichkeit im Barock. Bericht der 25. Arbeitstagung 1997. Michaelstein/Blankenburg (= Michaelsteiner Konferenzberichte 57) [im Druck].

François, Etienne / Schulze, Hagen (Hg.): Deutsche Erinnerungsorte, Bd. 1, München 2001.

Fratzke-Weiß, Birgit: Europäische und nationale Konzeptionen im Rheinbund. Politische Zeitschriften als Medien der politischen Öffentlichkeit. Frankfurt/Main u.a. 1997. (= Europäische Hochschulschriften III, Bd. 756).

Fritz, Friedrich: Konventikel in Württemberg von der Reformationszeit bis zum Edikt von 1743, in: Blätter für Württembergische Kirchengeschichte 49–54 (1949–1954).

Fröhlich, Marianne: Johann Jacob Moser in seinem Verhältnis zum Rationalismus und Pietismus. Wien 1925 (=Deutsche Kultur. Lit. hist. Reihe III).

Fulbrook, Mary: Piety and politics. Religion and the rise of absolutism in England, Württemberg and Prussia, Cambridge 1983.

Gail, Andreas: Practicarum Observationum, tam ad processum iudiciarium, praesertim imperialis camerae, quam causarum decisiones pertinentium, Libri Duo, Köln 1578.

Gebauer, Ruth: Die Außenpolitik der Schwäbischen Reichskreises vor Ausbruch des spanischen Erbfolgekrieges (1697–1702), Marburg 1969.

Gehring, Paul: Die Anfänge des Zeitschriftenwesens in Württemberg, in: Württembergische Jahrbücher 1936/37, Stuttgart 1938, S. 1–63.

Gerhard, Johann:[...] Ein und Funffzig Geistliche Andachten Oder Heilige Betrachtungen Zur Ubung wahrer Gottseeligkeit. Nebenst einer Vorrede Hn. L. Joachim Fellers / P.P. und Bibliothecarii bey der Universität Leipzig. Leipzig und Dreßden [...].1692 (= 2. Aufl.)

Gestrich, Andreas: Absolutismus und Öffentlichkeit. Politische Kommunikation in Deutschland zu Beginn des 18. Jahrhunderts, Göttingen 1994 (= Kritische Studien zur Geschichtswissenschaft, Bd. 103).

Giesecke, Michael: Sinnenwandel, Sprachwandel, Kulturwandel: Studien zur Vorgeschichte der Informationsgesellschaft, Frankfurt / Main 1992.

Giesecke, Michael: Der Buchdruck in der frühen Neuzeit: eine historische Fallstudie über die Durchsetzung neuer Informations- und Kommunikationstechnologien, Frankfurt / Main 1998.

Glökler, J.P.: Der Patriot Johann Jakob Moser. Ein Lebensbild aus dem 18. Jahrhundert, Stuttgart J.F. Steinkopf 1872.

Goethe, Johann Wolfgang: Dichtung und Wahrheit Hg. von Klaus-Detlef Müller. Darmstadt 1998 (=Goethe Werke Jubiläumsausgabe, Bd.5).

Greschat, Martin (Hg.): Orthodoxie und Pietismus. Einleitung. Stuttgart u. a. 1982 (= Gestalten der Kirchengeschichte, Bd. 7), S. 26–30.

Grube, Walter: Dorfgemeinde und Amtsversammlung in Altwürttemberg, in: Zeitschrift für Württembergische Landesgeschichte 13 (1954), S. 194–219.

Grube, Walter: Der Stuttgarter Landtag 1457–1957. Von den Landständen zum demokratischen Parlament, Stuttgart 1957.

Häberlin, Carl Franz: Handbuch des Teutschen Staatsrechts nach dem System des Herrn Geheimen Justizrath Pütter, Bd. 1, Berlin 1794.

Härter, Karl (Hg.): Policey und frühneuzeitliche Gesellschaft, Frankfurt/M. 2000 (= Ius commune, Sonderhefte Studien zur Europäischen Rechtsgeschichte, Bd. 129).

Hasselhorn, Martin: Die altwürttembergische Pfarrerstand im 18. Jahrhundert, Stuttgart 1958.

Haug-Moritz, Gabriele: Württembergischer Ständekonflikt und deutscher Dualismus. Ein Beitrag zur Geschichte des Reichsverbands in der Mitte des 18. Jahrhunderts, Stuttgart 1992 (= Veröffentlichungen der Kommission für geschichtliche Landeskunde in Baden-Württemberg, Reihe B, Bd. 122).

Haug-Moritz, Gabriele: Die Behandlung des württembergischen Ständekonflikts unter Herzog Carl Eugen durch den Reichshofrat (1763/64–1768/70), in: Diestelkamp, Bernhard

(Hg.): Die politische Funktion des Reichskammergerichts, Köln/u.a. 1993 (= Quellen und Forschungen zur höchsten Gerichtsbarkeit im Alten Reich, Bd. 24), S. 105–133.

Haug-Moritz, Gabriele: Friedrich Samuel Graf Monmartin als Württembergischer Staatsmann (1758–1766/73), in: Zeitschrift für Württembergische Landesgeschichte 53 (1994), S. 205–226.

Heckel, Martin: Deutschland im konfessionellen Zeitalter, Göttingen 1983.

Heerwagen, Friedrich Ferdinand Traugott: Literatur=Geschichte der geistlichen Lieder und Gedichte neuer Zeit. Erster Theil. Schweinfurt 1797.

Hermann, Christian F.: Johann Jakob Moser, der württembergische Patriot als Gefangener auf dem Hohentwiel. Ein Blumenstrauß zu des Edlen Gedächtnis mit seinem Portrait, Stuttgart 1869.

Hoch, I M P: Württembergische Denkwürdigkeiten aus den Herzoge Carl Alexander und Carl Eugen, nach Aufzeichnungen von General Wolf und dessen Sohn, in: Sophronizon, 6 (1824), 5. Heft, S. 16–62.

Holzendorff, Franz von: Handbuch des Völkerrechts, Bd. I, Berlin 1885, S. 456–462.

Johann Jakob Moser auf dem Hohentwiel, in; Lesebuch für die evangelischen Volksschulen Württembergs, Stuttgart: Hallberger 1855, S. 404ff. [Neuaufl. 1860]

Johann Jakob Moser, der unbestechliche Landschaftskonsulent, in: Unsere Heimat. Württembergische Monatsblätter für Heimat- und Volkskunde. Beilage zum Ulmer Tagblatt, 9. Jg., Nr. 2 Februar 1929.

Kaufmann, Hans-Heinrich: Friedrich Carl von Moser als Politiker und Publizist (vornehmlich in den Jahren 1750–1770), Darmstadt 1931.

Killy, Walther (Hg.): Deutsche Biographische Enzyklopädie. Bd. 1–12. München 1995–2000.

Kirchner, Joachim: Die Grundlagen des deutschen Zeitschriftenwesens. Teil 2: Bibliographie der deutschen Zeitschriften, Leipzig 1928.

Kirchner, Johann Georg: Kurzgefasste Nachricht von ältern und neuern Liederverfassern. Anfangs von Johann Heinrich Grischow im Druck ertheilet, nunmehro aber verbessert und vermehrter herausgegeben von Johann George Kirchner, Archidiacono bey der Hauptkirche zu U. L. Fr. in Halle. Halle 1771.

Koch, Eduard Emil: Geschichte des Kirchenlieds und Kirchengesangs der christlichen, insbesondere der deutschen evangelischen Kirche. Bd. 1. Stuttgart 1866.

Lächele, Rainer: Pietismus und Kommunikation. Das Erbauungsjournal »Sammlung Auserlesener Materien zum Bau des Reichs Gottes« und seine Nachfolger zwischen 1730 und 1760. (Habilschrift, ungedruckt)

Laeven, Augustinus H.: The »Acta eruditorum« under the editorship of Otto Mencke (1644–1707). The history of an international learned journal between 1682 and 1707, Amsterdam [u.a.] 1990.

Landwehr, Achim: Policey im Alltag. Die Implementation frühneuzeitlicher Policeyordnungen in Leonberg, Frankfurt/M. 2000 (=Studien zu Policey und Policeywissenschaft).

Laufs, Adolf: Johann Jakob Moser – Staatsrechtslehrer und Landschaftskonsulent, in: Staatsdenker in der Frühen Neuzeit, 3. Aufl. 1995, S. 284–293.

Ledderhose, Karl Friedrich: Züge aus dem Leben Johann Jacob Mosers, Heidelberg 1843, 2. verm. Aufl. Heidelberg: Karl Winter 1852.

Ledderhose, Karl Friedrich: Aus dem Leben der Friedrike Rosine Moser, geb. Vischer, 2. verm. Aufl. Heidelberg: Karl Winter 1852.

Ledderhose, Karl Friedrich: Aus dem Leben und den Schriften des Ministers Freiherrn Friedrich Karl v. Moser, Heidelberg: Winter 1871 (Christliche Biographien, 11).

Lehmann, Hartmut: Pietismus und weltliche Ordnung in Württemberg vom 17. bis zum 20. Jahrhundert, Stuttgart 1969.

Lempp, J.: Moser, der württembergische Landschaftskonsulent (1759–65). Zur Aufführung für Vereine und Schulen, Gablenberg 1897.

Maier, Hans: Die ältere Staats- und Verwaltungslehre, München 1986 (Erstdruck: 1966).

Mälzer, Gottfried: Johann Jacob Moser als Journalist. Ein Beitrag zur Geschichte der Zeitschrift im 18. Jahrhundert, in: Archiv für Geschichte des Buchwesens, Bd. VIII (1967), Sp. 1369–1438; wiederabgedr. in: Börsenblatt des Deutschen Buchhandels, Frankfurter Ausgabe, Nr. 20 vom 10. 3. 1967, S. 471–505.

Medick, Hans: Weben und Überleben in Laichingen 1650–1900. Lokalgeschichte als Allgemeine Geschichte, Göttingen 1996.

Merz, Aloys: Der Jesuit vor dem Richterstuhle des Herrn Johann Jacob Moser, Berlin 1774.

Merz, Aloys: Unentbehrliche Anecdoten zu Johann Jacob Mosers ... Lebensgeschichte, Münster, 1769.

[Merz, Heinrich von:] Festrede am hundertjährigen Todestage des Landschaftskonsulenten Johann Jakob Moser: zur Enthüllung seines Denkmals in der Moserstraße, Stuttgart den 30.September 1885 von Prälat Merz, Stuttgart: Steinkopf 1885.

Miersemann, Wolfgang: »Pietismus« und »Teutsche Poëterey«. Zu einem Schlüsseltext des Poesieprofessors und »Sängers der Leipziger pietistischen Bewegung« Joachim Feller (1638–1691), in: Rainer Lächele (Hg.): Das Echo Halles. Kulturelle Wirkungen des Pietismus. Tübingen 2001, S. 191–241.

Mohl, Robert v.: Die beiden Moser in ihrem Verhältnis zu deutschem Leben und Wissen, in: Mon. Erg.bl. z. Allg. Ztg. Augsburg 1846, S. 357–381.

Mohl, Robert v.: Geschichte und Literatur der Staatswissenschaften, Erlangen 1856, Bd. II, S. 401–424.

Mohl, Robert v.: Lebenserinnerungen, Bd. I, Stuttgart 1902.

Mohnhaupt, Heinz: Die Mitwirkung der Landstände an der Gesetzgebung. Argumente und Argumentationsweisen in der Literatur des 17. und 18. Jahrhunderts, in: Michael Stolleis

u. a. (Hgg.): Die Bedeutung der Wörter. Studien zur europäischen Rechtsgeschichte. Festschrift für Sten Gagner zum 70. Geburtstag, München 1991, S. 249–264.

Morgan, Betty T.: Histoire du Journal des Scavans depuis 1665 jusqu'en 1701, Paris 1929.

Moser, Friedrich Carl v.: Patriotisches Archiv für Deutschland, Mannheim; Leipzig: Schwan & Götz 1.1784 – 12.1790.

Moser, Friedrich Carl v.: Letzte Lebens-Jahr und Tag meines seeligen Vaters Herrn J.J. Moser, in: Patriotisches Archiv für Deutschland, Bd. 6 (1789), S. 437–450.

Moser, Friedrich Carl v.: Von dem deutschen National-Geist, 1765.

[Moser, Johann Jacob]: Würtembergische Nebenstunden, Stuttgart 1718. [Zuordnung zu Moser umstritten]

Moser, Johann Jacob: Diss. iuris publici inauguralis de nexu studii critici, cum prudentia iuris publici, Tübingen 1720.

Moser, Johann Jacob: Wochentlichen Relationes von Schwäbischen Gelehrten Neuigkeiten, Tübingen 1721.

[Moser, Johann Jacob]: Unpartheyische Urtheile von juridischen und historischen Büchern. 6 Stücke. Frankfurt/Leipzig 1722–25.

[Moser, Johann Jacob]: Reichs-Fama, oder das merckwürdigste vom Reichs-Convent, Kayserlichen Hof und Ständen des Reichs, mit historischen Erläuterungen, 23 Teile, Frankfurt/Nürnberg 1727–38.

Moser, Johann Jacob: Bibliotheca juris publici Germanici, 3 Teile, Stuttgart 1729–1734.

Moser, Johann Jacob: Erbauliche Todes-Stunden. Tübingen 1730 (u.d. Pseud.: Christian Gottlieb Erdmann).

Moser, Johannn Jacob: Compendium Iuris Publici Germanicii, oder Grundriß der heutigen Staats-Verfassung des Teutschen Reichs, Tübingen 1731.

Moser, Johann Jacob: Einleitung zum Reichs-Hof-Raths-Proceß, 4 Teile, Frankfurt/Leipzig 1731–1737.

Moser, Johann Jacob: Teutsches Staatsrecht. 50 Teile u. 2 Teile Zusätze, Nürnberg u. a. 1737–1754.

Moser, Johann Jacob: Anfangs-Gründe der Wissenschaft von der gegenwärtigen Staats-Verfassung von Europa und dem unter denen Europäischen Potenzien üblichen Völker- oder allgemeinen Staats-Recht, Tübingen 1732.

Moser, Johann Jacob: Altes und Neues aus dem Reich Gottes, und der übrigen guten und bösen Geister. 19 Teile. Frankfurt und Leipzig 1733–36 (anonym).

Moser, Johann Jacob: Historisch-und rechtliche Betrachtungen des Recurses von denen höchsten Reichs-Gerichten an den Reichs-Convent, Kassel 1737.

Moser, Johannn Jacob: Lexicon der jeztlebenden Rechts-Gelehrten in und um Teutschland, Züllichau 1738.

Moser, Johann Jacob: Geistliche Korrespondenz, erster Theil, Leipzig 1739.

Moser, Johann Jacob: Merckwürdige Reichs-Hof-Raths-Conclusa, 8 Teile, Bayreuth 1740.

Moser, Johann Jacob: Verzeichniß derer Schrifften, Königlich Preußischen Geheimen Raths. Auf mehrmalige Nachfrage von neuem mitgetheilt. Ebersdorff im Vogtland, bey Bernhard Ehrenfrid Vollrath. 1742.

Moser, Johann Jacob: Grund-Säze des jetzt-üblichen Europäischen Völcker-Rechts in Fridens-Zeiten, Hanau 1750.

Moser, Johann Jacob: Hanauische Berichte von Religions-Sachen, 2 Bde., Hanau 1750/51.

Moser, Johann Jacob: Grund-Säze des jezt-üblichen Europäischen Völcker-Rechts in Kriegs-Zeiten, Tübingen 1752.

Moser, Johann Jacob: Einige Grund-Sätze einer vernünftigen Regierungs-Kunst, Stuttgart 1753 (auch anonym: Franckfurt/M. 1761).

Moser, Johann Jacob: Schwäbische Nachrichten von Oeconomie- Cameral- Policey- Handlungs- Manufactur- Mechanischen und Bergwerks-Sachen, 10 Teile Stuttgart 1756–1757.

Moser, Johann Jacob: Teutsches Staats-Archiv, Bd. 8, Hanau/u.a. 1756, »Von den Landständen des Herzogtums Wirtemberg«, S. 322–380.

Moser, Johann Jacob: Grund-Säze des Besteurungs-Rechts derer Teutschen Reichs-Stände, o.O. 1765.

Moser, Johann Jacob: Abhandlung von der teutschen Land-Stände Conventen ohne landesherrliche Bewilligung, 1765.

Moser, Johann Jacob: Lieder in Kranckheiten, wie auch vom Tode, jüngsten Gericht, Himmel, Hölle und der Ewigkeit, 2. verb. u. verm. Aufl. Stuttgart 1765.

Moser, Johann Jacob: Neues Teutsches Staatsrecht, 20 Teile, Stuttgart [ab Bd. 1, Stuttgart 1766; ab Bde. 2–15, Frankfurt 1767; ab Bd. 16, Leipzig - Frankfurt; ab Bde. 17–20, Frankfurt] 1766–1775.

Moser, Johann Jacob: [...] gesammelte Lieder [...]. Erster und Zweyter Band. Stuttgart 1767.

Moser, Johann Jacob: »Gesammlete Lieder« Des sechsten Bandes zweytes Stück. Berlin und Stettin, verlegts Friedrich Nicolai, 1768.

Moser, Johann Jacob: Neues Teutsches Staatsrecht, vol. XIII/I. Von der Teutschen Reichs-Stände, Frankfurt/M. 1769.

Moser, Johann Jacob: Neueste Geschichte der Teutschen Staats-Rechts-Lehre und deren Lehrer, Frankfurt 1770.

Moser, Johann Jacob: Anti-Mirabeau, oder unpartheyische Anmerkungen über des Marquis von Mirabeau natürliche Regierungs-Form, Frankfurt/Main 1771.

Moser, Johann Jacob: Ein schwäbischer Patriot, bearb. V. S. Röder, Heidenheim a.d. Brenz 1971. (= gekürzte Ausg. d. Lebensgeschichte)

Moser, Johann Jacob: [...] Abhandlungen aus dem Teutschen Kirchen=Recht. Frankfurt und Leipzig 1772.

Moser, Johann Jacob: Von der Landeshoheit derer Teutschen Reichsstände überhaupt [...], Frankfurt/Leipzig 1773, in: ders. Neues teutsches Staatsrecht, Bd. 14, Neudr. Osnabrück 1968.

Moser, Johann Jacob: Von der Landes-Hoheit in Militar-Sachen, in: ders.: Neues Teutsches Staatsrecht, Bd. 16, 3, Frankfurt/M. 1773.

Moser, Johann Jacob: Betrachtungen über das sammlen und dencken in dem Teutschen Staatsrecht, in: Abhandlung verschiedener besonderer Rechts-Materien, Bd. XVIII (1776), S. 305–364.

Moser, Johann Jacob: Lebens-Geschichte Johann Jacob Mosers Königlich-Dänischen Etats-Raths, von ihm selbst beschrieben. [1. Aufl. Offenbach 1768] 3. stark vermehrte und fortgesetzte Auflage. Frankfurt a.M. / Leipzig 1777 (3 Teile), 1783 (4. Teil).

Moser, Johannn Jacob: Versuch des neuesten europäischen Völker-Rechts in Friedens- und Kriegszeiten, vornehmlich aus denen Staatshandlungen derer Europäischen Mächten, auch anderen Begebenheiten, so sich seit dem Tode Kayser Carls VI. im Jahr 1740 zugetragen haben, 10 Teile Frankfurt / Main 1777–1780.

Moser, Johann Jacob: Erste Grundlehren des jezigen Europäischen Völcker-Rechts, in Friedens- und Kriegs-Zeiten, Nürnberg 1778.

Moser, Johann Jacob: Beiträge zu den neuesten europäischen Völkerrechte in Friedens-Zeiten, 5 Teile, Stuttgart und Tübingen 1778–1780.

Moser, Johann Jacob: Beiträge zu dem neuesten europäischen Völkerrechte in Kriegszeiten 3 Teile, Stuttgart/Tübingen 1779–1781.

Moser, Johann Jacob: Der Teschenische Friedensschluss vom Jahre 1779, mit Anmerckungen, als eine Fortsetzung der Staatsgeschichte des zwischen Österreich und Preussen in denen Jahren 1778 und 1779 geführten Krieges, Frankfurt/Main, 1779.

Moser, Johann Jacob: Die Rechte der Menschheit in Religions-Sachen; so wohl im Stande der Natur, als auch in einer bürgerlichen Gesellschaft, Stuttgart 1782.

Moser, Johann Jacob: Nord-America nach den Friedensschlüssen vom Jahre 1783, 3 Bde., Leipzig 1784–85.

Moser, Johann Jacob: Eines Alten Mannes muntere Stunden während seines Festungsarrests. In: Schmid (1868), Anhang.

Moser, Johann Jacob: De exercitio religionis domestico eiusdemque iure inter eos, qui diversosacra colunt, Francofurti: Gabriel 1806.

Moser, Johann Jacob: Ordnung für die Communen, auch deren Vorsteher und Bediente, in demKönigreich Württemberg, Stuttgart: Mäntler o.J. [circa 1810]

[Moser, Johann Jacob]: Johann Jacob Mosers Pro Memoria an die Württembergische allgemeine Landtags-Versammlung vom 17. Mai 1770, Stuttgart, 1816.

Moser, Johann Jacob: Lieder in Kranckheiten, wie auch vom Tode, jüngstem Gerichte, Himmel, Hölleund der Ewigkeit. – 6.Aufl. Reutlingen: Grözinger 1816.

Mosers Seelige letzte Stunden hingerichteter Personen / gesammelt von Johann Jakob Moser. Nach einem Jahrhundert im Auszug hrsg. und mit neueren vermehrt von F. M. Kapff, Stuttgart: Belser 1861.

Münch, Alo: Johann Jakob Moser. Der Gefangene vom Hohentwiel, Gießen / Basel: Brunnen-Verlag 1937 (Menschen, die den Ruf vernommen, Bd. 16).

Mynsinger v. Frundeck, Joachim: Singularum observationum iudicii imperialis Camerae (uti vocant) centuriae quator, Basel 1563.

Nawroth, Ute: Die Gesangbuchsammlung Wernigerode in der Staatsbibliothek, in: Jb. Preußischer Kulturbesitz XXVIII (1991), S. 329–338.

Neipperg, Graf Reinhard v.: Kaiser und Schwäbischer Kreis (1714–1733), Stuttgart 1991.

Neuhaus, Rafael: Das Reich in der frühen Neuzeit, München 1997.

Nicolai, Friedrich: Allgemeine Deutsche Bibliothek, Berlin/Stettin 1765–96.

Nora, Pierre (Hg.): Les Lieux de mémoire, 7 Bde., Paris 1984–1992.

North, Michael: Kommunikation, Handel, Geld und Banken in der Frühen Neuzeit, München 2000 (= Enzyklopädie deutscher Geschichte, Bd. 59).

Oehler, K. Eberhard: Lieder aus dem Kerker. Johann Jakob Moser, der Liederdichter (1701–1785), in: Blätter für württembergische Kirchengeschichte. 91. Jg. (1991), S. 349–357.

Oßwald-Bargende, Sybille: Die Mätresse, der Fürst und die Macht. Christina Wilhelmina von Grävenitz und die höfische Gesellschaft, Frankfurt/New York 2000.

Pelizaeus, Ludolf: Der Aufstieg Württembergs und Hessens zur Kurwürde 1692–1803, Frankfurt 2000.

Pfaff, Karl: Geschichte des Fürstenhauses und Landes Wirtenberg, 4 Bde., Stuttgart 1850.

Pütter, Johann Stephan: Litteratur des teutschen Staatsrechts, 4 Bde., Göttingen 1776–91.

Repgen, Konrad: Der Westfälische Friede und die zeitgenössische Öffentlichkeit, in: Historisches Jahrbuch 117 (1997), S. 38–83.

Reyscher, August Ludwig: Vollständige, historisch und kritisch bearbeitete Sammlung der württembergischen Gesetze, Bd. 2, Stuttgart/Tübingen 1829.

Richter, Gottfried Lebrecht: Allgemeines Biographisches Lexikon alter und neuer geistlicher Liederdichter, Leipzig 1804.

Rößler, Martin: Württemberg als Gesangbuch-Landschaft, in: »... das heilige Evangelion in Schwang zu bringen«. Das Gesangbuch. Geschichte – Gestalt – Gebrauch. Hrsg. von Reiner Nägele unter Mitarbeit von Eberhard Zwink. Stuttgart 1996 (= Begleitbuch zu einer Ausstellung in der Württembergischen Landesbibliothek Stuttgart vom 30. November 1996 bis 25. Januar 1997 und im Landeskirchlichen Museum Ludwigsburg vom 23. Februar bis 13. April 1997), S. 13–61.

Rürup, Reinhard: Johann Jacob Moser. Pietismus und Reform, Wiesbaden 1965 (= Veröffentlichungen des Instituts für europäische Geschichte Mainz, Abt. Universalgeschichte, Bd. 35).

Scheffbuch, Winrich: Als Demokrat und Christ auf dem Hohentwiel in Haft. Zum 300. Geburtstag von Johann Jakob Moser, in: Evangelisches Gemeindeblatt für Württemberg, Nr. 2/2001.

Schmid, August: Das Leben Johann Jakob Moser's. Aus seiner Selbstbiographie, den Archiven und Familienpapieren dargestellt von August Schmid, Pfarrer, Stuttgart 1868.

Schmidt, Martin: [Art.] Moser, 1. Friedrich Karl, in: RGG, 3. Aufl., Bd. 4, (1960), Sp. 1150f.

Schmidt, Martin: [Art.] Moser, 2. Johann Jacob, in: RGG, 3. Aufl., Bd. 4, (1960), Sp. 1151.

Schneider, Eugen: Zur Charakteristik des Oberst Riegers, in: Literarische Beilage zum Staatsanzeige für Württemberg, (1888), S. 293–296

Schneider, Hans: Nikolaus Ludwig von Zinzendorf. In: Greschat, Martin (Hg.): Orthodoxie und Pietismus. Stuttgart u. a. 1982 (=Gestalten der Kirchengeschichte, Bd. 7), S. 347–372.

Schömbs, Erwin: Das Staatsrecht Johann Jakob Mosers (1701–1785). Zur Entstehung des historischen Positivismus in der deutschen Reichspublizistik des 18. Jahrhunderts, Berlin 1968 (= Schriften zur Verfassungsgeschichte, Bd. 8).

Schönemann, Bernd / Koselleck, Reinhart: Art. Volk, Nation, in: Brunner, Otto / Conze, Werner / Koselleck, Reinhart (Hg.): Geschichtliche Grundbegriffe. Historisches Lexikon zur politisch-sozialen Sprache in Deutschland, Bd. 7, Stuttgart 1992, S. 281–431.

Schönhuth, Ottmar (Hrsg.): Ausgewählte geistliche Lieder, nebst einem Lebensabriß des Verfassers [d.h. Mosers] und einigen Briefen seiner frommen Gattin, Nagold 1854.

Schott, August: Unpartheyische Critik über die neuesten juristischen Schriften, 10 Bde., Leipzig 1768–82.

Schröder, Wilhelm Heinz/Wilke, Jürgen: Politische Gefangene in der DDR. Eine quantitative Analyse, in: Deutscher Bundestag (Hg.) Materialien der Enquete Kommission »Überwindung der Folgen der SED-Diktatur im Prozeß der deutschen Einheit«, Bd. VII, Frankfurt a.M. 1999, S. 1080–1292.

Schulze, Hermann: Johann Jakob Moser, in: ADB, Bd. 22, Leipzig 1885, S. 372.

Schulze-Grävenitz, Hermann: Johann Friedrich von: Johann Jacob Moser, der Vater des deutschen Staatsrechts : Ein Vortrag, gehalten im wissenschaftlichen Vereine zu Berlin; Mit dem Bildniß J. J. Mosers. Leipzig: Breitkopf und Härtel, 1869.

Schütz, Johann Jakob (Hrsg.): Christliches Gedenck=Büchlein/Zu Beförderung eines anfangenden neuen Lebens [...]. Franckfurt am Mayn / Bey Johann David Zunner. MDC.LXXV., S. 133–136.

Söll, Wilhelm: Die staatliche Wirtschaftspolitik in Württemberg im 17. und 18. Jahrhundert Tübingen 1934.

Spener, Philipp Jacob: PIA DESIDERIA. Hg. von Kurt Aland, 3. durchgesehene Auflage. Berlin 1964 (=Kleine Texte für Vorlesungen und Übungen, 170).

Spittler, Ludwig Timotheus von: 'Herzog Eberhard Ludwig und Wilhelmine von Grävenitz', in ders.: Sämtliche Werke (hrsg.: K. Wächter, Stuttgart/Tübingen 1837), Bd. XII, S. 318–350.

Stintzing, Roderich/Landsberg, Ernst: Geschichte der deutschen Rechtswissenschaft, 3 Bde., München 1880–1910.

Stirken, Angela: Der Herr und der Diener. Friedrich Carl von Moser und das Beamtenwesen seiner Zeit, Bonn 1984.

Stollberg-Rilinger, Barbara: Vormünder des Volkes? Konzepte landständischer Repräsentation in der Spätphase des Alten Reiches, Berlin 1999 (= Hist. Forschungen, Bd. 64).

Stollberg-Rilinger, Barbara: Zeremoniell, Ritual, Symbol. Neue Forschungen zur symbolischen Kommunikation in Spätmittelalter und Früher Neuzeit, in: ZHF 27 (2000), S. 389–405.

Stolleis, Michael: Geschichte des öffentlichen Rechts in Deutschland, Bd. 1: Reichspublizistik und Policeywissenschaft 1600 – 1800, München 1988.

Stolleis, Michael (Hg.): Policey im Europa der Frühen Neuzeit, Frankfurt/M. 1996 (= Ius commune, Sonderhefte Studien zur Europäischen Rechtsgeschichte, Bd. 83).

Storz, Gerhard: Karl Eugen. Der Fürst und das 'alte gute Recht', Stuttgart 1981.

Tüchle, Hermann: Die Kirchenpolitik des Herzogs Karl Alexander von Württemberg 1733–1737, Würzburg 1939.

Valjavec, Franz: Die Entstehung der politischen Strömungen in Deutschland, 1770–1815, Wien, 1951.

Vann, James Allen: Württemberg auf dem Weg zum modernen Staat 1593–1793, Stuttgart 1986.

Veit, Patrice: Das Gesangbuch in der Praxis Pietatis der Lutheraner, in: Die lutherische Konfessionalisierung in Deutschland. Wissenschaftliches Symposion des Vereins für Reformationsgeschichte 1988. Hrsg. von Hans-Christoph Rublack. Gütersloh 1992 (= Schriften des Vereins für Reformationsgeschichte 197), S. 435–454.

Verdross, Alfred: J.J. Mosers Programm einer Völkerrechtswissenschaft der Erfahrung, in: Zeitschrift für öffentliches Recht, III (1922), S. 96–102.

Vierhaus, Rudolf:»Patriotismus« – Begriff und Realität einer moralisch-politischen Haltung, in: Herrmann, Ulrich (Hg.):»Die Bildung des Bürgers«. Die Formierung der bürgerlichen Gesellschaft und die Gebildeten im 18. Jahrhundert, Weinheim / Basel 1982, S. 119–131.

Wächter, Oskar: Johann Jakob Moser. Dargestellt von Oskar Wächter, Stuttgart: J. G. Cotta'sche Buchhandlung 1885.

Walker, Mack: Johann Jakob Moser and the Holy Roman Empire of the German Nation, Chapel Hill 1981.

Wallmann, Johannes: Der Pietismus. In: Bernd Moeller (Hg.): Die Kirche in ihrer Geschichte. Ein Handbuch. Bd. 4, Göttingen 1990.

Walter, Jürgen: Carl Eugen von Württemberg. Ein Herzog und seine Untertanen, Mühlacker 1987.

Wetzels, Johann Caspar: ANALECTA HYMNICA, Merkwürdige Nachlesen zur Lieder=Historie, Zweyter Band Vom ersten bis zum sechsten Stück nebst einem Register. Gotha, verlegts Christian Mevius, Gotha 1756.

Willoweit, Dietmar: Struktur und Funktion intermediärer Gewalten im Ancien Régime, in: Gesellschaftliche Strukturen als Verfassungsproblem. Intermediäre Gewalten, Assoziationen, Öffentliche Körperschaften im 18. und 19. Jahrhundert, Berlin 1978 (= Der Staat, Beiheft 2), S. 9–27.

Wilson, Peter H.: Violence and the rejection of authority in eighteenth-century Germany: the case of the Swabian mutinies in 1757, in: German History, 12 (1994), 1–26.
Wilson, Peter H.: War, State and Society in Württemberg, 1677–1793, Cambridge 1995.
Wilson, Peter H.: German Armies. War and German Politics 1648–1806, London 1998.
Wilson, Peter H.: The Holy Roman Empire 1495–1806, Basingstoke 1999.
Wilson, Peter H.: Der Favorit als Sündenbock. Joseph Suess Oppenheimer (1698–1738), in: Kaiser, Michael/Pecar, Andreas (Hg.): Der zweite Mann im Staat (ZHF Beiheft), Berlin 2002 (im Druck).
Wintterlin, Friedrich: Zur Geschichte des herzoglichen Kommerzienrats, in: Württembergische Vierteljahrshefte für Landesgeschichte, NF 20 (1911), S. 310–327.
Witt, Ulrike: Eine pietistische Biographensammlung: Erdmann Heinrich Graf Henckels »Letzte Stunden« (1720–1733), in: Pietismus und Neuzeit, 21 (1995) S. 184–217.
Wittmann, Reinhard: Ein Verlag und seine Geschichte. Dreihundert Jahre J.B. Metzler Stuttgart, Stuttgart 1982.
Wolfrum, Edgar: Geschichte als Waffe. Vom Kaiserreich bis zur Wiedervereinigung, Göttingen 2001.
Wunder, Bernd: Die Sozialstruktur der Geheimratskollegien in den süddeutschen, protestantischen Fürstentümern (1660-1720), in: Vierteljahreshefte für Sozial- und Wirtschaftsgeschichte, 58 (1971), S. 145–220.
Wunder, Bernd: Frankreich, Württemberg und der Schwäbische Kreis während der Auseinandersetzungen über die Reunionen (1679–97), Stuttgart 1971.
Zedler, Johann Heinrich: Großes vollständiges Universal-Lexicon aller Wissenschafften und Künste, welche bißhero durch menschlichen Verstand...erfunden...worden, Bd. 41, Halle 1739.

Die Autoren

Andreas Gestrich, geb. 1952, ist Professor für Neuere Geschichte an der Universität Trier. Seine Forschungsschwerpunkte umfassen die Sozialgeschichte von Kindheit, Jugend und Familie, die Mediengeschichte des 18. Jahrhunderts sowie die Sozialgeschichte religiöser Gruppen. Veröffentlichungen sind u.a. »Absolutismus und Öffentlichkeit. Politische Kommunikation in Deutschland zu Beginn des 18. Jahrhunderts, Göttingen 1994; Familie im 19. und 20. Jahrhundert München 1999; sowie zahlreiche Aufsätze zur Medien- und Pietismusgeschichte des 18. und 19. Jahrhunderts.

Iris Guldan, M. A., Historikerin, Doktorandin im Fach Neuere Geschichte an der Universität Trier mit einer Promotion zum Thema »Johann Jacob Moser als Journalist. Pietismus und Politik«. Mag.-Arbeit: Iris Guldan: Zeitgeist. Überlegungen zu den Namen, zur Theologie, Allegorie und dem Freimaurertum in Karl Philipp Moritzens Hartknopf-Romanen, Stuttgart 1996.

Gabriele Haug-Moritz, Dr. phil., 1989 Promotion »Württembergischer Ständekonflikt und deutscher Dualismus«, 1999 Habilitation »Der Schmalkaldische Bund (1530–1541/42)«, Privatdozentin und wissenschaftliche Angestellte am Historischen Seminar der Universität Tübingen; Forschungsschwerpunkte: Sozial- und Verfassungsgeschichte des Alten Reiches, Reformationsgeschichte, Mediengeschichte.

Rainer Lächele, PD Dr. phil., geb. 1961, Promotion über die »Die Deutschen Christen in Württemberg in den Jahren 1925 bis 1960«. Habilitation mit einer Studie zu pietistischen Erbauungszeitschriften des 18. Jahrhunderts. Privatdozent am Fachbereich Evangelische Theologie der Universität Marburg, Veröffentlichungen u. a.: Ein Volk, ein Reich, ein Glaube. Die »Deutschen Christen« in Württemberg 1925–1960 Stuttgart 1994; Hans Ludwig Nehrlich. Erlebnisse eines frommen Handwerkers im späten 17. Jahrhundert. Halle 1997; Das Echo Halles. Kulturelle Wirkungen des Pietismus, Tübingen 2001.

AUTORENVERZEICHNIS

Wolfgang Miersemann, Dr. phil., geb. 1951, Lehrtätigkeit an der Humboldt-Universität Berlin und an der Universität Antananarivo (Madagaskar), Publikationen vor allem zur deutschen Literaturgeschichte des 17. und 18. Jahrhunderts, zur Zeit wissenschaftlicher Mitarbeiter im Rahmen eines von der DFG geförderten Projekts der Franckeschen Stiftungen Halle (Das Freylinghausensche Gesangbuch: Edition und Kommentar).

Michael Stolleis, geb. 1941, seit 1975 Prof. für Öffentliches Recht und Neuere Rechtsgeschichte an der Universität Frankfurt a.M., seit 1991 Direktor am Max-Planck-Institut für europäische Rechtsgeschichte. Bücher u.a. Geschichte des öffentlichen Rechts in Deutschland, 3 Bde, München (C.H.Beck) 1988, 1992, 1999 (Bd.1 auch frz., Bd.2 engl., Bd.3 engl. i.Vorber.); Staat und Staatsräson in der frühen Neuzeit, Frankfurt (Suhrkamp) 1990 (ital. 1998).

Mack Walker, Prof. em., hat seit 1959 an den Universitäten Harvard, Cornell und Johns Hopkins Neuere Geschichte gelehrt. Sein Spezialgebiet ist vor allem deutsche Geschichte des 17. bis 19. Jahrhunderts. Zu seinen wichtigsten Veröffentlichungen gehören die Bücher: German Home Towns: Community, Estate, and General Estate in Germany 1648–1871, Ithaca 1971 (Neuaufl. 1998); Johann Jakob Moser and the Holy Roman Empire of the German Nation. Chapel Hill 1981; The Salzburg Transaction: Expulsion and Redemption in Eighteenth Century Germany. Ithaca 1992, dt. u.d.T.: Der Salzburger Handel: Vertreibung und Errettung der Salzburger Protestanten im 18. Jahrhundert. Göttingen 1997.

Peter H. Wilson ist Professor für Geschichte der Frühen Neuzeit an der University of Sunderland / GB. Er ist Autor zahlreicher Veröffentlichungen zur deutschen Politik-, Sozial-, Kultur- und Militärgeschichte im 17. und 18. Jahrhundert, u.a. von: War, state and society in Württemberg, 1677-1793 (Cambridge University Press, 1995), German armies: war and German politics 1648-1806 (UCL Press, 1998) und Absolutism in central Europe (Routledge, 2000). Zur Zeit arbeitet er an einer Geschichte der politischen Entwicklung in Deutschland während der Frühen Neuzeit und schreibt eine Geschichte des Dreißigjährigen Krieges (erscheint bei Penguin Press).